Deus é bom
Homenagem a Dom Luciano

Flávia Reginatto

Paulinas
Rua Pedro de Toledo, 164
04039-000 – São Paulo – SP (Brasil)
Tel.: (11) 2125-3549 – Fax: (11) 2125-3548
http://www.paulinas.org.br – editora@paulinas.com.br
Telemarketing: 0800-7010081

Hamilton Magalhães Neto

Educam – Editora Universitária Candido Mendes
Praça XV de Novembro, 101 – sala 27
20010-010 – Rio de Janeiro – RJ (Brasil)
Tel.: (21) 2531-2310
cmendes@candidomendes.edu.br

Maria Helena Arrochellas

Centro Alceu Amoroso Lima para a Liberdade – CAAL
Rua Mosela, 289
25675-480 – Petrópolis – RJ (Brasil)
Tel.: (21) 2242-6433
bolrede@terra.com.br

Maria Helena Arrochellas

Deus é bom
Homenagem a Dom Luciano

Dados Internacionais de Catalogação na Publicação (CIP)
(Câmara Brasileira do Livro, SP, Brasil)

Deus é bom : homenagem a Dom Luciano / organização Maria Helena Arrochellas. – 2. ed. – São Paulo : Paulinas ; Rio de Janeiro : EDUCAM – Editora Universitária Candido Mendes, 2008.

Vários autores
ISBN 978-85-356-2214-0 (Paulinas)

1. Almeida, Luciano Mendes de, Arcebispo de Mariana 1930-2006   I. Arrochellas, Maria Helena.

08-00470   CDD-282.092

Índice para catálogo sistemático:
1. Almeida, Luciano Mendes de : Bispos católico : Livro de homenagens   282.092

2ª edição – 2008

© Pia Sociedade Filhas de São Paulo – São Paulo, 2008

Editora responsável: *Luzia M. de Oliveira Sena*
Assistente de edição: *Andréia Schweitzer*
Copidesque: *Huendel Junio Viana*
Coordenação de revisão: *Marina Mendonça*
Revisão: *Antonio Miguel Mota*
Direção de arte: *Irma Cipriani*
Gerente de produção: *Felício Calegaro Neto*
Capa e editoração eletrônica: *Telma Custódio*
Pesquisa iconográfica e seleção de fotos: *Maria Pia Mendes de Almeida*
(Arquivo da família)
Fotos da capa, contracapa e orelha: *Arquivo da família*

Nenhuma parte desta obra pode ser reproduzida ou transmitida por qualquer forma e/ou quaisquer meios (eletrônico ou mecânico, incluindo fotocópia e gravação) ou arquivada em qualquer sistema ou banco de dados sem permissão escrita da Editora. Direitos reservados.

Nota da Organizadora

Todos aqueles e aquelas que colaboraram no mutirão para a edição deste livro-homenagem buscaram, em cada depoimento, texto, artigo, homilia, demonstrar o quanto o testemunho cristão de Dom Luciano representou em nossas vidas.

Nas palavras de cada um de nós, aqui registradas, há um profundo sentimento de amizade, admiração e agradecimento a quem soube pautar a vida com simplicidade, firmeza, generosidade no servir diuturnamente, com justiça e misericórdia, a seus irmãos e a suas irmãs, principalmente os pequenos e prediletos de Jesus.

Agradecemos a todos que autorizaram a reprodução de textos e artigos.

Petrópolis, 25 de fevereiro de 2008.

Maria Helena Arrochellas

Diretora do Centro Alceu Amoroso Lima
para a Liberdade (CAALL)

DOM LUCIANO DOS POBRES

J. Thomaz Filho
Poeta e compositor de música litúrgica

Em nome de Deus eu lhes digo:
Não deixem meus pobres de lado!
Por força dos pobres me obrigo
a ver que é de Deus tal recado!

Crianças merecem sorrisos,
e pão, e uma casa decente,
merecem bem mais que improvisos:
Belém é denúncia pungente!

Os jovens terão horizonte,
trabalho e sadio desafio!
Não deixem negar-lhes a fonte,
não deixem minguar-lhes o brio!

Em nome de Deus eu lhes digo:
Não deixem meus pobres lá fora!
Por força dos pobres me obrigo:
mandar preconceitos embora!

As ruas não são boa casa,
no entanto são casa de tantos!

DEUS É BOM

Por trás da indigência há uma brasa
queimando por todos os cantos!

Meninas, mulheres, garotos
de corpo alugado, por fome...
Seus sonhos estão todos rotos;
não têm liberdade, nem nome!

Em nome de Deus eu lhes digo:
Não deixem meus pobres sem vez!
Por força dos pobres me obrigo
a ouvir sua voz lucidez!

A cor dos irmãos que mais suam
merece respeito dobrado!
Seus sonhos – por Deus! – não destruam!
São horas de ouvir o seu brado!

Dos povos primeiros daqui
o jeito diverso de ser
precisa do espaço que eu vi
roubado pra o lucro crescer!

Em nome de Deus eu lhes digo:
Não deixem meus pobres ao léu!
Por força dos pobres me obrigo:
plantar neste chão o próprio Céu!

A dupla jornada na vida,
regada com tanto carinho!...

Que o homem com ela divida,
partilhe de fato o caminho!

Os braços que querem trabalho,
só cumprem vontade de Deus!
E às vezes só têm quebra-galho,
sem pão, sem saúde pros seus!

Em nome de Deus eu lhes digo:
Não deixem meus pobres pra lá!
Por força dos pobres me obrigo
a ver que Deus neles está!

Ninguém quer a dor que intimida,
que quebra o sossego, a rotina...
Não falte o socorro na vida,
nem luz, pois a dor tanto ensina!

E quando o caminho da idade
já sobe os degraus mais cansado,
a pressa da nossa cidade
precisa aprender o cuidado.

Em nome de tudo o que é caro,
preciso dizer em bom som:
Meus pobres, bem mais do que amparo,
precisam saber: *Deus é bom!*

I

Luciano

Antonio Luiz Mendes de Almeida
Irmão de Dom Luciano

Sou Antonio Luiz, o sexto... Sou o irmão diferente... Sempre tive uma convivência íntima e amiga com as palavras. Gosto delas, de seus sons e significados. Coleciono algumas especiais, mas elas me fogem ao querer expressar meus sentimentos neste momento. Vejo o altar, a missa, e não vejo Luciano, personagem obrigatória. Ele não está presente! Não sei se sinto dor, pesar, conformismo, um vazio, se a alma se agita ou se aquieta. Luciano se foi da vida terrena, mas continua existindo plenamente em nosso dia-a-dia, pelo seu exemplo, pela força de sua pregação e seus conselhos, sempre ditos em voz suave, tranqüila e com a disposição infinita de ajudar.

Separei-me do convívio com Luciano há 59 anos, mas ele não deixou jamais de estar perto, de ser meu elo com a religião. O sorriso no rosto sereno parecia esculpido, imutável, um convite constante à conversa e ao consolo, à explicação, à lição. Dono de cultura sólida, dominava os argumentos, resolvia as equações, indicava as rotas, dirimia as dúvidas, tranqüilizava e nos fazia crer que éramos melhores do que realmente somos.

Luciano transmitia paz e crença, trazia esperança e alegria, minorava os sofrimentos, espantava o desespero, acalmava a alma. A voz amiga, exemplar e conciliadora virou um murmúrio débil nos últimos dias e se foi, após imolar-se sem queixume e proclamando entregar-se à vontade de Deus, que, acredito, está precisando dele e o chamou para perto. Sabê-lo junto a papai, mamãe – que o deve ter saudado com júbilo –, Theo e Elisa – que o precedeu há pouco tempo –, me conforta um pouco, com a certeza de que nos reencontraremos para o abraço feliz da imortalidade e da paz eterna.

Enquanto esse dia não chega, meu doce irmão Luciano e irmão de milhares, meu Dom Luciano Mendes de Almeida, continue rezando por nós e nos protegendo como você sempre fez. Saber que você está feliz na companhia de Deus me consola, mas você me faz uma imensa falta, a mim, aos seus pobres, indígenas e desvalidos, que você amparava com devoção total, e a esta terra, que necessita de sua inteligência, da beleza de sua alma, de sua ternura. Luciano, luz que se apagou aqui, para se tornar mais brilhante do alto, continuando a nos guiar.

A entrega radical de Dom Luciano

Candido Mendes
Irmão de Dom Luciano

No quadro do Vaticano II, Dom Helder Câmara despontou como nosso primeiro profeta pós-conciliar. Pedia uma Igreja despojada, do dever multiplicado pelo testemunho, junto ao mundo desfigurado pelas contradições da riqueza e pelo abuso de poder. Sobretudo, ante as retóricas da boa consciência, da predicação e da confiança estrita da mensagem falta, de fato, o testemunho. Que dizer a um pobre? – continuava o então chamado "padrezinho". Diante dele, só há que ajoelharmos e ouvir.

Dom Luciano viveu desse ver-se *versus populo* dos fins do século passado, a dar-se conta das escaras dos olhos para, de fato, contemplar o outro. Países como o nosso, da maior confessionalidade católica, concentram também os casos-limite da injustiça social. Não temos em outro rincão o escândalo desses 33% de brasileiros fora da economia de mercado e errantes, dia-a-dia, na busca da comida ou do teto.

Vindo da Companhia de Jesus e da mais exigente das asceses, voltadas também à mudança do mundo, Dom Luciano foi, nesta Igreja de hoje, o primeiro bispo da Companhia de Jesus consagrado por Paulo VI. A tarefa surgia de imediato na marca dessa doação radical. Foi o desmunido quem contagiou o sacerdote, filósofo e teólogo, especialista em São Tomás de Aquino, formado dentro das maiores exigências da Gregoriana, mestre da Terceira Provação, mas, de logo, em Roma, voltado para o apostolado nas prisões e da infância abandonada.

Começando por São Paulo, como bispo auxiliar de Dom Paulo Evaristo Arns, por conta da carência extrema do Belenzinho, tinha diante de si esses exponenciais do escândalo da nossa injustiça e das facilidades da exortação, próprias da boa consciência da fé instalada. O que seriam os cárceres romanos em face das privações do menino de rua de São Paulo? Ou do ermo dos anciãos, largados do carinho de suas famílias? E como, de fato, após os gestos de Dom Helder – que morreu num mesmo 27 de agosto –, merecer o retorno do destituído – tão para além das imagens quase líricas da pobreza na Bíblia – frente às civilizações do medo e do enjeitamento sem retorno da marginalidade social?

Viu-se, nas exéquias do arcebispo de Mariana, toda a força-limite da consagração popular na frase que talvez mãos o enternecessem, diante do bispo que não tinha conhecidos, mas amigos: "Dom Luciano, meu amigão", como repetiriam os que se chegavam a seu corpo, dia e noite, na procissão de quase três dias. Não há rigorosamente legado na obra do pastor. Mas contágio, irrupção, presença aplastadora dessa esperança, para se dar em alegria: "Não me lembro de um dia em que não tenha sido feliz, nem é possível, senão em alegria, viver um dia-a-dia desarmado aos olhos de Deus".

O povo das praças fervilhantes de São Paulo, ou de Minas, tendia pouco a pouco a estancar as lágrimas, tanto não ia o arcebispo descansar após a morte, nem fruir a vida eterna, mas à partilha da comunhão dos santos. Na convivência com Dom Luciano, Mariana viu o sorriso em nada enigmático, em seu mistério, pelo recado da entrega radical: em que posso servir?

Ele está aqui conosco

Luiz Fernando Mendes de Almeida
Irmão de Dom Luciano

Acompanhei diuturnamente o último mês do meu irmão no Hospital das Clínicas, em São Paulo. Seu médico, que o acompanhou nos últimos anos, tratando uma hepatite C, Dr. Dalton Chamone, acolheu-o novamente nesta reincidência de um tumor maligno no fígado já operado dois anos antes. Eis Luciano de volta, na sua simplicidade, não querendo causar nenhum transtorno e até se constrangendo quando seus irmãos se preocupavam em melhorar as condições a seu redor, procurando um quarto mais amplo já que estava num quarto de menos de 10m², onde mal podia ficar um acompanhante. Sua simplicidade em evitar qualquer mudança na rotina do dia-a-dia impressionava não só a equipe de enfermagem, mas sobretudo os médicos que vinham examiná-lo.

A busca era incessante por remédios que pudessem retardar o avanço do tumor, ou de tudo que atrasasse uma disseminação sem volta nos outros órgãos. Vinte dias de esperança, visitas contínuas de toda uma vida daqueles que não paravam de vir ou telefonar para procurar saber de algum familiar como estava o quadro médico. Foi para mim um grande sofrimento, querendo transmitir uma esperança, eu mesmo sabendo que só o milagre esperado poderia tirá-lo daquela situação. Consegui ir ao Rio, no fim de semana de 7 de agosto, para estar com minha mulher e filhos, pois era aniversário dela. Voltei na segunda-feira, indo diretamente do aeroporto para o hospital. Encontrei-o mais cansado e com a voz bastante debilitada. Falou-me logo do artigo que me havia ditado no gravador e que minha filha Elisa havia transcrito para ser enviado à *Folha de S. Paulo*, onde há mais de trinta anos colaborava com um artigo na segunda página. A gravação desse artigo, aos sábados, foi para mim um episódio angustiante, pois ele fazia um esforço muito grande, quase que sobre-humano, para que o som de suas palavras fosse audível. Conservo até hoje essa gravação, que passei para um CD, com o qual, de quando em quando, revivo muitas coisas, ouvindo e repassando com a voz de Luciano esses últimos momentos.

Cinco dias antes de ser removido para o CTI, onde seria submetido a uma hemodiálise que necessitava de uma melhor assistência, pois era imperativo ser entubado para não haver risco de uma parada cardíaca. Acompanhei meu irmão nessa remoção para o CTI, quatro andares abaixo de onde estávamos, no oitavo andar, junto com os familiares que ali estavam, mais os amigos padres, religiosos, todos seguindo a maca que levava Luciano para uma ida sem volta. As dores eram terríveis e foi a única vez, ao longo de toda minha convivência com ele, que o vi reclamar da dor que sentia. Quando chegamos à unidade do CTI, o intensivista de plantão, Dr. Dante, nos alertou que só um membro da família, a partir daquela porta, poderia entrar. E assim foi. Luciano, eu e mais um amigo médico, Eduardo Tischer, e os médicos e enfermeiras que iriam preparar meu irmão para os procedimentos necessários. Quando o médico chefe avisou que ele seria sedado para não sofrer, ele perguntou se era necessário e eles disseram que sim. Ele pediu que esperassem um pouco, pois queria antes rezar um pai-nosso com todos os que estavam naquela sala. Foi com lágrimas nos olhos, rezando e vendo o esforço exigido em suas palavras escandidas. Ao término, apertou minha mão com sua mão esquerda e me disse que seriam suas últimas palavras, antes de ser sedado:

"Meu irmão, eu não sei se vou sair disso. Se não sair, se Deus me chamar, eu lhe peço: não abandone meus pobres". Pausa. "Me prometa," essas foram suas últimas palavras. Poderiam ser outras, poderia falar da família, da sua arquidiocese, de tantos outros momentos, mas sua palavra determinante foi para os pobres.

Sua vida sacerdotal e episcopal foi sempre prioritariamente voltada para o próximo, aquele próximo mais esquecido e mais enjeitado. Quantas vezes ele disse que, às vezes, estaria sendo explorado por pobres que contavam estórias terríveis, que só mesmo a exploração justificava! E meu irmão ajudava. Muitas vezes me pedindo e eu me limitava a dizer, depois do que me havia sido solicitado: "Luciano, você tem certeza de que não está sendo enganado? Que está sendo levado a uma ajuda às vezes desnecessária?". E ele me dizia: "Meu irmão, eu não julgo. Prefiro talvez ser enganado a deixar de ajudar o pobre que realmente precisa".

Este era meu querido irmão. Após a morte de nossa irmã Elisa, três meses antes, morte que apressou o câncer de meu irmão e talvez tenha sido o motivo dessa reincidência fatal, ficou mais abatido e mais cansado. O cansaço que muitos bispos contavam em seus depoimentos, dizendo que ele cochilava nas reuniões e quando era instado a falar discorria brilhantemente, sem nada esquecer do que ali havia sido tratado. Agora não, era cansaço mesmo. Sua saúde já não era a mesma e ele já procurava se poupar, procurando um tanto ou quanto tardiamente se cuidar.

Nos 28 dias no quarto do hospital, ele, quando não estava dormindo – pois as noites não eram muito fáceis, seu corpo não mais resistia –, entre uma injeção e uma visita médica, cochilava; e nós que o acompanhávamos, atendendo aqueles que chegavam até a porta para uma possível visita, tínhamos que dizer que, infelizmente, meu irmão não podia recebê-los: cardeais, bispos, padres, freiras, religiosos, amigos e seus queridos pobres, vindos às vezes de mais de um dia de viagem, querendo chegar até ele. Era com dor no coração que eu dizia: "Não, ele não pode receber visitas". Recordo-me de um padre (omito o nome para não constrangê-lo) que me disse estar ali porque ele queria vê-lo e que viajara a noite toda para estar com Dom Luciano e se irritou quando eu disse que ele não poderia vê-lo. Respondi: "Lamento, mas não só ele agora está descansando, como também seu estado, tendo piorado bastante, não posso acordá-lo". Ele insistiu e eu disse: "Padre, faça um sacrifício, aceitando não ver meu irmão para que esse seu gesto, esta provação, seja em benefício da cura de meu irmão". Sei que ele não gostou, mas foi o que me veio no momento de cansaço para dizer a alguém que estava tão ansioso para vê-lo. Hoje, revendo e rememorando esses sofridos dias, vejo a grandeza de Luciano que eu custei a assimilar, pois tive a sorte e a graça de estar ao lado dele nesse último mês de vida, o que me permitiu conhecê-lo melhor ainda, pois ao longo desses anos os momentos de convivência não foram muitos uma vez que suas visitas ao Rio eram poucas e rápidas, e, sempre muito solicitado, a família ficava para depois. Agora tenho pena de não ter tido mais ocasiões para uma presença maior. Deus me proporcionou uma possibilidade nesse acompanhamento dos últimos dias, uma presença que, para mim, só veio confirmar o que eu já tinha ouvido falar e às vezes presenciava. Tudo isso me faz dizer com plena convicção que Luciano era um verdadeiro santo; o processo de beatificação sem dúvida virá mais cedo ou mais tarde e eu gostaria muito de ainda poder presenciar e ter essa alegria de poder exclamar: são Luciano, rogai por nós!

Irmão, um verdadeiro irmão

Maria da Gloria Greve
Irmã de Dom Luciano

Um irmão. Um verdadeiro irmão. Essa é a palavra que me vem à mente quando penso em meu querido irmão Luciano. Ele era meu irmão de sangue, mas se tornou também irmão de todos os que dele se aproximavam. Irmão dos necessitados, dos doentes, dos aflitos e dos sem esperança. A todos, ele atendia e a todos ele confortava. Dizia que todos pertenciam à sua família. E com imenso carinho ele se preocupava com cada um, fazendo com que todos se sentissem importantes. Sempre admirei sua grande capacidade de ouvir. E quantas vezes foi incompreendido! Mesmo assim, não desistia, sempre queria ajudar.

Estudioso e disciplinado, não se importava em partilhar seus conhecimentos e o fazia com extrema boa vontade. Alegrava as pessoas com seu sorriso e sua palavra doce. Ele era a luz da nossa família, o guia das nossas almas, o grande conselheiro.

Sei que sofreu muito com a longa agonia de nossa irmã, Elisa, a quem sempre foi muito ligado. Tinham uma cumplicidade enorme e Deus os levou bem próximos um do outro, restando para nós uma dor maior. Sua falta será sentida também nos momentos de disputa, pois seu tom conciliador e seu discernimento nem sempre agradavam a todos, mas no fim a harmonia era alcançada.

Agradeço a Deus por ter podido acompanhá-lo no momento em que Deus o chamou para junto de si. Tenho certeza de que ele está bem agora e que, na paz de Deus, continuará intercedendo por nós.

"Meu tio, aprendi com você..."

Meu tio, aprendi com você que diante do pobre só nos resta ajoelhar e que, eternamente, devemos sempre perguntar: em que podemos ajudar?

Com a admiração infinita do seu sobrinho

André Mendes de Almeida
Sobrinho de Dom Luciano

Espiritualmente ligada

Cecília Mendes
Sobrinha de Dom Luciano

Fiquei ligada espiritualmente ao meu tio Luciano na UTI, porque vozes não faltavam. Os enfermeiros trabalhavam falando 24 horas, eu nunca vi uma coisa igual. E eu lia segurando o pulso do meu tio, para eu poder estar ligada a ele, porque eram tantas as vozes lá dentro. E eu pensava: "Como é que ele vai estar ligado a mim?". Então, eu rezava segurando o pulso dele, porque aí eu escutava aquele tum, tum, tum, que era um modo de eu estar ligada a ele.

Lá na UTI, fui aprendendo muitas coisas, como, por exemplo, a existência do breviário. Não sabia que padre rezava de manhã, que tem o bom-dia deles, não sabia nada! Sou totalmente leiga nisso. Mas, depois que comecei a tomar conhecimento, tenho certeza de que toda a parte de sabedoria da Bíblia foi feita para o tio Luciano. Em cada dia que eu lia aquilo, pensava: "Tio, isto é para você!".

Tenho tanta coisa para contar do tio Luciano. Por exemplo, quando eu fui para a missa dele, conheci uma moça – responsável pelas fotos – que conviveu com ele durante 18 anos. Ela me contou: "Quando seu tio fechava um olho, quem estivesse com ele que abrisse os seus dois. Todo mundo achava que ele estava dormindo, que estava cansadinho, que nada", ela falava. Outro fato: no dia 8 de março de 2005, fui a São Paulo para vir de ambulância com a tia Elisa, e a ambulância não chegava. Tio Luciano andava de um lado para outro, com tia Elisa muito mal, aquela angústia. Eu falei com papai ao telefone: "Pai, tio Luciano acabou de envelhecer dez anos aqui na minha frente".

E antes, quando ele sofreu o acidente, também morei 15 dias com ele no hospital. Lembro-me direitinho. Eu dormia num colchão que era uma casca de ovo. Jamais imaginara dormir no chão de um hospital, jamais dormiria, com tanta doença, mas eu dormi. Depois vim para o Rio e voltei de novo para a Liberdade. Fiquei um mês com a tia Elisa lá, com ele, e aprendi muito!

Fiquei impressionada com o enterro de tio Luciano. Ele foi enterrado como chefe de Estado. Todo mundo fala que ninguém é insubstituível, mas o meu tio Luciano, vocês vão me desculpar, é totalmente insubstituível. Ele nasceu só com o bem. Eu acho que até falta o equilíbrio, pois para existir o bem tem que existir o mal. A vida é um equilíbrio. E ele não tinha esse equilíbrio. Ele era totalmente "desequilibrado" na direção do bem. Algo assim que não existe.

Eu levei minha filha para Mariana, porque não queria que ela entendesse a existência a partir do nascimento, mas sim a partir da Palavra, porque acho que a Palavra é muito mais forte.

Seja feliz!

Helena Maria Greve
Sobrinha de Dom Luciano

Tio Luciano me ensinou muito. Sempre com uma palavra de carinho e compreensão, participou de todos os momentos importantes de minha vida, e em especial do nascimento de minha filha, Maria Julia.

Com um desenho simples e carinhoso, bem característico de sua parte, escreveu uma bela mensagem, que guardarei para sempre no coração como seu mais belo ensinamento:

"Seja feliz e faça a muitos felizes!"

Com muito amor da sobrinha que o admira.

Símbolo da paz, da honestidade, um pai!

João Theotonio Mendes de Almeida Junior
Sobrinho de Dom Luciano

Neste momento em que passaremos por mais uma eleição, perdemos um dos maiores nomes da Igreja e representante dos menos favorecidos. Os nomes se repetem, os escândalos não findam e a desesperança toma conta uma vez mais de nosso povo sofrido e carcomido.

Perdemos um símbolo da paz, da honestidade, um pai que, mesmo distante, sempre se fez presente nos momentos das maiores agruras e também de celebrações, como nos casamentos, batizados e nas ceias de Natal.

Jamais esquecerei o carinho feito em minha cabeça quando de sua visita ao hospital, por ocasião da enfermidade de minha falecida mãe. Também não esquecerei jamais sua presença para celebrar meu casamento e o batizado de meus dois filhos, em meio a sua atribulada agenda de compromissos.

Fui escolhido para entregar seu anel de bispado quando de sua cerimônia na Catedral da Sé, em São Paulo. Na oportunidade, não tinha dimensão daquele ato, uma vez que estava apenas com sete anos de idade.

Órfão de pai aos dois anos, tive incomensurável apoio sendo seu "afilhado" – palavra que ele sempre fez questão de utilizar em nossas conversas –, desde meus passos na infância, passando pela adolescência, até a maturidade. Acho que, na verdade, nunca poderei ter idéia da dimensão da honra que me foi concedida.

Nunca deixou de mostrar o caminho da solidariedade ao próximo, fazendo sempre menção de que a ajuda não deve ser alardeada, deve ser feita por ato de amor, sem o desejo de gratidão, deve ser gratuita e na maior quantidade possível. Para aqueles que têm dificuldade, não esqueço de seus ensinamentos: no primeiro momento, deve ser feita em seu núcleo familiar, a fim de que, atingida a família, fique mais fácil atender ao próximo.

Foi com essa lição que, após o afastamento de um de meus irmãos, pude aprender a exercitar sua lição e restaurar a paz na família, aí já numa escala *lato sensu*. O que lamento foi a Igreja, à qual ele se doou tanto, tê-lo afastado dos grandes centros, como Rio de Janeiro, São Paulo e Brasília. Mas, mesmo com isso tudo, ele se fez presente para assistir todas as causas em que julgava importante para seu legado de justiça e paz. A família perde uma gama infindável de conselhos, afetos e carinhos; eu perco meu protetor-mor; o Brasil perde um ícone do *bem*.

Meu tio tão querido

Lucia Maria Greve
Sobrinha de Dom Luciano

Queria dar meu testemunho de sobrinha e profunda admiradora de um tio tão querido. Na realidade, ele era meu segundo pai e, como tal, sempre guiou os meus passos. Pedia com afinco que não deixássemos de rezar, porque a mais bela experiência de comunhão é sempre a mais profunda, que só com Deus, no mais íntimo do nosso ser, pode acontecer.

Apesar de seus inúmeros afazeres, ele sempre esteve ao meu lado em todas as fases da minha vida. Como um pai, ele acompanhava meu caminho e com imensa sabedoria me orientava. Foi assim desde que me entendo por gente e agradeço a Deus por esse privilégio.

Desde pequena já sentia sua forte presença, porque ele adorava as crianças e tinha um jeito todo especial de nos transmitir os valores cristãos. Ele me mostrou como fui abençoada por ter pais afetuosos, mas tenho consciência também da grande bênção que recebi ao tê-lo como tio. Era sempre uma alegria estar ao seu lado e tenho certeza de que aqueles que tiveram algum contato com ele, jamais o esquecerão. Era meigo e tinha uma paciência infinita, sempre disposto a aliviar a dor dos outros. Não se importava com ele. Os outros estavam sempre em primeiro lugar.

Aos dez anos eu já o acompanhava pelos cortiços e favelas de São Paulo, começando então a entender a dimensão de seu trabalho. Ele atravessava madrugadas confortando as pessoas, deixando muitas vezes de comer ou dormir. Dizia que devíamos "fazer o bem sem ver a quem", e com isso revelava seu amor gratuito pelas pessoas, encontrando alegria em servir ao próximo.

E quantas vezes ouvi tio Luciano perguntar em quê ele podia ajudar. E quantas vezes eu o vi enfrentar situações de risco para ajudar alguém. Ele ouvia com ternura o que os outros tinham a dizer, e assim, ia lendo o que estava no coração de cada um. Ele enxergava a *alma* de todos e com isso, podia aquietar seus corações e ajudá-los a encontrar uma solução.

Vivenciou a caridade, o amor e a fé em sua mais profunda essência e lutou por paz e justiça em diversas ocasiões. Prezava a *verdade* acima de tudo, e não se conformava ao se deparar com a mentira e o egoísmo. Quando ele via pessoas com essas duas falhas graves de caráter, seu semblante mudava e ele se abatia com piedade dessas almas. Somente nessas situações eu via tristeza em seus olhos.

Valorizava a simplicidade e a humildade, e ensinava que muitos confundem felicidade com acumulação de riqueza, mas a sede de alcançar fortuna endurecia o coração.

Por várias vezes me disse que era *muito feliz* e adorava a vida, o que era facilmente confirmado por seu sorriso que nunca se apagou. E em uma das minhas conversas com ele, nos seus últimos dias de vida no hospital em São Paulo, ele me disse que queria muito viver, pois ainda tinha vários projetos para realizar, mas respeitava a vontade de Deus.

Desde o acidente, em 1990, eu acompanhava de perto seu tratamento, compartilhando com ele cada vitória e cada resultado esperançoso de uma nova pesquisa. E ele estava bem até aquele fatídico dia, em maio de 2006, quando ficou muito tempo debaixo de chuva em um Congresso em Florianópolis. Ali todas as suas reservas se esgotaram e seu sistema imunológico se enfraqueceu, desencadeando uma série de problemas. Ele conhecia em profundidade sua enfermidade e orava para ser agraciado com mais um milagre de Dom Viçoso, a quem creditava sua recuperação em 1990. Não por ele, me dizia, mas para a comprovação da santidade de Dom Viçoso.

Assim como em todas as situações difíceis da família, mais uma vez vi minha mãe, sua irmã caçula, Maria da Gloria, vigiar um leito de hospital e tudo fazer para a recuperação do meu tio. Mas não foi possível.

Estávamos ao lado dele no momento em que Deus o chamou e a dor dessa separação é muito forte. Mas, ele me ensinou que a morte faz parte da vida, porque, como na oração de são Francisco, é morrendo que se vive para a vida eterna.

E hoje vejo que ele vive dentro do meu coração e no coração de milhares de pessoas. Suas palavras ainda ecoam por todos os cantos do mundo e tenho certeza de que seus ensinamentos perdurarão por toda a eternidade. É interessante notar que os que não tiveram contato com ele, só agora tendo a oportunidade de ouvir alguma coisa sobre sua vida, ficam maravilhados. Ele continua despertando a mesma alegria entre as pessoas, como só alguém muito especial poderia fazer. Alguém que foi e será sempre muito amado. Um santo para todos nós.

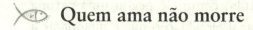 ## Quem ama não morre

Luciano de Faro Mendes de Almeida
Sobrinho de Dom Luciano

Luciano: "Relativo a Lúcio", do latim Lucius, "luminoso, iluminado", derivado de Lux, "luz"; é uma abreviatura de prima luce natus, "nascido com a primeira luz".

(Regina Obata, O livro dos nomes)

Tio, irmão, pai e mãe de todos nós. De olhar sereno, voz cândida e grande ouvinte.

Desapegado de todos os bens materiais, serviu a Jesus como discípulo infinito, através de nossos corações.

Suas ações foram e serão fortes como uma pedra, significado de Pedro, seu segundo nome.

Para curar sua enfermidade, só perto de Deus. Quem ama não morre.

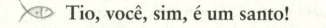 ## Tio, você, sim, é um santo!

Madalena Mendes de Almeida Sousa
Sobrinha de Dom Luciano

Conheço poucas crianças que têm a dimensão real do que é fazer a Primeira Comunhão – e no meu caso não foi diferente. Eu já tinha feito minha Primeira Comunhão, mas não gostava de trocar minhas brincadeiras ou o *Boa-Noite Cinderela* na televisão para ir à missa. Mas criança na minha época não tinha escolha; logo, eu tinha que ir à missa, querendo ou não. Um dia, fomos a uma missa celebrada pelo tio Luciano e na saída, como ele pegou uma carona conosco, resolvi perguntar a ele: "Tio o que é melhor: ir à missa obrigada ou não ir à missa?". Ele, muito constrangido, já que eu havia feito a pergunta na frente de meus pais, mas muito tranqüilo, respondeu: "É melhor não ir à missa". Eu vibrei com a resposta; meus pais, depois daquele dia, me convidavam para ir à missa, mas não mais me obrigavam. Mas, olhando para trás, vejo que naquele dia me achei muito esperta e malandra: aprendi sobre a responsabilidade dos nossos atos e que devemos estar inteiros naquilo que fazemos, tendo procurado pautar a minha vida com base naquela resposta. Assim era meu tio, sabia esperar a semente florescer.

Mais recentemente, com a enfermidade da tia Elisa, sua irmã mais querida, pude me encontrar com meu tio com mais freqüência, já que ele, sempre que podia, ia vê-la. Como eu fazia o mesmo, muitas vezes nos encontramos e ele sempre me agradecia por estar lá e dizia que eu não tinha idéia da minha santidade, que eu era uma santa; eu me assustava, porque santo para mim era alguém perfeito, e eu não sou perfeita, sou humana; mas hoje eu acho que sei o que ele queria dizer com aquelas palavras: doar-se, ser bom, é ser santo. Tio, você, sim, é um santo!

Presença silenciosa, acolhedora, terna

Maria Isabel Mendes de Almeida
Sobrinha de Dom Luciano

A falta que tio Luciano hoje me faz me permite pensar sobre a imensa importância que ele teve em minha vida. Em todos os momentos, não só de passagens e ritos familiares – como batizados, casamentos, crismas, as missas do galo em todos os natais –, mas também, e sobretudo, no cotidiano das inquietações, dúvidas e incertezas que atravessei diante do mistério da fé. Sua presença "pé ante pé", silenciosa, acolhedora e terna, era capaz de nos envolver em um "turbilhão" de intensidades e saberes que jamais esquecerei. As lições que dele levo, espero poder convertê-las em ação no mundo, na direção de mudanças que se fazem imperiosas no plano da justiça e da luta pela defesa incondicional do destino dos mais pobres.

 ## Meu tio deixou uma obra imensa, inigualável

Maria Pia Mendes de Almeida
Sobrinha de Dom Luciano

Na noite de 27 de agosto, voei, literalmente, para São Paulo, ao encontro de meu pai, Candido Mendes de Almeida, no Hospital das Clínicas, em São Paulo. Meu tio tinha acabado de morrer no CTI.

Não dava para acreditar, só pensava: "Meu Deus, 75 anos, muito cedo, muito rápido, que estrago".

Naquela mesma noite, pude ver, ainda durante a madrugada e logo cedo na Catedral da Sé, durante a missa de corpo presente em São Paulo, sua imensa obra surgir com uma força impressionante.

A missa lotada, de pobres, de bandeiras de diversos movimentos sociais, de crianças, de figuras públicas e anônimas. Todos, inconformados, tinham perdido um pai, um irmão, um companheiro de lutas, um grande amigo. Desde aí foram vários cortejos, de São Paulo a Minas Gerais: Belo Horizonte, Ouro Preto e Mariana.

Todos tinham sua história para contar, de algumas eu até então nem sabia. A força da dedicação de seus atos, suas obras, seus esforços e suas lutas incessantes apareceu imediatamente, sob diversas manifestações comoventes. As do MST, da CNBB, do Arsenal da Esperança, da Pastoral da Criança, da Comunidade da Figueira (para pessoas deficientes), da Rede Rua (grupo de comunicação de rua), da Casa Vida (para crianças e adolescentes com aids), da Comunidade São Martinho de Lima do Povo da Rua (para população de rua e alcoólatras), dos índios, dos negros, dos oprimidos, enfim, dos "sem nada", para citar apenas algumas.

Desde São Paulo, iniciaram-se as romarias para ver e se despedir de seu corpo. Duraram três dias, dia e noite. Panos pretos nas janelas, semblantes tristes, lágrimas e desespero, uma saudade horrível tomou conta do coração de todos. Um mar de flores cobriu Mariana, e não paravam de chegar de todo o país.

Vai-se a vida, fica a obra, gigantesca, que construiu. E quem constrói como ele o fez, para o outro, sempre, faz muita falta. Mas foi, decididamente, uma vida que valeu a pena ser vivida. Exemplo para todos nós.

Grande exemplo

João Pedro Mendes de Almeida Portella
Sobrinho-neto de Dom Luciano

Meu tio-avô é um grande exemplo para a humanidade. Se todos tivessem um pingo do amor pelo próximo que ele tinha no coração, este mundo não estaria como está.

Quando eu era pequeno, eu o via somente no Natal, e pelo fato de ele ser uma pessoa tão carismática eu achava que ele era o Papai Noel e que trazia o bem para as pessoas. Depois que eu cresci, vi que ele não era o Papai Noel, mas sei que, se ele fosse, seu saco de presentes seria de um tamanho incalculável, porque a paz e o amor ao próximo que ele transmitia não tinham tamanho.

Dom Luciano, meu grande amigo, meu irmão

Sérgio Rodrigues
Primo de Dom Luciano

Eu não poderia deixar de falar alguma coisa sobre o Luciano. O Luiz Fernando me passou um pouco da sua emoção, de maneira que eu não sei se vou chegar ao fim.

O Luciano, na realidade, é tão irmão do Candido quanto de toda a família. Nós somos primos um pouco afastados, mas nos consideramos irmãos, e eu iria começar qualquer coisa nesse sentido e falar a respeito de nossa juventude, quando fazíamos grandes brincadeiras e os primos, principalmente o

Candido e o Luciano, eram os que mais freqüentavam a nossa casa. Mas não é exatamente o que interessaria neste momento, por isso vou deixar para outra oportunidade e lembrar um episódio que demonstra a compreensão e a abertura de Luciano.

Por volta dos anos 1990, decidi que deveria casar no religioso com minha mulher, que apesar de educada em colégio católico tinha idéias próprias a respeito de religião e se dizia espiritualista. Eu, pela minha formação jesuítica, não aceitava muito suas idéias e fiquei receoso que Luciano, por essa razão, não quisesse celebrar nosso casamento. Procurei-o e expliquei a situação e ele imediatamente pediu para conversar com ela. No encontro, Vera Beatriz começou a explicar os motivos que a levaram a se afastar da Igreja Católica, e Luciano ficou ouvindo de olhos fechados, como em profundo recolhimento. No final, minha mulher ainda insistiu: "Temos um outro problema: o nosso padrinho é judeu". E Luciano, abrindo os olhos, finalizou: "Jesus Cristo também era judeu. Para quando vocês querem marcar o casamento?". Construí uma pequena capela e Luciano subiu para Petrópolis-RJ, onde celebrou nosso casamento na presença da família. Foi uma cerimônia emocionante. Comungamos e Luciano fez uma oração maravilhosa.

Esse relato mostra um pouco a grandeza de Luciano, meu grande amigo, meu irmão.

Presença viva de Deus

Simone Oliveira de Faro Mendes de Almeida
**Esposa de Luciano de Faro Mendes de Almeida,
sobrinho de Dom Luciano**

Tio Luciano foi para mim, nos últimos anos, a pessoa responsável pelo meu retorno à Igreja Católica.

Aquela presença altamente espiritualizada e humilde sempre me tocava e seu exemplo era uma enorme inspiração.

Todo contato com ele me remeteu para perto de Deus. Sempre. Ele conhecia minha alma com profundidade, mesmo com breves palavras e pouco tempo juntos.

Hoje, pertenço à Comunidade Emanuel, lugar que considero que mudou minha vida.

Dom Luciano. Presença viva de Deus.

"Estou cada vez mais perto de Deus." Essa era a frase que eu sempre dizia para ele.

Obrigada, tio!

II

 Dom Luciano: referência na luta pela democracia

Luiz Inácio Lula da Silva
Presidente do Brasil

Primeiro, queria dizer a todos os companheiros e companheiras de Dom Luciano que somente quem conviveu nos anos 1980, no final dos anos 1970, com Dom Luciano sendo presidente e secretário-geral da CNBB é que pôde conhecer de perto a grandeza do bispo, a grandeza do homem Dom Luciano. Eu não acredito que tenha um único brasileiro ou brasileira que tenha lutado em defesa das crianças, em defesa dos direitos humanos, em defesa da liberdade e da democracia, que não tenha tido Dom Luciano como referência na luta pela democracia.

Eu tive a oportunidade de estar muitas vezes com Dom Luciano. Mais recentemente, ele já estava internado, quando falei com Luiz Fernando, e na oportunidade eu nem queria falar com Dom Luciano, porque ele já estava com a voz muito fragilizada. Ele insistia para falar ao telefone, eu mal o escutava, mas eu me lembro que ele falava sempre: "Vá em frente e não esqueça dos pobres deste país".

Homens como Dom Luciano não morrem. Certamente, a carne se vai, como a de todos nós, mas as idéias permanecem em nossas mentes, nos cutucando, nos empurrando para fazermos as coisas certas neste país e neste mundo. Acho que o Brasil perde, a Igreja Católica perde e o povo pobre deste país perde no Dom Luciano mais que um apóstolo. Perdem, na concepção da palavra, um companheiro, um militante das boas causas, um militante das causas justas, um militante de todas as horas. Eu sei que a Igreja Católica tem milhares e, por que não dizer, milhões de Dom Lucianos espalhados junto aos bispos, junto aos padres, junto aos monsenhores, junto aos católicos deste país. Mas na vida, por mais que sejamos todos iguais, temos, às vezes, que dar um dedinho de prosa a mais para uns, dar um empurrãozinho a mais em outros. Eu acho que Dom Luciano foi escolhido por Deus para ser melhor, para ser mais humano, para ser mais solidário e para ser mais companheiro.

Eu digo sempre para as pessoas: irmão a gente não escolhe, mas companheiro a gente escolhe, e eu acho que o povo brasileiro, há muitos anos, escolheu Dom Luciano como companheiro. Embora ele se vá, neste momento, acredito que o povo brasileiro, o povo de Minas e o povo de Mariana sabem perfeitamente bem que Dom Luciano foi um grande formador de extraordinários companheiros neste país.

Perdemos? Perdemos, mas ganhamos em motivação, ganhamos em aspiração, ganhamos inspiração, também. E acho que pesa sobre nossas costas, agora, mais responsabilidade do que pesava antes, porque antes a gente podia dizer: "Dom Luciano vai fazer". Agora, nós temos que dizer: "Ele não está mais aqui e nós teremos que nos transformar em muitos Dom Lucianos para cumprir a sua tarefa".

Que Deus os abençoe.

Mariana, 30 de agosto de 2006.

Força civilizadora

Patrus Ananias de Souza
Ministro do Desenvolvimento Social e Combate à Fome

Uma das pretensões arrogantes do nosso tempo é o julgamento de pessoas e situações históricas à luz dos avanços científicos e culturais contemporâneos. Esquecemos os conflitos e iniqüidades ainda presentes em nossos dias e dissociamos as experiências dos nossos antepassados dos contextos e condições objetivas e subjetivas em que elas se realizaram. Uma leitura equilibrada da história do Brasil, dentro das modernas teorias hermenêuticas, mostra que a forte presença da tradição cristã católica na formação do povo brasileiro, não obstante os inevitáveis equívocos e contradições, apresenta um vigoroso corte civilizador.

Já no alvorecer da história brasileira, temos a contribuição marcante de dois jesuítas notáveis: José de Anchieta e Manoel da Nóbrega. O primeiro, poeta, místico e evangelizador, dentro dos limites impostos pelas concepções antropológicas prevalentes da época; o segundo, homem prático, de visão estratégica e organizador emérito. Ambos eram excelentes educadores e começaram por aprender e estruturar a gramática da língua tupi. Entre os primeiros historiadores e estudiosos das novas terras, destacaram-se alguns religiosos: frei Vicente do Salvador, padre Fernão Cardim e frei Gaspar da Madre de Deus. Tivemos no século XVII a personalidade singular e brilhante de padre Antônio Vieira, um dos maiores patrimônios da cultura luso-brasileira. No começo do século XVIII, Antonil, também jesuíta, escreve *Cultura e opulência no Brasil*, um dos livros de referência para a compreensão de nossa história. Os pesquisadores discutem ainda hoje as conseqüências da decisão do Marquês de Pombal de expulsar os jesuítas do Brasil e buscam também uma compreensão mais ampla do lugar e papel das missões, que, em última instância, se tornaram guardiãs da vida e cultura indígenas. Os movimentos libertários dos séculos XVIII e XIX tiveram importante participação de religiosos, e seguramente foi frei Caneca o mais representativo e atual de todos eles, não só por sua generosidade e coragem, mas também pelo sacrifício da própria vida e por sua formação e instigantes reflexões políticas e constitucionais.

A chamada "Questão religiosa", no século XIX, foi um divisor de águas nas relações entre a Igreja e o Estado. Após o advento da República, o pe. Júlio Maria defendia que, da tradicional aliança do altar com o trono, do altar com o poder, emergisse uma nova aliança da Igreja com o povo. Prelados como Dom Sebastião Leme, Dom Cabral, Dom José Gaspar, Dom Carlos de Vasconcelos Mota, sempre considerando os limites e condicionantes das circunstâncias históricas, acolhem, em alguma medida, o apelo profético de Júlio Maria, abrindo frentes de interlocução com diferentes setores da sociedade brasileira.

Dom Helder Câmara, nos anos 1950, é o grande inspirador da CNBB e torna-se o nome de referência da Igreja no Brasil e da "opção preferencial pelos pobres". A partir da inspiração de Dom Helder Câmara, floresceu uma geração de bispos e religiosos que foi, e muitos continuam entre nós, a mais esplêndida da história brasileira. Surgiram, na esteira da Ação Católica, as pastorais comprometidas com a vida e a dignidade da pessoa humana, as Comunidades Eclesiais de Base, o movimento de justiça e não-violência, os espaços ecumênicos e do diálogo entre religiões, os grupos de fé e política. Simultaneamente, surge o movimento laico, com a comprometida conversão de Jackson de Figueiredo e que encontra em Alceu Amoroso Lima a sua ampla e refinada expressão. Em Minas, destacaram-se Edgar da Mata Machado e José Dazinho Gomes Pimenta como figuras de referência permanentes de um amplo movimento que une intelectuais, sindicalistas e militantes sociais.

É nessa forte e sempre renovada tradição, capaz de aprender com os erros do passado, que se insere a magnífica vida de Dom Luciano Mendes de Almeida, que a ela aportou sua contribuição única de sábio e santo. Sua presença foi de singular referência no clero e no episcopado brasileiro, deixando profundas raízes na evolução cultural e espiritual de Minas. Fiel à Igreja, suas qualidades ultrapassam a religião, ampliando o horizonte das possibilidades da desejada aliança entre Igreja e povo, e tornando-se importante referência para os que trabalham pela construção da justiça social no país. Descendente de uma das mais tradicionais famílias brasileiras, com uma formação intelectual primorosa, Dom Luciano era um construtor de pontes e fez a travessia na direção dos pobres e excluídos. Foi um autêntico apóstolo de Jesus, um promotor da paz.

"Transmitimos sentidas condolências..."

Walfrido dos Mares Guia
Ministro de Estado do Turismo

Transmitimos sentidas condolências pelo falecimento de sua Ex.ª Rev.ma Dom Luciano Pedro Mendes de Almeida. Nossas homenagens e tristeza por esta grande perda.

Brasília, 28 de agosto de 2006.

"Perdemos um líder espiritual..."

Aécio Neves
Governador de Minas Gerais

Perdemos um líder espiritual que sempre esteve perto dos mais pobres. Mas tivemos a felicidade de tê-lo conosco, vivendo em Mariana, e nesses últimos três anos e meio como conselheiro do governador de Minas. Ficam os seus exemplos na história e uma grande saudade no coração de nossa gente.

III

✠ "Recebida com muito pesar..."

Cardeal Angelo Sodano
Secretário de Estado do Vaticano, Roma

Recebida com muito pesar a notícia do falecimento de Dom Luciano Mendes de Almeida, arcebispo de Mariana, o Sumo Pontífice eleva sufrágios pelo dedicado pastor, que colocou o seu talento a serviço do Evangelho como secretário-geral e presidente da CNBB, membro do conselho permanente do Sínodo Episcopal e vice-presidente do Conselho Episcopal Latino-Americano (Celam). Entre seus inúmeros serviços como pastor de Mariana, dedicou-se generosamente ao clero da arquidiocese e a todo o povo de Deus, elevando fervorosas preces ao Todo-Poderoso, prêmio eterno reservado aos fiéis obreiros do Evangelho. Sua Santidade exprime sentidas condolências a todos os enlutados, em especial aos familiares, à própria arquidiocese e, extensiva à Companhia de Jesus, concede, como penhor de conforto e esperança em Cristo ressuscitado, propiciadora bênção apostólica.

"Apresento condolências..."

Cardeal Roberto Tucci, sj
**Presidente do Conselho Administrativo
da Rádio Vaticano, Roma**

Apresento condolências à CNBB, aos familiares e aos jesuítas. Em oração, na Cidade Eterna, permanecem todos em união com Dom Luciano e com o povo brasileiro.

"Con profundo pesar..."

Andrés Stanovnik, OFMCap
**Bispo de Reconquista-Argentina,
secretário geral do Conselho Episcopal
Latino-Americano (Celam)**

Señor Cardenal

Geraldo Majella Agnelo

Arzobispo de Salvador, Presidente de la CNBB

Apreciado Señor Cardenal:

Con profundo pesar nos hemos enterado del sensible fallecimiento de Dom Luciano Mendes de Almeida. En el Celam su nombre es respetado y querido por los valiosos servicios que prestó especialmente como su Primer Vicepresidente en el período 1995-1999 y su importante aporte en las Conferencias Generales del Episcopado Latinoamericano en las que él participó. En nombre de la Presidencia del Celam y en el mío propio, queremos unirnos al dolor que enluta al Episcopado y a la querida Iglesia de Brasil.

Sabemos de su entrega generosa al servicio del Evangelio de Jesucristo y de su amor al pueblo brasilero. Estamos seguros que el Señor lo premiará como al siervo fiel y abnegado que hizo fecundar los talentos que le entregó.

Con cariño fraterno acompañamos a Usted y a la Iglesia hermana del Brasil, y pedimos a Dios que acoja a este hijo suyo que dedicó su vida al servicio de la Iglesia.

Afectísimo en Cristo.

"Apresento condolências..."

Cardeal Carlo Maria Martini, sj
**Arcebispo emérito de Milão, Itália,
e membro do Pontifício Instituto Bíblico de Jerusalém**

Apresento condolências à CNBB, aos familiares de Dom Luciano e aos jesuítas.

Em Jerusalém, na Terra Santa, em orações permaneço unido ao meu grande amigo Dom Luciano e ao povo brasileiro.

IV

Nota de falecimento e pesar da CNBB

Cardeal Dom Geraldo Majella Agnelo
**Arcebispo de São Salvador da Bahia
e presidente da CNBB**

Dom Antônio Celso de Queirós
Bispo de Catanduva-SP e vice-presidente da CNBB

Dom Odilo Pedro Scherer
Bispo auxiliar de São Paulo e secretário-geral da CNBB

A vida dos justos está nas
mãos de Deus.
(Sb 3,1)

A CNBB recebeu com grande pesar a notícia do falecimento de Dom Luciano Pedro Mendes de Almeida, sj, arcebispo de Mariana.

Manifestamos nossa solidariedade aos familiares e parentes de Dom Luciano e à Arquidiocese de Mariana, que o teve como pastor durante 19 anos.

Dom Luciano foi secretário-geral da CNBB por dois mandatos consecutivos, de 1979 a 1986, e presidente, também por dois mandatos consecutivos, de 1987 a 1994. Seu dinamismo, inteligência privilegiada, dedicação incansável e testemunho de amor à Igreja deixaram marcas profundas na Conferência

Episcopal e na Igreja no Brasil. Seu amor aos pobres o fez servidor e amigo dos pobres e defensor zeloso de suas causas. Sua vida de oração e o testemunho de amor a Deus e ao próximo ajudaram muitas pessoas a se aproximar de Deus.

Ao mesmo tempo que agradecemos a Deus pela vida preciosa de Dom Luciano e pelo bem que ele fez à sociedade e à Igreja, entregamos sua existência edificante à mão de Deus, em quem ele sempre confiou; elevamos preces para que lhe seja dada a vida em plenitude na Casa do Pai e a recompensa prometida por Jesus aos "servos bons e fiéis do seu reino" (cf. Mt 25,14-23).

Brasília, 27 de agosto de 2006.

Do céu, Dom Luciano, interceda por nós!

Irmã Cecília Tada, cmst
Assessora da CNBB para a Comissão Episcopal para a Amazônia

O pensamento do Céu norteou a vida de todos os santos, que se tornaram, na vida de muitos, a expressão da bondade e do amor de Deus. Popularmente, podemos dizer, foram verdadeiros anjos na terra. Aliás, fazem-se anjos aqueles que se fazem manifestação do amor de Deus na vida de alguém. Por isso, dizemos a alguém que se solidarizou conosco no momento difícil de nossa vida: "Você foi um Anjo que Deus me enviou".

Depois de 2000 anos de era cristã, sabemos como ser anjos de Deus, porque Deus mesmo veio habitar entre nós através de seu Filho, Jesus Cristo, "que, não se apegando ciosamente à sua igualdade com Deus, aniquilou-se, assumindo a condição humana" (Fl 2,7), "para que todos tenham vida e vida em abundância" (Jo 10,10). A prática libertadora de Jesus não agradou a muitos, sobretudo àqueles que detinham o poder. Foi eliminado, mas o seu Espírito continua agindo entre nós, na promessa por ele mesmo feita aos apóstolos: "recebereis uma força, a do Espírito Santo, que descerá sobre vós, e sereis minhas testemunhas em Jerusalém, em toda a Judéia, na Samaria e até as extremidades da terra" (At 1,8). "Eis que estarei convosco todos os dias, até o fim do mundo" (Mt 28,20).

Sim, o espírito de Jesus continua agindo entre nós, nas pessoas que se abrem à sua ação e se deixam conduzir por ele, que se deixam encarnar na realidade dos pobres, experimentar a gratuidade de Deus e, no mistério da gratuidade, ser a revelação do amor de Deus a todos.

No prefácio do livro *Quantas vidas eu tivesse eu lhes daria*, Carlos Mesters, referindo-se à protagonista da solidariedade com os moradores de rua, em São Paulo, dizia: "Muita gente não conhece e tampouco ama a Deus, porque nós não o revelamos com a nossa vida". Em outras palavras, não deixamos Deus ser Deus na nossa vida, porque cada um de nós tem que se mostrar e aparecer.

Com a homenagem que queremos prestar a Dom Luciano Mendes de Almeida neste momento de adeus, uno-me a todos os moradores de rua, a todos os pobres, a todos os marginalizados, a todos os enfermos, a todos os sofredores e a todos os intelectuais que intuíram e compreenderam a grandeza da bondade e do amor de Deus presente nesse homem; sim, Dom Luciano, vimos Jesus Cristo na sua pessoa e experimentamos a faísca do amor de Deus no seu jeito de ser irmão, pastor e amigo. Seguindo Jesus Cristo, você deixou muitos e muitos que o seguirão também.

Ele passou fazendo o bem!

Irmã Neusa Quirino Simões, odn

Sou religiosa da Companhia de Maria, Ordem Religiosa Feminina, cujas raízes estão estreitamente ligadas à Companhia de Jesus. Assim, pois, laços de família muito estreitos, já me aproximavam desse santo jesuíta a quem chamamos hoje Dom Luciano Pedro Mendes de Almeida.

Quando o conheci, era, em sua simplicidade, um sacerdote moço, ardoroso, apostólico, cheio de vida, tão profundamente humilde quão profunda era a sua cultura, a sua piedade e, sobretudo, a sua bondade irradiante, ao mesmo tempo tão discreta. Era o pe. Mendes, uma figura ímpar, muito querida entre os jesuítas, seus irmãos, e os alunos da Faculdade de Filosofia Nossa Senhora Medianeira, mantida pelos jesuítas.

Eu viera de nosso colégio do Rio de Janeiro, onde trabalhara durante 24 anos, desde os primeiros tempos de minha vida religiosa. Para atender a novas exigências do Ministério da Educação, deveria fazer novos cursos, obter diplomas para continuar desenvolvendo minhas atividades de educadora.

Foi um período de adaptação muito difícil. Não conhecia São Paulo, nem o seu povo, cuja maneira de ser é totalmente diferente da do povo carioca. O Senhor colocou um anjo bom no meu caminho. Conheci o pe. Mendes quando me inscrevi para o vestibular na Faculdade Nossa Senhora Medianeira, da qual ele era o vice-reitor. Era 19 de março de 1968. Desde então, nos momentos de alegria ou de dor, nas vitórias ou nas horas dolorosas, não me tem faltado a presença benfazeja de um *pai*, de um *amigo*, de um *irmão*, uma presença de céu.

Devendo preparar minha dissertação de mestrado, fui convidada para colaborar, ao mesmo tempo, no Departamento de Letras da Faculdade. Tive sempre o seu estímulo e sua confiança. Não posso deixar de relatar aqui fatos aparentemente tão pequenos, mas que mostram a grandeza de alma, a delicadeza de coração, a nobreza de sentimentos de Dom Luciano. Nessa época – início da década de 1970 –, minha saudosa mãe já estava bem enfraquecida, residindo em São José dos Campos-SP com minha irmã religiosa. Ele sabia penetrar, com divina sabedoria, no mais íntimo dos corações, curando-lhes as feridas, aliviando-os em suas dores mais secretas. Conheceu a fundo o coração tão sofrido de minha mamãe. Em suas idas e vindas intermináveis, sabia sempre encontrar um tempinho para uma passagem por São José, para levar-lhe a graça de uma palavra boa, de uma palavra de Deus. Mesmo depois de Bispo, quando nem um pouco de tempo lhe pertencia mais. É uma dívida de gratidão que jamais saldaremos. Já no final de sua existência, ela mostrara um desejo muito grande de receber o Sacramento da Confirmação. Foi preparada com muito carinho. Dom Luciano carinhosamente veio de São Paulo para crismá-la.

Naquele pequeno quarto de doente, na presença de umas poucas religiosas, ele lhe disse, brincando: "Dona Isaura, vou ensaiar com a senhora... Será minha 1ª Crisma!". Tirando do bolso interno do paletó o anel episcopal que trazia preso a um cordão, iniciou a cerimônia, tão simples, mas tão comovente. Transfigurou-se... Foi um momento divino! Cada palavra, cada gesto, repassados de unção, impregnados de fé, se revestiam de um sentido profundo e divino. Com certeza o Espírito do Senhor a todos envolveu. Nossa querida doente, a quem o Senhor veio buscar um mês depois, se tornou uma nova criatura, guardando até o fim a força sobrenatural do sacramento.

Viajando, não pôde estar com ela nos seus últimos instantes. Celebrou e chorou conosco na missa de sétimo dia. Assim foi e será sempre Dom Luciano: faz-se pequeno com os pequeninos cujas dores assume, de cujo sofrimento partilha, coração semelhante ao coração de Cristo.

Impossível narrar o número de pobres a que socorre, muitas vezes com sacrifício pessoal, especialmente no tocante ao menor desamparado. Sua palavra mansa, delicada, mas incisiva, jamais se tem calado em defesa dos mais abandonados. Acompanhando-o muitas vezes em suas visitas às comunidades da periferia da região do Belém, quando Bispo auxiliar de São Paulo, sou testemunha dessa presença sobrenatural, dessa caridade espontânea e operante com que sempre envolvia os seus gestos de socorro, as suas buscas incessantes de soluções para acudir os necessitados.

Eleito secretário geral da CNBB (duas vezes), convidou-me para auxiliá-lo nesse seu intenso trabalho em Brasília. Para lá fui em 1983. Depois, eleito e reeleito presidente da mesma Conferência, tive o privilégio de continuar dando meu pequeno contributo para aliviar uma pequena parcela de seu trabalho. Nesse longo convívio, mais de perto pude admirar essa figura impressionante de sacerdote, de apóstolo, de evangelizador, de pastor. Jamais o vi furtar-se ou relutar em atender a qualquer solicitação, quando se tratava de causa da Igreja, dos pobres e de todos os injustiçados e menos favorecidos. Sempre com um sorriso acolhedor, que afastava qualquer receio de uma aproximação, sua porta e seu coração estavam sempre abertos a quem dele necessitasse. As referências e observações que deixo aqui são uma pálida lembrança do que foram esses anos de convívio na CNBB, período em que tantas lições de vida aprendi.

De uma profunda e sólida cultura, dominando com facilidade diversos idiomas e, especialmente, homem de oração e de grande espírito sobrenatural, era constantemente solicitado para conferências, retiros espirituais, palestras as mais diversas, e sobre os mais diversos assuntos, não apenas no país, mas também no exterior, em países como Estados Unidos, França, Suíça, Canadá, Itália, entre outros. Não têm número as entrevistas para as quais era solicitado por jornais, revistas, rádio ou televisão. No panorama nacional ou internacional, seu parecer inteligente, sábio e judicioso, exposto com clareza e ponderação, sobre questões as mais diversas e conflitantes, sempre foi acatado e respeitado.

Impressionantes seu espírito conciliador, sua capacidade de captar e sintetizar os mais difíceis assuntos, seu espírito de liderança em conduzir os mais polêmicos encontros. Foi um verdadeiro promotor da paz, sem ceder jamais no que se referia à verdade e à justiça.

Chamado certa vez a depor numa CPI, por problemas sérios e graves com os índios yanomamis, fê-lo com tal veemência e com tal vigor, que não houve quem o contestasse. Muito humano e sensível, vivia intensamente os dramas de nosso povo, clamando por eles, buscando-lhes soluções, especialmente no que diz respeito às questões dos índios, dos menores de rua e dos mais pobres.

Era, por isso, uma figura querida na UNICEF, cujos membros nada sabiam lhe recusar no socorro à infância.

Foi o grande organizador e incentivador do Comunicado Mensal, publicação da CNBB, com notícias da Igreja do mundo e do Brasil. Notável o seu cuidado em rever os textos, a apresentação da matéria, o zelo pela correção da linguagem. Tudo tinha valor a seus olhos. E assim sempre foi com seus muitos escritos, artigos para jornais ou revistas e sua vastíssima correspondência.

Por sua finura de trato, fidalguia de maneiras, era um verdadeiro diplomata, sabendo tratar os mais difíceis e delicados problemas com profunda sabedoria e equilíbrio. Seu parecer sobre problemas nacionais era acatado e respeitado pelas autoridades governamentais, que o procuravam com freqüência.

Igualmente notável e excepcional sua atuação nos diversos sínodos e assembléias da CNBB, do Celam, de Puebla e de Santo Domingo, de que participou.

Não posso deixar de citar seu magnífico trabalho na Assembléia de Santo Domingo, onde foi o presidente da comissão de redação. A seu respeito, entre outras publicações, assim se manifestou o jornal *La Croix*, na matéria "Mendes, o homem de Santo Domingo":

Entre os bispos latino-americanos, em todo caso, poucos partiram de Santo Domingo sem dever a Dom Luciano uma gratidão muito forte, porque o Pastor é também um homem de síntese. Sua pena reputada eficaz para colocar em forma as idéias foi ainda, mais uma vez, maravilhosa. Moderador da comissão de redigir os textos da assembléia, ele foi o conciliador das tendências doutrinais e pastorais, algumas vezes até antagônicas.

Uma das mais belas faces de seu caráter sempre foi o respeito à autoridade, quer civil, quer sobretudo dentro da Igreja. Impressionante seu carinho pelo Santo Padre, manifestado sempre de um modo muito espontâneo e filial. Com que afetuosa deferência o vimos preparar e acolher as visitas de João Paulo II ao Brasil, especialmente na que fez à CNBB. Com que delicadeza soube preparar e conduzir o povo para esses acontecimentos, delicadamente poupando Sua Santidade, sem roubar aos fiéis a alegria daquele encontro.

Certa vez, durante seus longos trabalhos, que avançavam a noite, na CNBB, o telefone tocou. Afastando-me, de longe eu o vi prostrar-se de joelhos enquanto atendia a ligação; quando voltei, encontrei-o ainda emocionado. Fora o Santo Padre que queria saber, pessoalmente, notícias do sr. Cardeal Dom Aloísio, que estava enfermo. Assim é seu respeito e carinho pelo Papa. Assim acata e abraça a palavra de Sua Santidade.

Há tanta coisa a relatar desses tantos anos abençoados de convivência e de trabalho, que me sinto pequenina e incapaz de o fazer. Tudo fica muito aquém da realidade, da grandeza de alma, da santidade de Dom Luciano. Seria como querer aprisionar num apanhado de palavras o brilho de uma estrela!

Nada mais simples e completo encontrou o evangelista para expressar toda a ação divina de Jesus no meio dos homens do que esta frase: "Ele passou fazendo o bem!".

Assim poderíamos dizer também desse fiel seguidor do Mestre, desse autêntico filho de santo Inácio. Dom Luciano vai passando em nosso meio espalhando o bem, com sua maneira especial de ser, irradiando os tesouros de bondade que traz em seu coração, fruto, certamente, de sua vida de íntima união com o Senhor, que se pode facilmente pressentir e que fez alguém escrever: "Ele não parece deste mundo!".

Um dia, era sexta-feira, véspera de carnaval, do ano de 1990. Dom Luciano sofreu um gravíssimo acidente de carro nas estradas de Minas Gerais. Já era, então, o arcebispo de Mariana. Foi notícia de jornal em todo o mundo. Durante o período angustiante da terrível luta travada entre a vida e a morte, cerca de 2 mil cartas chegaram das mais diversas partes do mundo. De toda parte, manifestações de carinho, orações e sacrifícios pela sua recuperação. Sofreu 14 cirurgias. Como o Cristo, não havia uma parte sadia em seu corpo. Ainda assim, sem poder falar, escrevia pequeninos bilhetes para saber dos outros companheiros de viagem, da família do sacerdote falecido. Esse é o seu coração!

Recordando o ocorrido: "Eu sou um ressuscitado!". Dissera uma vez, em entrevista: "Mais que uma peripécia quase miraculosa, foi uma profunda experiência espiritual e eclesial: foram as comunidades que me trouxeram à vida, por sua fé, seu jejum por minha saúde e suas esmolas para pagar as operações".

São Paulo, 6 de abril de 2001.

"Os anos passaram rápido..."

Irmã Neusa Quirino Simões, odn

Os anos passaram rápido. O Senhor queria ainda sua presença em nosso meio. Havia ainda um trecho da estrada a percorrer, sementes do Reino a espalhar, almas famintas a espera da passagem do divino amigo. Combatido o bom combate, o Senhor veio buscá-lo. Cumpriu sua missão.

Minas, 21 de novembro de 2006.

 A CNBB ganha mais um santo!

Secretariado, pastorais/organismos e funcionários da CNBB Norte 2

A CNBB ganha mais um santo, que estará intercedendo constantemente por toda sua missão neste imenso Brasil!

Pedimos fazer chegar aos familiares e amigos de Dom Luciano Mendes a nossa solidariedade neste momento de dor e tristeza, mas também de esperança, porque "a vida para quem acredita não é tirada, mas transformada".

A vida de Dom Luciano já recebeu a transformação devida – ressuscitado com Cristo para uma vida nova! Estamos rezando por Dom Luciano, que sabemos já está junto do Pai intercedendo por nós e nos impulsionando para uma doação total a Deus e aos pobres, e um grande amor pela Igreja a que servimos.

Dom Luciano, santo da paz, do amor e da justiça, rogai por nós!

Recebam nossas preces e amizade.

V

Nota da Arquidiocese de Mariana

Padre Marcelo Moreira Santiago
Vigário-geral

Padre Lauro Sérgio Versiani Barbosa
Reitor do Seminário São José

A Arquidiocese de Mariana comunica, pesarosa, o falecimento do nosso estimado pastor, Dom Luciano Pedro Mendes de Almeida, hoje, dia 27 de agosto de 2006, por volta das 18 horas, no Hospital das Clínicas, em São Paulo.

Desde o dia 17 de julho, Dom Luciano encontrava-se internado no Hospital das Clínicas, tratando de um tumor cancerígeno no fígado. Toda a arquidiocese o acompanhava com orações e afeto. Dom Luciano conservou durante o tratamento a mesma serenidade espiritual e confiança em Deus que caracterizaram a sua vida. Não pedia a cura, mas oferecia a sua vida a Deus em favor de sua amada arquidiocese, pedindo que se cumprisse plenamente a vontade de Deus a seu respeito.

Dom Luciano esteve à frente da Arquidiocese de Mariana por 18 anos e três meses. Doou-se totalmente a nós, "Em nome de Jesus" (*In nomine Jesu*), conforme o seu lema episcopal. Nesse período de enfermidade, configurou-se sempre mais à paixão de Jesus, coroando a sua vida de amor a Cristo e à Igreja, abraçando a cruz na certeza da ressurreição como o seu último serviço à vida e à esperança.

"A Arquidiocese de Mariana..."

Padre Marcelo Moreira Santiago
Administrador diocesano

*O mistério da Ressurreição ilumina a existência
do cristão e faz com que cada passo da vida
tenha no horizonte a esperança do encontro
amoroso com Deus.*
(Dom Luciano)

A Arquidiocese de Mariana, profundamente sensibilizada, agradece a todos os que a ela se uniram, na solidariedade e na prece, por ocasião das grandes manifestações de fé, estima e saudade, que marcaram o falecimento e os funerais do querido arcebispo Dom Luciano Pedro Mendes de Almeida.

Sustentada pela esperança pascal e reconhecida ao Senhor da Vida pelo exemplo edificante do zeloso pastor, que durante 18 anos a conduziu, com profunda sabedoria e coerência evangélica, a igreja de Mariana deseja que a força do testemunho de Dom Luciano continue iluminando a existência e a missão de todos os que ele amou e serviu "em nome de Jesus".

Com renovados sentimentos de gratidão e amizade.

Mãos que abençoam!

Padre Apolo Guerra
Arquidiocese de Mariana

O que somos e o que chegaremos a ser?!

Não temos mais nosso pastor a nos abençoar.

Melhor, nós o temos junto de Deus, a interceder!

Abençoar, eis sua missão: para melhorar e viver, para ser bom e buscar o ótimo, para crescer e amadurecer, e para ser mais: protegido por Deus.

Nesta vida quem não pegou uma carona?

No meu tempo de estudo, no seminário em Mariana, estava fazendo um tratamento em Belo Horizonte. Às vezes, uma, duas e até três vezes por semana.

Numa manhã de sol intenso e gostoso fui mais uma vez.

Dessa vez, meio tímido, por estar indo de carona com Dom Luciano e o motorista, sr. Elias.

Iniciamos a viagem com a oração do breviário, era tempo comum. Ao chegar perto de Belo Horizonte começamos a dialogar, pois havíamos terminado as orações.

Chegamos à avenida Nossa Senhora do Carmo e eu desci, desejou-me tudo de bom e eu simplesmente agradeci. Não sabia eu que era olhado ao longe até subir a avenida do Contorno e aquelas mãos erguidas para pedir a Deus proteção pra mim. Nem olhei para trás.

Dom Luciano disse isso após uns quatro anos, mais especificamente no dia 26 de maio de 2001, a partir das 10 horas da manhã, em minha ordenação sacerdotal em Sericita-MG: "Filho, quando você subia a avenida do Contorno, eu ergui minhas mãos para abençoá-lo!".

Eu quis chorar quando ouvi essas humildes e espirituais palavras, mas refleti, concluindo que era por isso que sempre me senti seguro em minhas viagens: uma mão me abençoou e senti protegido para sempre.

Enquanto temos no mundo mãos que apertam gatilhos, outras que roubam, batem, escrevem para caluniar, e para tantos outros males, conheci aquelas mãos ungidas para pedir a Deus para consagrar muitos eleitos, para pedir o Espírito Santo para um número enorme de crismandos, para ungir doentes e ainda mais para abençoar. Mãos de um pastor que era rápido em escrever aquilo que a mente refletia de forma brilhante no filosofar inteligentíssimo, mas na expressão mais compreensível: a linguagem do amor e do bem comum.

A saudade ficou com sua partida, mas me recordo do seu doce olhar e, quando assisto ao DVD e vejo as fotos de minha ordenação, sou grato a Deus: aquelas *mãos benditas* me abençoaram e me ungiram para a vida de doação.

Obrigado a Deus por hoje usar minha mente e minhas mãos para expressar meus gratos sentimentos a Dom Luciano Pedro Mendes de Almeida!

E hoje, lá do Céu, está a nos abençoar!!!

Jeceaba-MG, julho de 2007.

 As pessoas simples são tão sábias quanto santas[1]

Padre Edvaldo Antonio de Melo

... fonte que pede de beber

... silêncio que grita e fala

... presença aconchegante

---

[1] Em nome do Seminário de Mariana, no dia 2 de maio de 2004, celebrando a Festa de São José, declamei esta poesia a Dom Luciano, em homenagem aos 28 anos de seu Episcopado. Na época, eu estava cursando o 3º ano de Teologia do Seminário de Mariana. Hoje, com as graças de Deus, sou padre, pe. Edvaldo Antonio de Melo, e trabalho na Arquidiocese de Mariana, como vigário paroquial da Paróquia São João Batista de Barão de Cocais-MG.

Dom Luciano, na sua simplicidade, está sua sabedoria de vida
Na sua sabedoria de vida, sua santidade
E na sua santidade, a grandeza de um pai – pastor – profeta.
Como um rio de águas cristalinas que corre para o mar,
Assim, a vida das pessoas simples – sábias – santas.
Semeiam a paz e a vida por onde passam.
São capazes de entrar e sair em qualquer lugar sem muita
apresentação.
Assim são os pobres do Senhor, não separam e nem sequer
distinguem cenários.
Com a mesma roupa de luta, vão à missa,
apresentam-se diante de reis, políticos e intelectuais.
E ainda são capazes de arrancar aplausos de platéias etique-
tadas.
Pai Luciano, alguém que se *encurva* diante do pobre
Alguém que se *com-padece* com os sofrimentos dos outros
Alguém que trata as crianças e os pobres como seus *mestres*
e *senhores*
Alguém que é *luz* – *esperança* – *eucaristia* para o mundo.
Querido pai Luciano, obrigado pela sua presença em nossas
vidas, em nosso seminário, em nossa Arquidiocese de
Mariana.
Que São José e Maria, a Senhora da Assunção, continuem a
abençoar sua vida,
Vida que é constante corpo entregue e sangue derramado
para o mundo,
Vida que é *caminho* que nos conduz a Jesus.
Parabéns pelos 28 anos de seu episcopado!

Obrigado Deus, obrigado Dom Luciano!

Padre Lambert Noben

Passados alguns dias do falecimento do nosso querido Dom Luciano, vencido o primeiro impacto de tristeza por essa perda incomensurável, hoje, já nos é possível olhar com gratidão para o Céu e dizer um muito obrigado.

Muito obrigado, Deus, pela pessoa maravilhosa e a vida riquíssima de nosso querido Dom Luciano!

Muito obrigado, Dom Luciano, por tudo:

Pela sua generosidade total, esquecendo-se de si mesmo para pensar nos outros, principalmente nos que mais precisavam. Pela sua sabedoria colocada sem medida ao serviço do Reino. Pela sua paciência em nos explicar as verdades mais profundas com uma clareza incrível. Pela caridade com que perdoava nossas faltas e limitações. Pelo sorriso com que atendia cada pessoa. Pela criatividade em achar um tempo para cada um.

Pelo seu amor total a Deus, à Virgem Maria, aos pequenos e pobres.

Pela sua dedicação e preocupação com as crianças, os jovens, os idosos, os pobres, os padres, os sofredores, os injustiçados.

Quando você foi enviado à nossa arquidiocese, há 18 anos, ninguém acreditava no que ouvia: o grande Dom Luciano da CNBB, que a gente admirava de longe, vir ser nosso arcebispo! E foi mesmo! E foi muito mais do que arcebispo, foi pai, foi irmão, foi amigo, tão simples, tão humano e tão caridoso. Para mim, a maior graça que recebi de Deus parecia um imenso transatlântico, imobilizado, encalhado num banco de areia. Mas com a dedicação, a perseverança e a sabedoria que lhe são peculiares, o Senhor conseguiu que o transatlântico começasse a navegar nas águas libertadoras do Concílio Vaticano II, de Medellín e de Puebla, do Celam e até dos sínodos dos bispos, uma massa discreta, mas determinante, lembrando e priorizando sempre os valores do Evangelho, o serviço da vida plena de todos.

Dom Luciano, você nos ensinou que é possível viver o Evangelho no dia-a-dia, amar as pessoas como Jesus as amava, ouvindo sempre o clamor dos pequenos e dos pobres.

Quando alguém o criticava, com toda a humildade, inclinava a cabeça e dizia: "Perdoem-me, eu só queria ajudar". Você teve tempo para atender a todos, roubando seu tempo de descansar para estar sempre a serviço de quem precisava.

Dom Luciano, lá do Céu, continua olhando para nosso povo, para que aquilo que foi semeado nesses 18 anos possa sempre crescer e florir.

O cotidiano que conquistava

Irmã Maria Carmen Mendes de Carvalho, fdnsc
**Membro da Congregação das
Filhas de N. S. do Sagrado Coração**

Trabalhei trinta anos com Dom Luciano. Primeiro em São Paulo, na região Belém, e finalmente em Mariana. Desde que ele foi ordenado bispo, era eu quem coordenava a casa, anotava todos os recados, bilhetinhos. Ele gostava que assim fosse, para depois responder. E ele respondia a todos.

Era muito organizado e, com jeitinho, nos fazia ver que não gostava que trocassem móveis, papéis de lugar. Dizia: "Irmã Carmem, sabe que às vezes um recorte de jornal trocado de lugar pode me fazer falta? Então, por favor, pode deixar como está".

Era de uma delicadeza sem fim, nunca foi áspero, impaciente. Quando precisava orientar, dizendo "faça isso ou faça aquilo", falava com gentileza e carinho, sem ofender ninguém. Tinha muita confiança na gente. Reconhecia as qualidades de cada um, aceitava a gente do jeito que a gente era, com nossas limitações e sempre procurando nos valorizar. Sempre o mesmo: atencioso, bondoso, solícito com todos, principalmente com os pobres. Era incansável no dia-a-dia do atendimento a "seus pobres". Sem um minuto de sossego. Atendia-os a qualquer hora do dia e da noite. A pedido de Dom Luciano, preparávamos, todas as noites, uma boa sopa e um sanduíche, que ele pedia sempre para ser substancioso. E todas as noites, principalmente quando Dom Luciano estava lá, e apesar de chegar muitas vezes cansado das viagens, lá ia ele escutar seus pobres, ajudar na distribuição da comida e comer com eles. Onde Dom Luciano morou, sempre havia um grupo grande de pobres a esperar, a cada noite, por ele. Além da alimentação, Dom Luciano também conversava, escutava, aconselhava, procurava ajudar, amparar em tudo.

Nunca pensava nele em primeiro lugar. Antes de comer, queria saber se todos tinham comido; antes de subir os degraus que o levavam ao seu quarto, sempre queria saber se estávamos bem, se havíamos descansado. Ele mesmo quase não dormia. Eu falava para ele se cuidar para poder cuidar dos seus pobres. Ele sorria, mas não se cuidava. Desde as coisas mais simples até as maiores, sua conduta era de simplicidade e de um profundo compromisso com os mais pobres.

Eu ainda não consegui assimilar que Dom Luciano partiu. Sinto sua presença sempre serena e bondosa em torno de nós a cada minuto. Que a gente possa continuar amparando seus pobres, como era seu desejo.

Dom Luciano Pedro Mendes de Almeida: santo e sábio

Edite Reis da Paciência
Colega de trabalho de Dom Luciano, por muitos anos, na Arquidiocese de Mariana

O santo pastor. O Arcebispo da paz, da solidariedade, da caridade, da união, da conciliação, do diálogo, da esperança, da fé, do amor a Deus, à Igreja e ao próximo.

Feliz por ser padre. E mais feliz em ajudar os outros. Em várias ocasiões, sofreu com alguns problemas de saúde, não conhecidos por todos. Mas eu os conheci! Mas, mesmo nos momentos de suas dores físicas, nunca perdeu a *paz* e nem aquele *sorriso lindo*! Que brilhava da pureza do seu coração, refletindo-se no seu olhar e nos seus lábios.

Dom Luciano só perdia o sorriso quando via os outros sofrerem! Eu mesma sou um exemplo e testemunha disso.

Conheci Dom Luciano no dia 27 de agosto de 1981, à uma e meia da madrugada. Eu tinha apenas 14 anos de idade. Havia sofrido um grave acidente de ônibus e encontrava-me no leito de um hospital de São Paulo. Sozinha, imobilizada, muito quebrada, quando naquela madrugada de 27 de agosto de 1981 entra no quarto e se aproxima de mim aquele santo anjo, Dom Luciano.

Sentou-se na minha cama e perguntou com um gesto de muita compaixão: "O que aconteceu com você, filha?". E daí quis saber de toda a minha história... Contei-lhe, e quando terminei de relatar-lhe toda a minha vida, desde criança até aquele momento, ele, Dom Luciano, com semblante triste e lágrimas em seus olhos, compartilhando do meu sofrimento, beijou-me e disse: "Filha querida! Guarde estas lágrimas para depois que eu morrer, porque enquanto eu viver não quero ver mais essas lágrimas, pois, enquanto eu for vivo, você sempre terá um *pai* ao seu lado. De hoje em diante, onde eu estiver, você vai comigo, onde tiver lugar pra mim, tem que ter para você também!". E na verdade foi o começo de uma nova vida! Foi assim até o fim... A partir dali, Dom Luciano sempre foi para mim não só *pai*, mas *pai*, *mãe* e *amigo*. Com ele eu compartilhava tudo! Não existia segredo para com ele.

Querido *pai*, Dom Luciano. Guardo no coração suas últimas recomendações. Pessoalmente, três dias antes de o senhor ser transferido para a UTI, nos dias 5 e 6 de agosto, quando estive com o senhor pela última vez, e pelo telefone, dia 9 de agosto de 2006, horas antes de o senhor ser induzido ao coma.

Dom Luciano queria viver. Disse-me que precisava voltar vivo para Mariana, não importava por quanto tempo, mas precisava terminar umas "coisas" que não tinha terminado. Deus não permitiu!

Obrigada! meu querido e saudoso pai, Dom Luciano!
A sua bênção! Abençoe-me sempre, como o senhor costumava falar-me por telefone, quando estava viajando.
Já estou com muitas saudades!
São Luciano Pedro Mendes de Almeida,
Rogai por nós.

 ## Um coração com as dimensões do coração de Jesus

Cônego José Geraldo Vidigal de Carvalho
Professor no Seminário de Mariana

Um mês do falecimento do notável Antístite marianense Dom Luciano Mendes de Almeida, dia 24 de setembro, e permanece nos corações o vazio da ausência de uma presença nesta terra daquele que a todos enchia de esperança, otimismo e coragem para enfrentar a vida. É certo que todos que o conheceram percebem sua influição junto de Deus, lá na Casa do Pai.

Tantas preces feitas, pedindo sua intercessão, têm sido atendidas numa prova de que ele já está gozando os merecimentos de sua vida exemplar e apostólica. Os inúmeros testemunhos sobre esse arcebispo admirável continuam palpitando na imprensa falada e escrita.

Cada texto a vislumbrar facetas de uma existência toda voltada para o amor ao próximo com uma disponibilidade franciscana, com uma energia inaciana, com uma dileção vicentina. Mesmo aqueles que se socorreram poucas vezes junto da bondade de Dom Luciano sabiam que, sempre que necessário fosse, teriam nele um confidente amigo, um orientador prudente, um pai amoroso.

Como é bom só se ouvir falar bem desse evangelizador inigualável! É que todas as ações desse Epíscopo resultavam de um boníssimo caráter, de uma alma inteiramente imersa em Deus. Brilhou na história da Igreja com uma vitalidade prestimosa e uma abnegação evangélica, unindo a tanta virtude e tamanha fortaleza uma doçura e um encanto que canonizaram uma personalidade inconfundível.

O mérito de Dom Luciano há de crescer sempre e rutilar cada vez mais, porque o seu ardor pelo bem, a consistência de sua têmpera, a fibra do seu espírito, tiveram uma energia inexcedível, absolutamente maravilhosa. Tudo isso, porque se no homem o talento é muito, o coração é tudo, e ele tinha um coração com as dimensões do coração de Jesus Cristo. Por isso, a bondade, o dinamismo e a luta pela justiça social caracterizaram aquele que honrou o áureo trono episcopal marianense dourando as páginas dos anais eclesiásticos para todo o sempre.

Diante de fragilidades e desvios, perante erros e desmandos, ao repreender faltas, a sua alma generosa tinha sempre palavras suaves, amorosas, compreensivas. Ele antepunha sempre à firmeza de um rigor inexorável as condolências de uma dileção santa. Rigoroso só consigo mesmo, mas sempre condescendente com os outros, embora firme no que dizia respeito à ordem e à disciplina, à observância total das diretrizes evangélicas.

Seguro de si e repleto de preocupações com o próximo, exercitando o seu ministério magnificentemente, ele apoiava todos os movimentos sociais libertários, estando persistentemente ao lado dos marginalizados. Magnânimo no desempenho do seu cargo episcopal, era indulgentíssimo e sabia conciliar a máxima benevolência com a mais inflexível autoridade.

Bom por natureza e tolerante por convicção, envolvia a todos no temperado e delicioso ambiente de uma cordialidade sem limites, e dele ninguém fugia, mas gostava de estar com ele, de conversar com ele e dele receber sábias diretrizes. Ele sabia como poucos que nem tudo que é humano é falso, nem tudo que é novo é mau. Extraía da ciência o que ela tem de bom, recolhia da sociedade o que ela tem de útil. Versátil, abordava com rara proficiência os mais variados assuntos e seus textos guiaram o povo brasileiro durante esses períodos conturbados da República.

Lá onde sua presença era necessária, não havia distância que o detinha, e ele soube se aproveitar ao máximo do progresso técnico-científico de hoje e se fazia presente na imprensa. Através de seu celular, estava inclusive sempre atento a dar pelo telefone uma mensagem a algum espírito atormentado que a ele se dirigia e que precisava de uma pronta palavra de luz e ânimo.

A simplicidade e a modéstia marcaram sua existência e sua única ambição era a felicidade de todos com quem se encontrava. Pastor desvelado, marcou definitivamente a gloriosa história da Arquidiocese de Mariana, e por onde passou deixou sinais visíveis do verdadeiro epígono do Redentor. Tinha, realmente, a grandeza escultural de um perfeito dirigente espiritual e a consumada prudência dos maiores líderes.

Acessível a todos, afável e sempre igual para com todos, era comovedora a ação desse varão apostólico, exercendo desartificiosamente, lisamente, os seus deveres evangelizadores. Personalidade sincera e generosa, nesse apóstolo adornado de todos os mais finos atributos e prendas, tudo nele falava dos esplendores de uma espiritualidade intensa.

 **"Amar como Jesus amou..."**

Alexandra Carla de Souza
**Assistente Administrativo,
Jeceaba-MG**

Amar como Jesus amou, sonhar como Jesus sonhou, viver como Jesus viveu, sentir o que Jesus sentia, ouvir como Jesus ouvia...
(Pe. Zezinho)

Nessa frase de uma das belas canções de pe. Zezinho, encontramos o exemplo de vida desse nosso saudoso pai e pastor Dom Luciano. Quem busca para si os exemplos desse santo homem, com certeza, está próximo do Cristo Ressuscitado.

Falar de Dom Luciano é uma tarefa muito difícil, mas, por outro lado, é motivo de orgulho e gratidão pelo convívio e presença ativa desse servo em nosso meio.

Um certo dia, escrevi a Dom Luciano uma carta onde falava da revolta por alguns escândalos em nossa Igreja. Na mesma hora em que lhe entreguei a carta, ele leu e me chamou para conversarmos. Passei a entender, aceitar e enxergar nossas realidades de forma diferente. Cada ser é único e cada um vem de uma família, de uma história. Uns têm alicerce firme, outros, infelizmente, não tiveram. O Cristo acolhe a todos sem excluir ninguém. O próprio Evangelho nos traz a narrativa de Maria Madalena. E então?

Dom Luciano com suas belas e sábias palavras me trouxe paz ao coração e me ajudou a ser mais humana, a acolher a todos que tropeçam nos caminhos que peregrinamos. Ele me ensinou que devemos, sim, pagar por nossos erros, mas que devemos ser mais maleáveis ao erro e ao sofrimento humano, pois Deus quer o bem para todos.

A partir dessa singela e questionadora carta, passamos a nos falar sempre por telefone. Cada vez que eu o ouvia sentia-me diferente. Uma paz interior que introduzia em meu ser. Eram poucos minutos, mas que se faziam presente por várias horas.

Em 2003, passávamos por grandes dificuldades. Minha mãe estava com catarata na vista e quase não mais enxergava. Precisava submeter-se urgentemente a uma cirurgia, mas pelo SUS demoraria muito e particular não podíamos pagar. Então o padre da minha cidade orientou-me a procurar Dom Luciano que, segundo ele, tinha influência no Hospital Madre Teresa, em Belo Horizonte. Assim fiz. Liguei para Dom Luciano e coloquei para ele a situação. Na hora me disse: "Filha, em que posso lhe ajudar?".

Ele pediu que eu levasse minha mãe ao médico e depois dissesse a ele o que eu ia precisar. A partir daí ele sempre se preocupou e ligava para saber dela. Um dia, ele, em Itaici-SP, numa de suas inúmeras reuniões, ligou para saber como ela estava, se estava se recuperando bem da cirurgia.

Graças a Deus e a Dom Luciano minha mãe voltou a enxergar.

Outro fato muito marcante ocorreu no dia 4 de dezembro de 2004, dia em que Dom Luciano veio participar da novena de minha paróquia, passando em minha casa após a celebração. Quando chegamos em casa, encontramos meu pai alcoolizado. Surpreendeu-se com a visita de Dom Luciano e começou a chorar pedindo a oração dele para que ele conseguisse parar de beber, pois já havia tentado e não conseguia parar. Fiquei comovida com aquele momento e agradeci a Deus a presença de Dom Luciano ali, pois acredito piamente nas orações que Dom Luciano dizia levar a Nossa Senhora Aparecida, em Aparecida, para onde ele estava se dirigindo ainda naquela noite. Ele abençoou meu pai, minha casa, viu a foto que tenho com ele na sala e ainda fez uma sadia e saudosa brincadeira.

Aconteceu que pela amizade de um frei franciscano e pelas orações valiosas desse santo pastor, meu pai parou de beber logo em maio de 2005. Sei que o pai Dom Luciano e esse grande amigo padre colaboraram para tal.

Nessa época, eu estava já morando em Pindamonhangaba-SP, mas nada impediu que eu tivesse contato com Dom Luciano. Sempre nos falávamos por telefone. Ele era realmente pai. Pai que me deu amor, atenção e carinho. Sempre desejei esses sentimentos que engrandecem e fazem bem a qualquer ser humano.

A última vez que nos falamos foi entre os dias 12 ou 13 de julho de 2006. Dias antes dele ser levado para São Paulo. Até então, havíamos conversado e senti por sua voz fraca e debilitada que ele não estava bem. Quando lhe perguntei o que acontecia, ele me disse que estava doente, um pouco fraco, mas que ia se recuperar. Fiquei assustada. No dia 20 de julho, retorno para Minas e, quando chego em minha cidade, recebo a notícia por meu pároco que Dom Luciano tinha sido internado no Hospital das Clínicas, em São Paulo. Aquela notícia me doeu muito. Sabia da doença que o afligia, daí comecei a rezar muito por ele. A cada dia que passava recebíamos uma notícia. Lógico que esperávamos a melhor possível, mas, quando chega dia 27 de agosto, uma triste notícia choca todo o povo brasileiro: morre Dom Luciano.

Hoje, permanece em nós um enorme vazio pela ausência física de um santo que viveu em nosso meio. Mas também a alegria por termos tido o convívio desse santo pastor que hoje está no Céu a interceder por nós.

Pai, mãe, pastor e amigo Dom Luciano, muito obrigada por seu exemplo de vida. Vamos, sim, fazer o que pudermos pelos nossos pobres. Tu és presença viva de Deus em minha vida. Assim seja!

VI

◆ Mensagem dos Jesuítas

Padre Peter-Hans Kolvenbach, sj
Superior geral da Companhia de Jesus

Em nome da Companhia de Jesus, desejo unir-me a todos os brasileiros na sua recordação orante do querido arcebispo de Mariana, Dom Luciano Pedro Mendes de Almeida.

Enquanto sentimos a tristeza da sua partida, agradecemos ao Senhor por nos ter dado tão insigne pastor, que se entregou totalmente ao serviço da Igreja. O seu amor por Cristo levou o arcebispo Dom Luciano a se identificar com os pequenos: as crianças, os marginalizados, os pobres.

Temos razões para acreditar que o arcebispo Mendes de Almeida continuará a interceder junto de Deus pelo Brasil, pela Igreja, pelo mundo.

Que o seu exemplo e intercessão apressem a construção de um mundo mais cristão e humano, pelo qual Dom Luciano trabalhou apaixonadamente.

A família jesuíta está muito agradecida a todas as pessoas que mostraram a sua admiração e amizade pelo arcebispo de Mariana, particularmente nesta hora de despedida da sua presença na terra.

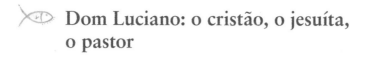 **Dom Luciano: o cristão, o jesuíta, o pastor**

Padre França Miranda, sj
Professor de Teologia da PUC-RJ e assessor teológico da CNBB

Os santos vivem e agem como tais. Às vezes nos deixam suas experiências em textos preciosos, outras vezes em palavras simples que não expressam bem toda riqueza de onde brotaram. Assim, me parece, foi o caso de Dom Luciano. O que torna mais difícil dizer algo sobre ele sem pecar por insuficiência. Agravada pelo fato de ser um olhar subjetivo sobre sua vida. E que pede complementações. De qualquer modo, vejo-o, sobretudo, sob três aspectos: o cristão, o jesuíta, o pastor.

O cristão – Luciano foi um homem de fé. Uma fé que não consistiu apenas em manter uma visão religiosa da vida, recebida da família e confirmada na escola, mas em estruturar toda a sua existência em torno de Deus, revelado na pessoa de Jesus Cristo. Viver na terra os valores do Céu, atestar com a própria vida a realidade transcendente de Deus, demonstrar sua existência por trilhar caminhos inacessíveis ou mesmo contrários à mera lógica humana, não é isso ter fé? Tarefa difícil vivida na simplicidade do cotidiano, nos gestos de caridade despercebidos pelos demais, na renúncia a si próprio para beneficiar o próximo. No fundo, a fé é um risco e ser cristão é lançar-se numa aventura. Não o sentimos porque ficamos a meio caminho, contentamo-nos com o mínimo, reduzimos a mensagem de Cristo. Luciano, não. Quis correr a aventura sem fazer concessões. Investiu na realidade mais nobre do ser humano, a saber, sua liberdade, no seguimento real de Jesus Cristo. Através de suas opções diárias, foi construindo sua pessoa, ao longo de sua vida, como alguém que viveu para os outros. Descentrado de si mesmo, como o foi Jesus Cristo, perdendo conscientemente as oportunidades que a vida lhe oferecia, mas crescendo em sensibilidade, preocupação, amor e ajuda concreta aos que o procuravam. Ter fé é também experimentar Deus por dentro, captar sua força, desfrutar certezas divinas, percebê-lo como alguém e não como mais uma palavra. Luciano viveu com autenticidade a aventura cristã. Sua existência foi um testemunho patente de que Cristo vive e atua entre nós. Poderia o cristianismo sobreviver apenas com suas doutrinas, com suas instituições, com suas conquistas passadas? Não se tornaria com o tempo apenas um bem cultural da humanidade? Nossa fé necessita da fé vivida dos santos, que nos convencem, estimulam e orientam. Só Deus sabe como o cristão Luciano foi decisivo e importante para tanta gente!

O jesuíta – Luciano assimilou seriamente a riqueza cultural, espiritual e apostólica que lhe oferecia a Companhia de Jesus. Dotado de grande inteligência, soube desenvolver sua capacidade intelectual, enriquecendo-a com a longa e profunda formação dos jesuítas. Mesmo que jamais desse muita importância para primeiros lugares, títulos ou diplomas. Desse modo, pôde sempre acompanhar em plano superior os embates das idéias, as tensões sociais, as conjunturas eclesiais. Era alguém que via longe, alguém que conhecia a complexidade da realidade, alguém que evitava os extremismos, alguém que conciliava os ânimos. Aprendera com Inácio de Loyola que o bem, quanto mais universal, mais divino. Mas, por outro lado, aprendera também que o amor se põe nas obras, que o dinamismo infinito da ação de Deus deve se encarnar no concreto, no cotidiano, no pequeno, no pobre, no escondido. Assim, cada pessoa concreta, com seus problemas e sofrimentos, era vista, acolhida e tratada por ele como centro de atenção e dedicação. Conciliar esses dois pólos, que sempre geram tensões na vida do jesuíta, não é nada fácil. Luciano o fez com maestria e generosidade, surpreendendo os que não o conheciam pela amplidão e profundidade de suas intervenções públicas, como também pela atenção e carinho em seus contatos pessoais.

O **pastor** – No período áureo da patrística, os bispos encarnaram o serviço pastoral da Igreja de modo modelar. Eram, sobretudo, guias espirituais, educadores da comunidade, mestres da fé cristã, exemplos para seus fiéis. Conheciam bem seu rebanho, sabiam os nomes de todos, seus problemas, seus anseios, seus sofrimentos. Tinham especial cuidado com os mais pobres e os mais carentes da comunidade. Depois, o múnus episcopal ganhou outra configuração por questões históricas. Ênfase na autoridade, dioceses grandes, complexidade dos problemas administrativos, formação e animação do clero tornaram o bispo uma figura mais afastada dos fiéis, às voltas com questões de maior vulto. Dom Luciano nos fez lembrar a figura de um Santo Agostinho e de outros bispos daquela época. Atento à formação do clero, aos planos de pastoral, ao uso de meios eficazes, ao contato com outras Igrejas dentro e fora do Brasil, não excluiu, como bispo, o contato pessoal, a escuta paciente, a dedicação sacrificada, a predileção pelos pobres. Foi realmente o bispo dos pobres, a quem dava até o número de seu celular ou sua própria cama. Sua atividade pastoral exemplar e incansável não deixou de marcar seus sacerdotes e seus diocesanos, revelando-o guia e educador espiritual. Como sentimos todos seu desaparecimento! Talvez só agora tomemos consciência plena de que convivemos com um santo e de que através dele o próprio Deus nos interpelava. Saibamos agradecer a Deus por esse grande dom que foi a vida desse homem.

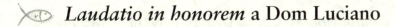# Laudatio in honorem a Dom Luciano

Padre João Batista Libanio, sj
Teólogo, professor do Centro de Estudos Superiores da Companhia de Jesus, em Belo Horizonte

Proferir a *Laudatio* a Dom Luciano, por ocasião da conferição do título de Doutor *Honoris Causa* pela Faculdade de Teologia da Companhia de Jesus de Belo Horizonte, transportou-me à cena do Sinai. Moisés ouve de Javé a ordem peremptória: "Não te aproximes daqui! Tira as sandálias dos pés, pois o lugar onde estás é chão sagrado" (Ex 3,5). Senti-me transido da experiência religiosa, como a definiu R. Otto: *tremendum et fascinosum*. Na vida e pessoa de Dom Luciano, manifesta-se algo dessa ambivalência do sagrado. Fascina pela simplicidade, pela proximidade, pela total entrega aos outros. Atemoriza pelos píncaros espirituais que galgou, por uma santidade irradiante, direta, sem contornos nem dobraduras. Pe. Julio Lancelotti, por ocasião do jubileu de prata de Dom Luciano, resumiu-lhe bem esse traço místico: "Dom Luciano, imagem bonita de Deus".[1]

---
[1] LANCELOTTI, Julio. *Estado de Minas*, Belo Horizonte, p. 21, 6 maio 2001.

Soma-se a tal experiência certo sentimento canhestro de quem comparece à simplicidade de um convívio de pobres trajado com vestes principescas. Nada tão distante de Dom Luciano do que os títulos, as honrarias de qualquer natureza que seja. Homem colado ao mundo dos pobres e do sofrimento humano, não consegue vestir de glórias, mesmo que merecidas. Daí o paradoxo do título.

O paradoxo do título

Doutor Honoris Causa. Duas palavras que soam alheias a alguém que nunca se julgou doutor nem muito menos tocado pela honra. Título do mundo acadêmico que muitas vezes se cobre de vaidades e gloríolas. Pedro A. Ribeiro de Oliveira, em certa conferência, observava como um pedreiro não precisa de título. Sua competência mostra-se na parede que não cai, na casa que se ergue. Lembra a poesia de Vinicius de Morais: "O operário em construção".

Onde as provas nem sempre são perceptíveis, onde a aparência se impõe, criam-se os títulos: bacharel, mestre, doutor e, agora entrou a nova febre, pós-doutor. E a tal família pertencem os títulos honoríficos. Dom Luciano já obteve o doutorado em Filosofia na Pontifícia Universidade Gregoriana, mas nunca se prevaleceu de tal grau. Não carece de títulos. Não cabe na solenidade, que ora celebramos, o clima de mundanidade e vaidade. Em uma homilia, Dom Luciano confidenciava-nos que, diante do seu irmão João, morto aos 36 anos, varreram-se do seu coração as vaidades. O realismo dessa morte prematura deu-lhe a dimensão do valor da existência.

Aqui tudo são desejos de exprimir-lhe carinho, gratidão e alegria por parte dos membros desse centro de estudos.

Certamente lhe soa aos ouvidos o canto do salmista: "Não a nós, Senhor, não a nós, mas ao teu nome dá glória, por amor da tua misericórdia e da tua fidelidade".

Todo o arrazoado levou-me a sugerir, não na grafia do diploma, mas no significado, mudar-lhe o título. Cabe-lhe melhor o de *Magister Amoris Causa*. Mestre por causa do amor e do serviço. Assim, Dom Luciano vai se sentir mais próximo de Jesus, que, no Evangelho, inúmeras vezes, entrou em choque com os doutores da lei. Os discípulos não o chamaram de doutor, mas de mestre, de Rabi.

A etimologia de mestre (*magis* + *tenere*) encerra dentro de si o termo *magis*, de forte ressonância para o inconsciente jesuíta. Articula-se com ele não a idéia de poder, de glória, de aparência exterior, mas de *ex-ousia* – autoridade. Aquele que faz ou ajuda o outro crescer. Assim é o mestre. O sentido de sua vida é o serviço. "Não vim para ser servido, mas para servir" (Mt 20,28). Jesus simbolizou tal serviço no lava-pés (Jo 13,4-11). Tão significativo foi tal gesto que João o pôs no lugar da instituição da Eucaristia.

A didática ensina-nos que se pode começar pelo ponto mais importante e ir lentamente descendo até o menos importante, ou vice-versa. No caso de Dom Luciano, subirei do magistério das idéias, percorrendo por várias formas, até o mais sublime de todos: o magistério dos pobres.

Mestre de reflexões lúcidas

Nos idos do curso de Filosofia, o estudante jesuíta Luciano defendeu publicamente diante dos professores, alu-

Deus é bom

nos e convidados de honra, inclusive o cardeal-arcebispo do Rio, Dom Jaime de Barros Câmara, proposições tiradas das famosas cem teses do Exame *de universa philosophia*. No final, o cardeal disse que não sabia se louvava mais o brilhantismo intelectual do aluno ou a sua simplicidade modesta. Tornou-se evidente o seu extraordinário talento especulativo. Ali estava em potencial o futuro professor de Filosofia.

E de fato veio a destinação. Teologia em Roma, doutorado na Universidade Gregoriana. Já na tese, o inconsciente da caridade traiu o principiante nas lides acadêmicas. Se não, vejamos. O título é *A imperfeição intelectiva do espírito humano. introdução à teoria tomista do conhecimento do outro* (São Paulo, Faculdade de Filosofia Nossa Senhora Medianeira, 1977).

Pinçando alguns elementos da tese, já percebemos traços fundamentais não só do pensamento, mas da própria pessoa de Dom Luciano. Por mais lógico e cuidadoso que tenha sido o trabalho, vasculhando as fontes tomistas com rigor metodológico, atravessa-a uma intuição existencial. Conjuga dois traços fundamentais do sentido profundo da imperfeição humana: a inacessibilidade total do objeto de conhecimento, especialmente do outro humano, e o desejo de penetrar a teoria tomista do conhecimento do outro para estabelecer pontes com ele.

Está aí Dom Luciano: alguém consciente da fraqueza, da miséria, do sofrimento, dos limites do ser humano e de nossa pequenez em socorrê-lo. No entanto, isso não lhe pára a busca insaciável de aproximar-se o máximo possível de quem está à sua frente, para servi-lo e ajudá-lo.

Estuda em Santo Tomás a interdependência entre os sentidos e o intelecto humano, a forma ínfima do espírito ínfimo. A inteligência humana depende dos sentidos, do objeto material, do fantasma. Tudo começa com a observação dos dados da experiência. O objeto próprio do intelecto humano é o inteligível apreendido na apresentação sensível. Tem-se do singular material, de todo outro, um conhecimento indireto. Essa é a situação do espírito ínfimo.

Da teoria tomista do conhecimento – *nihil in intellectu, nisi prius in sensibus* – evolui para "completar a teoria do conhecimento do outro pela tematização de uma teoria de comunicação por sinais sensíveis".[2] Descreve o ciclo de intelecção da invenção à emergência e da emergência refaz o percurso anterior na linha explicativa. Assim tematiza o duplo (triplo) movimento metodológico do conhecimento de Santo Tomás.

O processo de invenção e de descoberta parte do fato, dos dados de experiência externa e interna ou mesmo de verdade de fé e ascende, através das implicações, até o estabelecimento das condições de possibilidade, as virtualidades exigidas por esse fato, como condição de sua realização.

Num segundo ato, faz-se o processo da inteligência propriamente dito em direção oposta ao anterior, que supõe terminado. Nasce com a emergência de um centro explicativo que coroa o processo precedente. Sob a luz desse centro explicativo, em dependência do qual todos os elementos se ordenam inteligentemente, a mente refaz o caminho percorri-

---

[2] ALMEIDA, Luciano Mendes de. *A imperfeição intelectiva do espírito humano*; introdução à teoria tomista do conhecimento do outro. São Paulo, Faculdade de Filosofia N. S. Medianeira, 1977, p. 14.

Deus é bom

do, integrando implicações e fatos em uma só síntese intelectiva. Entende-se unificando, ao buscar um centro explicativo de inteligibilidade. A partir desse centro, refaz o percurso anterior até os dados de onde se originara o processo. A reflexão parece abstrata e especulativa. Sem embargo, reflete também o percurso existencial de Dom Luciano. Levou-o a evitar dois extremos: deter o conhecimento do outro humano no mero objeto sensível, de observação externa; e levantar a ilusão de um conhecimento imediato do outro, de uma intercomunicação intuitiva entre o tu e o eu.

"O homem não é, com efeito, para seu semelhante um mero objeto de observação externa. Os espíritos encarnados comunicam entre si, abrindo livremente uns aos outros a riqueza do próprio interior."[3] "A solução, pois, de um conhecimento do singular por continuação da penetração intelectiva através do fantasma deve receber, no caso do conhecimento dos outros homens, um complemento fornecido pela teoria de comunicação dos espíritos ínfimos por meio de sinais. Aqui ainda é necessária a cooperação dos sentidos, já que esses sinais serão corpóreos."[4]

Portanto, Dom Luciano não alimentou a ilusão de um conhecimento penetrante e transparente do outro, nem o viu como um objeto inacessível e fechado. Conjugará ao longo de sua vida um respeito pelo mistério do outro junto com a proximidade comunicativa. Lá na tese se assentavam esses princípios teóricos. E como horizonte último filosófico, como ele mesmo escreveu por ocasião do 70° aniversário,

[3] Op. cit., p. 14.
[4] Op. cit., p. 118.

HOMENAGEM A DOM LUCIANO

ficou-lhe "a diafania do pensamento grego", afirmando que "do nada, nada vem". "Então, a origem e a explicação deste mundo é o ser. Bom, amável, fonte de toda a vida, o ser perfeito sempre é."[5]

Além da tese, Dom Luciano deixou-nos muitos traços de seu pensar nos ensinamentos, em longas entrevistas, nas pregações, nos artigos breves e incisivos publicados na *Folha de S. Paulo* e em outros meios de comunicação.[6] Pinçarei aleatoriamente alguns pontos.

Perguntado pela distinção entre assistencialismo e promoção, responde lucidamente. Diante de sociedade injusta, cabe-nos a todos a tarefa da mudança estrutural com a mais ampla participação do povo. No entanto, em face de pessoas que são incapazes, de modo permanente ou transitório, de ser sujeito da própria promoção – crianças, deficientes, anciãos etc. –, a ajuda assistencialista assume a dimensão da caridade cristã incontornável.[7]

Em momento de maior penetração teológica, apresenta a Trindade como fundamento da unidade e pluralidade na Igreja, na experiência comunitária e social. A experiência da presença da Trindade capacita-nos para nos reunir. A Igreja é a imagem da Trindade enquanto comunhão entre diversas pessoas. Nela se espelham a Igreja ao lidar com as diferenças e o respeito mútuo entre as pessoas.

---

[5] ALMEIDA, Luciano Mendes de. "Quem não precisa [...]". *Folha de S. Paulo*, São Paulo, 7 out. 2000. Opinião, p. 2A. Lições da vida.

[6] Cf. ALMEIDA, Luciano Mendes de. *A serviço da vida e da esperança*; mensagens às famílias cristãs. São Paulo, Paulinas, 1997.

[7] Cf. OLIVEIRO, Ernesto. *Unidos em favor da paz*; diálogos com Dom Luciano Mendes de Almeida. São Paulo, Loyola, 1991, p. 55.

Houve momentos no pós-Vaticano II em que a tomada de consciência das igrejas autóctones viu com desconfiança a presença de tantos missionários estrangeiros no Brasil. Dom Luciano prefere falar da plurinacionalidade dos missionários e dos bispos em espírito de gratidão, considerando-a uma graça. Em semelhante linha de reflexão, avança, ao interpretar a inculturação como "um ato de amor". Ela implica falar a linguagem do outro para que ele nos entenda e, para isso, apreendemo-la. Partilhar a vida, identificar-se primeiro para transmitir a Palavra é um ato de amor.

A tônica do amor domina-lhe o pensamento. Usa a bela expressão de amar com o amor de Deus. Debruça-se com a mesma facilidade diante da fragilidade humana, do pecador quando capta os mínimos sinais da graça, do amor de Deus presente em todas as situações. Para ele o diálogo consiste em compreender e amar o outro. O seu olhar vive seduzido pela realidade da graça salvadora de Deus. Tempo e história se estendem como espaço de conversão. Sofre diante da incapacidade de certas pessoas de perdoar, vendo nisso a pior pobreza, que as impede de sentir a alegria do perdão.

Se nos é permitido comparar dois santos profetas – Dom Helder e Dom Luciano –, o primeiro foi um cidadão do mundo, de arcos gigantescos de sonhos e utopias, enquanto o segundo é o bispo da rua, do presente, do pequeno. Ambos notáveis na diferença.

Mestre espiritual e mestre intelectual

Caracteriza as pessoas grandes a capacidade de orientar, no pequeno da vida, corações nos meandros do caminho espiritual. Antes de ser bispo, Dom Luciano exerceu na Ordem Jesuíta o papel de instrutor de Terceira Provação. Cargo sem pompa, mas de relevância espiritual. Cabia-lhe dar a última demão na formação do sacerdote jesuíta, antes de este incorporar-se definitivamente à ordem. Além de orientar os exercícios espirituais completos dos terceirões durante um mês, acompanhava-os no momento importante da releitura espiritual de toda a vida passada, em vista do compromisso definitivo na ordem.

Ao longo de toda a vida, Dom Luciano tem orientado, pelo país afora, infinitas pessoas nas caminhadas espirituais mais diversificadas, desde aquelas de escol até principiantes rudes das coisas de Deus. Quem o vê interromper, inúmeras vezes, o caminho do aeroporto ou da rodoviária até o destino desejado para deixar uma palavra de conforto, de consolo e de orientação, tem alguma idéia do mapa humano desse peregrino da palavra espiritual.

Como testemunho escrito do talento de orientador espiritual está o livro-guia para os exercícios espirituais.[8] Nele, oferece sábias indicações para quem orienta ou faz a experiência do retiro inaciano. É caminho seguro para aprender com Jesus a alegria de servir por amor. Em contraste com um mundo de ódio, injustiças, violências, que conspiram contra a alegria de viver como filhos(as) do Pai misericordioso, ele oferece a via da confiança no Pai e da fraternidade sem distinções e discriminações. Tal caminho implica conversão, vencendo o pecado e as más inclinações. Desenvolve a docilidade ao Espírito Santo, que faz o fiel seguir a Cristo e a ele se configurar. O toque mariano, que atravessa a vida de

---

[8] ALMEIDA, Luciano Mendes de. *Servir por amor*; trinta dias de exercícios espirituais. São Paulo, Loyola, 2001.

Dom Luciano, se faz presente na figura de Maria, mãe e discípula perfeita de Jesus. Ela ajuda o exercitante a discernir o projeto de Deus em sua vida na escuta da Palavra, na oração pessoal e na vivência comunitária.

Esse mestre da vida espiritual confessa que encontrou em sua mãe "a primeira descoberta teológica". "Minha mãe, pelo olhar e pelo exemplo, me transmitiu, bem como a meu pai e a meus irmãos, a fé em Deus e a certeza de que ele nos ama. Desde cedo, aprendi a rezar o pai-nosso e a ave-maria e a conhecer a infinita misericórdia de Deus, que nos enviou seu filho, Jesus Cristo, para nos salvar do pecado, ensinar-nos a amar e a fazer o bem."

E acrescenta a belíssima confidência: "No mais profundo da consciência, nunca senti o vazio nem a escuridão. Deus sempre estava presente, confidente de todas as horas, sustentando a esperança e dando a paz".[9]

A vida reservou a Dom Luciano poucos anos para as lides estritamente intelectuais. Apesar disso, manifestou-se exímio orientador, com excelente didática. Pessoalmente, guardo uma gratidão. Ao entrar no noviciado, encontrei, não sem influência do então irmão Mendes de Almeida, ambiente marcadamente interessado por leituras espirituais mais exigentes. Apenas com 16 anos, tinha rudimentos da língua francesa, em cuja língua a maioria dos melhores livros estava escrita. Além do mais, no noviciado de então, era proibido estudar língua estrangeira. Nem tínhamos dicionários acessíveis. E que fiz? Recorri ao dicionário vivo que era o meu irmão de noviciado. Sem dizer-lhe palavra, na guarda austera

---

[9] ALMEIDA, Luciano Mendes de. "Quem não precisa [...]". *Folha de S. Paulo*, São Paulo, 7 out. 2000. Opinião, p. 2A. Lições da vida.

do silêncio quase monacal, deixava-lhe sobre a mesa a lista de palavras desconhecidas e na volta lá estava a tradução, pois ele conhecia perfeitamente o francês.

Nos anos de filosofia, gastava horas explicando a árida neo-escolástica a inteligências resistentes a tais acrobacias especulativas. Mais tarde, receberá oficialmente o encargo de repetidor de filosofia no Colégio Pio Brasileiro, de Roma. Serviço estritamente didático. E sua capacidade de explicar as teses mais complicadas com bonequinhos e desenhos em estilo gibi facilitava a intelecção.

Quem o ouve até hoje fica encantado com o jogo difícil, embora aparentemente co-natural, de expor idéias complexas e exigentes de maneira direta e simples. Mestre realmente da inteligência.

Mestre da instituição da Igreja

Capítulo longo e relevante da vida de Dom Luciano. No entanto, por razão de tempo, não lhe dedicarei o tempo merecido. A simples enumeração das tarefas eclesiais que exerceu fala de per si. Secretário e presidente da CNBB em momento histórico político e eclesial difícil. O regime militar impunha-se pela via do arbítrio. Cidadãos comuns e pessoas de Igreja – bispos, sacerdotes, religiosos, fiéis – perseguidos injusta e arbitrariamente encontravam, em Dom Luciano, o homem corajoso que cobrava do Estado o respeito pelos direitos humanos fundamentais. Freqüentou os palácios, os ministérios, as secretarias, não como cortesão, e as delegacias, as prisões, não com as imunidades do direito, mas como *persona non grata*, porque significava a consciência ética e crítica a um regime truculento e insensível a tais apelos. Se os corredores dessas instâncias falassem, quantos mistérios de iniqüidade e também de beleza ouviríamos.

Com esses mesmos cargos, conheceu os corredores das instituições eclesiásticas romanas. Nem sempre acolhedoras, porque não conseguiam entender a evangelicidade de bispo tão despojado, tão sem pompas, tão desprovido dos manejos curiais. Não usava a linguagem da bajulação, dos rodeios burocráticos, mas da humildade simples, da verdade direta. Sobre esse campo, pesa enorme silêncio do homem de fé, de caridade, de respeito às autoridades eclesiásticas. De seus lábios, nunca saíram as narrações das horas sofridas, das humilhações, das postergações, dos silêncios hostis. Diante das incompreensões por parte de Roma, preferiu o silêncio, a oração, o respeito obediente, o perdão. Nunca a crítica, a denúncia pública. Profeta a seu modo, no escondimento.

Além da CNBB, Dom Luciano foi ativo em Puebla e em Santo Domingo. Aí deixou marca indelével. Em Puebla, era o anjo noturno, que na calada da noite trabalhava para que os textos se aproximassem mais das opções evangélicas que trazia no coração e que exprimia o desejo do episcopado brasileiro. Mais uma vez: se as letras do Documento de Puebla tivessem nome, Luciano apareceria em passagens significativas.

E Santo Domingo? Basta recordar a luminosa oração que foi acolhida pelo episcopado como reflexo de seu pensar. Ela fecha belamente o documento. Com olhar arguto, percebera que a ideologia dominante na Conferência era de construir na América Latina uma única cultura cristã, com as terríveis conseqüências de dominação sobre as culturas de povos e segmentos oprimidos. Soava-lhe o velho disco da neocristandade, que já não respondia ao espírito evangélico. Então, com sutileza, substituiu-a pela concepção do "Evangelho encarnado" nas culturas dos povos indígenas e afro-americanos. Habilidosa hermenêutica!

Pertenceu durante anos à Comissão Permanente dos Sínodos e participou de todos eles, desde quando foi eleito bispo até o último. E neles deixou sua marca. Quem não se lembra daquela ida ao Sínodo, ainda em cadeira de rodas, depois do acidente que quase lhe custou a vida?

Mostra-se lúcido diante das tarefas que o momento atual pede da Igreja do continente. Em dado momento, definiu-as. Começa com a inculturação na cultura urbana das grandes cidades, nas culturas indígenas e afro-ameríndias. Prossegue destacando a relevância do catolicismo popular, cujas devoções revelam fé mais forte que pareceria à primeira vista, sem desconhecer o catolicismo dos ambientes secularizados que procuram novas expressões de fé.

Constata a busca de sentido de vida num mundo que decepciona jovens e que se apresenta sem saída por causa das injustiças e violências. Muitos são levados ao consumo de drogas, ao alcoolismo, ao terrorismo, ao suicídio. Como transmitir a eles a transcendência da mensagem de Cristo e da Igreja?

A teologia da salvação põe em jogo a mediação necessária da Igreja e a ação misericordiosa de Deus por caminhos originais do espírito. Cabe identificar a ação missionária que respeite a ação de Deus em milhões de não-crentes e viver o anúncio explícito do Evangelho.

DEUS É BOM

Finalmente, importa, desde o nosso continente, de maioria católica, de um lado, colaborarmos para uma teologia e uma prática do amor cristão, construindo a civilização do amor, evidenciando a confiança na presença e ação de Deus; e, de outro, empenharmo-nos em construir sociedade fraterna, marcada pelos valores cristãos da gratuidade, bondade do coração, universalidade, predileção pelos excluídos, perdão, esperança na vida eterna, solidariedade pelos caminhos de justiça e paz. Termina com a provocante pergunta: "Como a caridade que infunde em nossos corações será capaz de nos converter e transformar a sociedade de acordo com sua vontade?".[10]

Mestre de vida, especialmente dos pobres

A vida humana, no pequeno cotidiano das pessoas simples e necessitadas, ocupa-lhe praticamente todo o tempo. Aí mostra, de modo sublime e extraordinário, a maestria. O título de "Mestre" atinge o ponto alto. Dom Luciano é imbatível nessa docência de vida. Ele se define como alguém marcado pelo traço da felicidade e alegria interior. Na celebração do jubileu de prata, disse em voz firme ao povo: "Não sei se vocês já viram um homem feliz. Eu sou".[11] Mas se colocamos num dos braços da balança a alegria, a festa, a felicidade, o gozo e no outro o sofrimento das pessoas, a cruz do Senhor, a miséria humana, a compaixão com a dor alheia, na vida de Dom Luciano esse segundo braço

[10] ALMEIDA, Luciano Mendes de. O pensamento episcopal latino-americano do Rio a Santo Domingo. In: CELAM. *O futuro da reflexão teológica na América Latina*. São Paulo, Loyola, 1998, pp. 25s.
[11] ALMEIDA, Luciano Mendes de. *Estado de Minas*, Belo Horizonte, 6 maio 2001, p. 21.

pesaria muito mais. Não é porque não valorize a bondade e a gratuidade de Deus em oferecer-nos alegria e prazer, mas porque sente certo pudor de mostrar um rosto de páscoa quando a maioria das pessoas vive em permanente sexta-feira santa.

Se não bastasse o longo tirocínio, anos a fio, de contato e compaixão com o sofrimento alheio, o Senhor o matriculou num curso simultaneamente intensivo e extensivo de dor e sofrimento. Foi o acidente de fevereiro de 1990. Fisicamente resume-se no afundamento do crânio, em dois fêmures quebrados, na fratura da mandíbula e do antebraço, na ruptura da aorta, nas dez operações que se seguiram.

Naqueles dias últimos de fevereiro e início de março, viveu-se mistura misteriosa de escuridão de morte e de luminosidade de ressurreição. O centro da experiência foi a UTI do Hospital Felício Rocho. Para lá convergiam as dores e as esperanças, as orações e as mensagens vindas dos diversos cantos do Brasil e do estrangeiro. As humildes patrocínias e as autoridades maiores da Igreja e do Estado se perturbavam, perguntando pelo seu estado de saúde. Multiplicaram-se as visitas, as flores, as ofertas de órgão para transplante, os plantões na porta do hospital, as cartas inumeráveis, as orações, as vigílias dos vicentinos.

Como um homem tão humilde, tão simples, tão próximo do povo conseguiu mexer com camadas as mais díspares da sociedade, estamentos da Igreja e da sociedade? É o túnel da dor e da morte que ameaçava tragá-lo. Era o grito de esperança que rompia o silêncio da luta dos médicos e enfermeiros para suturar-lhe, em fração de minutos, uma aorta que se rompera, para evitar uma infecção que podia eclodir a qualquer momento, para soldar uma fratura que podia deformar a vítima para sempre.

A delicadeza de amigos guardou a série de bilhetes que a vítima, desde a UTI, quase imobilizada, escreveu em enormes garranchos.[12] Em termos psicanalíticos, lemos a grafia do inconsciente. O mais profundo de sua interioridade se revelou, já que os controles do superego se afrouxaram. E com que maravilha nos defrontamos!

Antes das letras, falaram alguns gestos. O polegar levantado estabeleceu uma primeiríssima ponte com o mundo externo, apontando para a esperança. Tudo não está fadado à morte. Há um dedo que se levanta, indicando a vida, ou que desenha na mão do irmão, em sinal de dor e preocupação, o nome do pe. Ângelo, o secretário que morrera no acidente. Tocando a aliança dos irmãos, perguntava pelos cunhados e sobrinhos.

Os bilhetes traduzem sentimentos e atitudes básicas. Uns são bem humanos, corriqueiros, que revelam os desejos primários do ser humano: deseja comida bem leve, suco de lima, de laranja-lima, de mamão, bebe com gosto água mineral sem gás e sem gelo e acrescenta com sabor poético: "A gente vai tomando até a última gotinha". E numa das manhãs, refere-se à primeira noite que dormiu um pouco mais: "A noite, simbolizada pela lua, é longa".

Um segundo movimento, mais profundo, revela a dupla dimensão de sua espiritualidade: a bondade de Deus e a preocupação com os outros. "Deus é bom", escreve no dia

---

[12] Cf. *Bilhetes de Dom Luciano*, São Paulo, Loyola, 1990.

1º de março. A tônica fundamental são os outros. Quem falou com a família do pe. Ângelo que ele morreu? "Se há outros graves, pensem nos outros." Sua vida é expressada como dom. "Ofereço com amor minha vida por vocês"; "é bom sofrer para os outros"; "é bonita a vida de quem ajuda os outros a viver de novo".

Mostra enorme gratidão pelos que cuidam, rezam, pensam nele, julgando que não merece tal atenção. "Agradeço de coração tanto apoio e solidariedade: minha vida não vale tanto"; "gostaria de poder agradecer a Deus e a todos trabalhando mais pelos doentes e pobres"; "enquanto Deus me der vida: médicos e enfermeiros têm sido incansáveis"; "quanta bondade, Dom Serafim, Dom Eugênio, em virem me visitar: Deus lhes pague: peço absolvição e bênção: estou pedindo a Deus". Quando recebe tanta atenção, pensa: "onde muitos dormem debaixo da ponte".

Nem faltou o toque mariano e a lembrança de um dos antigos bispos de Mariana: "Maria na glorificação do santo pastor de Mariana: Dom Viçoso – vamos pedir juntos".

Concluindo o tirocínio do acidente, o belo testemunho do amigo italiano Ernesto Olivero. Vindo da Itália, visita-o no dia 14 de março. Assim escreve o que conversou com Dom Luciano.

Rezei por você naquele ensejo em que dormia; a sua fisionomia era sofrida, mas a angústia não prevalecia. Ao fim de poucos minutos, um assomo de luz o iluminou, você abriu os olhos, viu-me e o seu rosto iluminou-se: "Ernesto... Ernesto...". Nunca ouvi o meu nome ser pronunciado com tanto amor, com tanta amizade. "Que está fazendo aqui?" E eu, com o coração confrangido pela emoção, calado. "Padre Ângelo está no Céu... uma alma tão bela." Até naquele transe, Dom Luciano, você não se desmentiu. Logo pensou no outro.[13]

Em testemunho simples, depois de conviver com Dom Luciano no Palácio o tempo da convalescença, Dom Serafim disse: "Em Dom Luciano, a caridade flui".

Aprofundemos um pouco o lado mais luminoso do magistério de Dom Luciano, sua paixão pelos pobres. A Faculdade fez questão de inserir essa característica máxima de Dom Luciano no texto solene da outorga do doutorado: "insignis charitatis erga pusillos et pauperes" ("de extraordinária caridade para com os pequenos e pobres").

Tudo começou quando ele era estudante de teologia em Roma. Ele mesmo confessa que a aula inaugural foi na prisão de jovens e adolescentes do Istituto Gabelli, Via di Porta Portese, Roma, em 1955. Como aluno de Teologia, acompanhou colegas italianos na atividade pastoral de final de semana. Era uma casa de correção de menores infratores. Duzentos cumpriam pena num edifício velho, grande. Aí teve uma presença contínua, assídua. Em plena belíssima Roma, rapazes e moças viviam em horrorosas situações anti-sociais.

Brotou-lhe a pergunta existencial que o converteu definitivamente para os pobres:

Como posso ficar estudando, me diplomando, gozando de todas as oportunidades de uma formação quase privilegiada e, ao

---

[13] OLIVEIRO, Ernesto. *Unidos em favor da paz*; diálogos com Dom Luciano Mendes de Almeida. São Paulo, Loyola, 1991, pp. 8s.

mesmo tempo, saber que esses quase duzentos jovens estão trancados entre muros altíssimos, sem ver a luz do sol, com guardas que, freqüentemente, espancam aqueles que, em seus confrontos, assumem atitudes agressivas e violentas; sobretudo quando sei que um deles foi morto na Via di Porta Portese, porque se comportava de maneira muito agressiva e se impunha demais aos companheiros?[14]

Daí para frente, o anedotário da caridade de Dom Luciano não tem fim. São infinitos exemplos: dar o dinheirinho para a menina de rua ir ao cinema, brincar de rolar pneu com meninos de rua, preparar sopões para os pobres nas altas madrugadas frias de São Paulo, cobrir com cobertor os mendigos da Praça de Mariana como a mãe faz com os filhos pequenos, apartar briga numa volta à casa durante o Sínodo em Roma etc. etc. Quando morava no Rio, na Rua Bambina, um colega nosso, com certa ironia maldosa e caridosa simultaneamente, dizia que ele tinha transformado nossa residência numa sucursal de Belfort Roxo.

A sua preocupação com os pobres os transformou no seu mestre. Ele se fez discípulo dos pobres. Com toda clareza, afirmou: a maior densidade de valores está no coração dos pobres. Num momento de dor e compaixão, disse que deveriam ser abertas "as portas das casas e igrejas para abrigar à noite os pobres".[15]

Aqui ficamos com essas pitadinhas. Oxalá, um dia, um biógrafo cuidadoso consiga aumentar o repertório das infinitas caridades de Dom Luciano.

---

[14] Op. cit., p. 21.
[15] Op. cit., pp. 92, 68 e 51.

Conclusão

No início do trabalho, estava Santo Tomás. Termino recordando uma frase que Santo Tomás cita de Boécio na *Suma teológica*, ao definir a eternidade. Peço licença para resumir com ela toda a vida de Dom Luciano. "Interminabilis vitae tota simul et perfecta possessio."[16] A vida de Dom Luciano foi uma "perfeita posse". Toda e ao mesmo tempo. De quê? De uma vida interminável de amor, de caridade, de dom de si. Se a eternidade é isso, ele já é eternidade. Confirma com a vida o que o teólogo Joseph Ratzinger em tempos idos escrevia: "todo amor quer eternidade – o amor de Deus não só a deseja, como a realiza e é".[17] E, recentemente, na qualidade de Papa, escreve na Encíclica *Deus Caritas Est*: "o amor promete infinito, eternidade – uma realidade maior e totalmente diferente do dia-a-dia da nossa existência", "o amor visa à eternidade". Assim vive Dom Luciano, à luz do ágape-eternidade, no seguimento de Jesus, a serviço dos irmãos, fazendo tudo, como reza o seu emblema episcopal: *In nomine Jesu*.

---

[16] AQUINO, São Tomás de. *Suma teológica*. v. I, q. 10, a. 1.

[17] RATZINGER, Joseph. *Introdução ao cristianismo*; preleções sobre o símbolo apostólico. São Paulo, Herder, 1970, p. 302.

Despojamento total

Padre Pedro Canísio Melcher, sj

O nosso primeiro grande momento no noviciado foi o mês dos exercícios espirituais de Santo Inácio, dirigido pelo mestre noviço pe. Cardoso. Vou falar o que aconteceu com o Luciano durante os exercícios. Entrou um jovem rico, saiu um jovem pobre. Entrou um jovem cortejado, saiu um jovem serviçal. Foram os exercícios espirituais de Santo Inácio, feitos quando ele ainda tinha 17 anos, que transformaram o noviço Luciano Mendes de Almeida no mais pobre dos servos e no mais servo dos pobres. Foi naquele momento, um ano e meio antes dos votos religiosos, que o irmão Luciano teve um voto pessoal de despojamento de todos os bens terrenos e de total esquecimento de si mesmo em prol do amor ao próximo, principalmente aos mais carentes e abandonados. Voto que cumpriu até o último suspiro.

VII

Dom Luciano continua vivo

Cardeal Dom Eugenio de Araújo Sales
Arcebispo emérito do Rio de Janeiro

Há pessoas que morrem antes do falecimento e outras continuam vivas mesmo após a morte. Dom Luciano, pelo exemplo e pelos ensinamentos, dá-nos a impressão de presença ativa sem estar mais entre os vivos. Isso se deve a uma existência consagrada a Deus e ao serviço dos homens. Dele todos nós recebemos, uns mais outros menos, mas ninguém dele se aproximava sem sair mais enriquecido. Toda a sua vida foi pautada pelos ensinamentos do Senhor Jesus, daí resultando um extraordinário conjunto de virtudes que indicam claramente o roteiro de um comportamento cívico e religioso. Morto, Dom Luciano acendeu o farol que indica claramente nosso modo de agir. A homenagem à sua memória é uma indicação clara de rumo de vida fundamentado no Evangelho.

Em um momento no qual domina o relativismo, nós, amigos de Dom Luciano, se somos realmente a ele vinculados, devemos pautar nosso comportamento pelos ensinamentos da Santa Igreja, que ele procurou servir com fidelidade. A maior homenagem que podemos prestar a esse nosso irmão é seguir suas pegadas. Dom Luciano procurou pautar seus atos sem subterfúgios ou interpretações subjetivas. Continua vivo entre nós pelo exemplo de uma vida consagrada ao Senhor Jesus e a nossos irmãos.

Em memória de Dom Luciano

Cardeal Dom Paulo Evaristo Arns, ofm
Arcebispo emérito de São Paulo

"Por melhor que seja alguém, chega o dia que há de faltar", assim canta o povo. Assim também nos advertia Dom Luciano, em seus inesquecíveis retiros.

Na hora em que o saudoso irmão e colaborador mereceu dois terços dos votos do episcopado para presidente da CNBB (1987), nós sabíamos que se encerrava uma grande fase de sua missão de bispo. Que estas singelas palavras de hoje possam traduzir a homenagem e a gratidão mais profunda ao Senhor da História pelos 12 anos de ministério de Dom Luciano em São Paulo e por tudo o que ele viria a empreender na fase seguinte.

Ordenado por mim em 2 de maio de 1976, ouso afirmar que Dom Luciano nasceu de fato como pastor para uma grande cidade. Para os padres e as religiosas da região Belém, foi pai e amigo, em tempos sempre agitados, como já eram naqueles anos os tempos de São Paulo. As cinqüenta e tantas paróquias existentes naquele momento se ampliaram em mais de uma centena de centros comunitários, graças ao dinamismo dos padres, à contribuição generosa das irmãs e dos ministros leigos, sempre animados pela presença dedicada do nosso bispo jesuíta. O milagre da comunhão produziu o Pentecostes da missão. Igreja unida e missionária!

Todos os que conheciam de perto a Dom Luciano eram unânimes em dizer que o pastor não dormia à noite, para que os colaboradores, os doentes, os pobres e os machucados se fortalecessem por sua oração e vigilância. Assim, aqueles 12 abençoados anos em que trabalhou conosco passaram como um sonho. Quando ele partiu para Mariana, prosseguimos lembrando a exortação que nos deixou a sermos missionários, sempre em disponibilidade ao menor aceno do alto. Juntamente com outros dez bispos, seus colegas de São Paulo, evocávamos seu carinho e fineza, sua inteligência e vivacidade, sua lógica e expressão fluente, que constituíram a prova mais pura do amor fraterno. Dentre as muitas qualidades excepcionais que Dom Luciano apresenta, a que mais nos cativou foi a da colegialidade indefectível.

Dom Luciano viveu para a cidade de São Paulo toda, inteira, através de seu amor aos menores abandonados e ao "enxame" de pobres, os únicos que sempre sabiam onde encontrá-lo. As organizações em prol dos excluídos da sociedade criaram raízes em toda a cidade e em outras partes do país.

A Igreja de São Paulo, de Mariana e do Brasil jamais esquecerão a figura – certamente das mais marcantes de nosso episcopado – que de nós se despede e que por todos intercede no Céu.

Dom Luciano: um homem que amou

Cardeal Dom Cláudio Hummes, ofm
**Arcebispo metropolitano de
São Paulo**

Ele continua no meio de nós com seu espírito, continua nos animando, como ele sempre fez, continua nos indicando caminhos, continua sendo luz, essa luz de Jesus Cristo que nele brilhava como num espelho límpido, e assim se refletia sobre a Igreja, sobre as pessoas. Ele foi um grande amigo de cada um de nós, um grande irmão.

Ao visitá-lo no hospital, ele começou a me falar sobre o Líbano, sobre Israel, sobre os conflitos. Ele esteve em El Salvador, quando foi morto Dom Romero, para estar do lado dos sofredores. As bem-aventuranças do Evangelho ele as viveu, ele as cumpriu. Dom Luciano nos lembra o amor. Ele é santo porque soube amar. Deus é amor. O papa Bento XVI nos lembrou isso com muita força. Nós temos que proclamar ao mundo que Deus é amor, uma comunidade de três pessoas que se amam, com total doação, sem reservas. Ele nos criou à sua imagem, para amar e ser amados. E foi isso que Dom Luciano fez e viveu. As pessoas sentiam-se amadas por ele. Ele também recebeu muito amor, em suas canseiras. Foi um santo homem porque amou. Dom Luciano foi um homem que amou. Por isso, pode, com muita confiança, se apresentar a Deus. Foi um filho semelhante ao Pai.

Por essa vida nós glorificamos a Deus.

Homenagem a
Dom Luciano Mendes de Almeida

Cardeal Dom Eusébio Oscar Scheid, scj
Arcebispo da Arquidiocese de São Sebastião do Rio de Janeiro

Tive a imensa tristeza de perder um querido amigo. O Brasil perdeu um imbatível defensor da justiça, da ética e da verdade. E a Igreja Católica perdeu um grande e santo bispo, segundo as palavras do próprio Papa Bento XVI. Por

HOMENAGEM A DOM LUCIANO

isso, não posso deixar de fazer um breve comentário sobre a vida e a atuação, verdadeiramente preciosas e marcantes, de Dom Luciano Pedro Mendes de Almeida, falecido no dia 27 de agosto.

Dentro de pouco mais de um mês, ele iria completar 76 anos, 48 deles dedicados ao sacerdócio, sendo os últimos trinta, no episcopado. Como São Paulo, pôde dizer, ao final de sua vida: "Sei em quem depositei a minha fé, e estou certo de que ele tem poder para guardar o meu depósito até aquele dia. Combati o bom combate, terminei a minha carreira, conservei a fé" (2Tm 1,12; 4,7).

Conheci Dom Luciano, no longínquo ano de 1956, quando ele estava quase terminando os estudos em Roma, e eu os estava iniciando. Tivemos a oportunidade de estudar juntos, e aproveitei muito de sua convivência, no âmbito intelectual. Tornamo-nos amigos, desde então. Naquela época, já começávamos a desenvolver algum trabalho pastoral e lembro-me do exemplo que ele nos transmitia, pela sua dedicação à Pastoral Carcerária, com visitas constantes a uma penitenciária de Roma.

Então, nosso saudoso bispo já demonstrava a vocação para a luta pelos direitos humanos, que marcou toda a sua vida. Sempre foi uma pessoa que procurava, em tudo, a paz, a concórdia, a harmonia, na simplicidade, na convicção de seus princípios e também na lógica do seu jeito pragmático de agir, mesmo nas horas mais melindrosas e difíceis. Nos tempos em que o Brasil viveu sob o regime militar, Dom Luciano teve uma atuação decisiva. Buscava a solução de conflitos, sempre através de acordos que fossem aceitáveis e, ao mesmo tempo, não ferissem os princípios morais e éticos.

Porém, o que mais o caracterizou foi o trabalho com os meninos de rua e as pessoas desabrigadas em geral. Trinta anos de bispo, dos quais os primeiros foram dedicados ao trabalho em São Paulo, notadamente na região Belém, onde ele passava a noite na rua, buscando pessoas abandonadas, sem abrigo. Sob esse ponto de vista, sempre vi em Dom Luciano a figura de um São Vicente de Paulo, ou da própria madre Teresa de Calcutá. Ele realizou a experiência da santidade, que vai ao encontro daqueles que não têm casa, muitas vezes nem mesmo calor humano, levando auxílio aonde lhe era possível.

Outro aspecto que se deve acentuar a seu respeito é o intelecto brilhante, aliado a uma poderosa capacidade de síntese, que lhe permitia burilar os temas mais complexos e abordá-los em linguagem simples e acessível. Era laureado em Filosofia, tendo se destacado mais como filósofo do que como teólogo. No que se refere, principalmente, à pastoral e ao diálogo ecumênico e inter-religioso, desenvolveu um trabalho excepcional.

Foi, também, um grande orientador para os seus colaboradores. Na cerimônia do enterro, em Mariana, pude constatar o quanto o clero dessa arquidiocese chorou a perda desse grande pastor e formador, no que foi acompanhado pelos demais fiéis, inclusive de todo o Brasil.

Dom Luciano também exerceu uma fraterna liderança sobre todo o episcopado brasileiro, como secretário e, depois, presidente da CNBB, à qual serviu com brilhantismo durante 16 anos. Além disso, foi membro da Comissão Permanente do Sínodo, tendo participado de todos os encontros nacionais e internacionais, no âmbito da Igreja, que ocorreram durante o período do seu episcopado. Ainda esteve presente no último Congresso Eucarístico Nacional, realizado no mês de maio, em Florianópolis, onde tive a alegria de encontrá-lo e ouvi-lo.

O grande segredo dessas atividades frutuosas era a profunda espiritualidade, que transbordava no seu sorriso permanente. Afrontava quaisquer problemas com uma lógica singular, que ele conservou até o fim de sua vida: foi, simultaneamente, místico e contemplativo. Bebeu na genuína fonte da doutrina de Santo Inácio de Loyola, que o levou ao sentido do bem comum, servindo em tudo com amor, na doação integral em favor dos irmãos e irmãs, sempre "para a maior glória de Deus".

Foi um homem privilegiado, até no sofrimento, pelo qual se associou ao Cristo crucificado. A ele se aplica, de maneira particular, a palavra que Deus anuncia pela boca do profeta Isaías: "Eu te chamei pelo nome, tu és meu" (Is 43,1). Dom Luciano correspondeu plenamente a esse chamado, entregando-se todo a Deus, em Jesus Cristo. *In nomine Jesu* ("Em nome de Jesus") era o seu lema. E tudo lhe saía bem, justamente porque era submetido à autoridade desse Cristo Senhor.

O texto da Conferência Episcopal Latino-Americana e do Caribe, que ocorreu em Santo Domingo, no ano de 1992, foi todo resumido por ele em esquemas gerais, para serem preenchidos com o texto dos participantes. Tarefa monumental! Interessante é que, na oração a Cristo, Dom Luciano começa assim: "A minha única opção preferencial é por ti, Senhor". Essa frase sintetiza bem a radicalidade de sua vida como adesão, constantemente renovada, ao apelo divino, que se realizava na concretude da caridade fraterna.

A última palavra que nos deixou, segundo escutei de seu próprio irmão, foi: "Não esqueçam dos pobres". Coerente com tudo o que viveu, despediu-se lembrando daqueles que mais precisam do nosso carinho e da nossa assistência.

É assim que queremos recordar a figura de Dom Luciano. Fica entre nós a lacuna dessa inteligência rara, dessa comunicação fácil, dessa caridade cristiforme. Por outro lado, acredito que Deus escolhe as pessoas, como e quando ele quer, e as constitui modelos para os discípulos que desejem segui-lo. Que assim seja com esse saudoso apóstolo, cuja vida nos enriqueceu a todos, inclusive a mim.

Deus seja louvado por me ter permitido privar da amizade de Dom Luciano Mendes de Almeida! Deus lhe dê a merecida felicidade eterna!

Um servidor da Igreja e do povo[1]

Cardeal Dom Geraldo Majella Agnelo
Arcebispo de São Salvador da Bahia
e presidente da CNBB

"Deus nos criou por amor, e ele sabe o que é melhor para nós. Coloco minha vida em suas mãos." Essas palavras, escritas recentemente por Dom Luciano Mendes de Almeida (*Folha de S. Paulo*, 5 ago. 2006), bem exprimem não só uma convicção, mas a experiência fundante da vida desse servidor de Deus, da Igreja e do povo, que foi Dom Luciano Mendes de Almeida.

---

[1] Homilia na Missa de Exéquias de Dom Luciano Mendes de Almeida. Mariana, 31 de agosto de 2005.

No seu serviço à Igreja, Luciano Mendes, de família de tradição católica do Rio, nascido em 1930, contou com uma sólida formação de jesuíta, ordem em que se formou presbítero em 1958. Adquiriu sólida base filosófica, teológica e humanística. Doutorou-se em filosofia tomista na Universidade Gregoriana de Roma. Ainda em Roma, dedicou-se à pastoral carcerária. Na ordem, exerceu diversas funções, inclusive a de vice-provincial para a formação.

Chamado ao episcopado pelo papa Paulo VI, Dom Luciano serviu a partir de 1976 na região Belém, em São Paulo, como bispo auxiliar do cardeal Dom Paulo Evaristo Arns. Em 1988, foi eleito para a Arquidiocese de Mariana, onde *In nomine Jesu* ("Em nome de Jesus"), seu lema episcopal, se doou totalmente por 18 anos e três meses, até sua morte.

Quem conviveu com ele, na CNBB e nas múltiplas atividades de seu ministério episcopal, tinha a clara impressão de estar diante de alguém totalmente impregnado de Deus, vivendo continuamente em sua presença. Um místico em meio aos cuidados cotidianos, um contemplativo na ação.

Na Eucaristia e em vigílias noturnas, Dom Luciano hauria forças para sua ação firme e incansável como bispo, como dirigente da CNBB e como defensor dos pobres. Seu zelo pela Igreja e pela humanidade alimentava-se numa vida intensa de oração, em sua identificação afetiva com Jesus Cristo, na devoção a Maria, na caridade pastoral.

Membro da direção da CNBB por 16 anos – oito como secretário-geral e oito como presidente –, Dom Luciano foi um incansável promotor da unidade do episcopado e um animador da renovação pastoral de nossa Igreja. Grande inspirador de iniciativas pastorais, fomentava o diálogo como forma de buscar o entendimento entre posições que poderiam parecer inconciliáveis.

Seu segredo consistia em insistir na unidade em torno das coisas essenciais, fomentando o respeito às legítimas diferenças e praticando em tudo a caridade e o respeito mútuo. Tinha memória prodigiosa, recordando nomes de pessoas que há muito não encontrava. Todos se sentiam bem acolhidos por ele. Achava sempre algo de bom nas idéias do interlocutor, buscando valorizá-las.

Homem das sínteses e das boas formulações, sabia articular uma multiplicidade de propostas e sugestões. Esse seu carisma foi muitas vezes decisivo na construção de textos e declarações que marcaram profeticamente a Igreja, ainda durante o regime militar e nos grandes debates em defesa da vida, da justiça e da paz, da conservação da natureza e do ambiente, da luta pela superação da miséria e sua exclusão.

Dom Luciano dedicou as suas melhores energias ao serviço da Igreja e na defesa dos pobres, marginalizados e injustiçados, dos negros e dos índios.

Como secretário-geral da CNBB, de 1979 a 1986, Dom Luciano colaborou com Dom Ivo Lorscheiter na animação da pastoral do conjunto da Igreja no Brasil, na difícil conjuntura do governo militar.

Com firmeza e habilidade, ele conduziu os debates com o governo sobre temas como a reforma agrária e urbana e a política social. Já como presidente da CNBB (1987-1994), continuou a animar o planejamento pastoral e a acompanhar o debate constitucional e a regulamentação de questões por vezes controversas da nova Constituição de 1988.

HOMENAGEM A DOM LUCIANO

Foi constante seu empenho em colocar em prática o Concílio Vaticano II e as orientações das Assembléias de Puebla (1979) e Santo Domingo (1992), assembléias das quais participou com destaque.

Durante seu primeiro mandato de presidente, obrigado a freqüentes viagens, Dom Luciano sofreu um grave acidente automobilístico, que quase lhe custou a vida, deixando seqüelas de sofrimento para o resto da vida.

As visitas anuais ao Santo Padre, durante o período em que integrou a presidência da CNBB, deram a Dom Luciano uma oportunidade única de aprofundar o conhecimento e a estima do sucessor de Pedro, na pessoa de João Paulo II. Desde 1987, Dom Luciano atuou como membro do conselho permanente do Sínodo dos Bispos, tendo participado, desde então, de todas as sessões ordinárias dos sínodos (11), em Roma. Desde 1992, foi membro da Pontifícia Comissão Justiça e Paz.

Seu zelo universal encontrou espaço também na Igreja da América Latina, onde foi vice-presidente do Celam (1995-1998).

Em Mariana, onde serviu desde 1988, Dom Luciano organizou a arquidiocese em cinco regiões pastorais e teve especial atenção à formação do clero, reestruturando o Seminário Arquidiocesano. Igualmente, priorizou a atuação dos leigos, realizando assembléias pastorais, constituindo os conselhos arquidiocesanos, dinamizando as dimensões e pastorais, como Catequese, Liturgia, Pastoral da Criança e do Menor, Pastoral da Juventude, Pastoral das Vocações e Ministérios, Pastoral do Dízimo e Pastoral Familiar.

No período de enfermidade, configurou-se sempre mais à paixão de Jesus, coroando a sua vida de amor a Cristo e à

Igreja, abraçando a cruz na certeza da ressurreição como o seu último serviço à vida e à esperança.

Dom Luciano interessava-se por todas as questões que tocassem a fé, a vida, a saúde e o bem comum do Brasil e do mundo. Podemos destacar alguns desses temas, que eram verdadeiras paixões desse coração de apóstolo.

A primeira paixão eram os pobres, todos os pobres e sofridos, mas particularmente as crianças e os meninos e meninas de rua. Como bispo auxiliar de São Paulo, na região Belém, organizou centenas de abrigos para menores e moradores de rua. Não raro, Dom Luciano saía de madrugada, recolhendo pequenos e mendigos, dialogando com eles e levando-os a um abrigo. Nas palavras de um colaborador seu, "Dom Luciano era um obcecado em recolher menores abandonados". Ao lado de Betinho (Herbert de Souza), Dom Luciano foi um dos promotores da Ação da Cidadania contra a Miséria e pela Vida.

Aliada a essa paixão e a serviço dela, Dom Luciano amava apaixonadamente a Igreja, um amor manifestado por uma fidelidade profunda e, por vezes, sofrida, devido a incompreensões, fraquezas e limitações humanas, próprias e alheias. Pôs seus carismas a serviço dessa Igreja, sendo presença freqüente e iluminadora em encontros e congressos, na orientação de retiros, ou mediando situações difíceis.

Outra paixão foi a comunicação e a evangelização pela mídia. Deve-se em boa parte a Dom Luciano a criação da primeira rede católica de TV, a Rede Vida, para cuja viabilização ele varou madrugadas e bateu em muitas portas. Achava incompreensível que a Igreja no Brasil não tivesse sua própria emissora de TV, ao lado de rádios e jornais. Desde 1983, Dom Luciano mantinha uma coluna semanal na *Folha de S. Paulo*.

Poderíamos falar de outras paixões de homem de Deus, de olhar e coração aberto ao mundo: a defesa da vida e da família, a formação do clero e dos leigos, a promoção da justiça e da paz, a luta contra a fome e a marginalização, a recuperação de químico-dependentes e encarcerados. Entre as várias comissões em que atuou Dom Luciano, está a do Mutirão de Superação da Miséria e da Fome, da qual foi presidente de 2002 a 2005. "Alimentando a esperança do povo" foi o título que ele propôs para as prioridades do Mutirão para 2006-2007, texto do qual ele foi o principal redator.

Nos empenhos em que consumiu sua vida, Dom Luciano manteve um modo de proceder invariável e que o tornou amado e admirado por todos que o conheceram: suave nas palavras, firme nos princípios, forte na ação. Assim queremos recordá-lo. Deus seja louvado pelo grande dom, para a Igreja e o mundo, que foi a vida e a ação de Dom Luciano Mendes de Almeida.

Querido e saudoso Dom Luciano,

No dia da tua ordenação episcopal, o ritual te fez ouvir: "Vela, pois, por todo o rebanho dos fiéis a cujo serviço te coloca o Espírito para reger a Igreja de Deus: em nome do Pai, de quem és imagem entre os fiéis; em nome do Filho, cuja missão de mestre, sacerdote e pastor exerces; e em nome do Espírito Santo, que dá a vida à Igreja de Cristo e fortalece a nossa fraqueza".

Com fidelidade e perseverança anunciaste o Evangelho de Cristo, edificaste a Igreja, corpo de Cristo, cuidaste do povo de Deus com amor de pai; foste afável e misericordioso para com os pobres e todos os necessitados. Como bom pastor, procuraste as ovelhas errantes, rezaste incessantemente por teu povo, que chora a tua perda.

Ouviste a Palavra do Senhor, na última ceia da instituição da eucaristia e do sacerdócio: "Já não vos chamo servos, mas amigos, porque vos dei a conhecer o que ouvi do meu Pai".

Viveste o profundo significado de ser sacerdote e bispo: tornar-se amigo de Jesus Cristo. Viveste essa amizade, renovando a cada dia o teu compromisso. Assumiste o amor de Jesus, um encontrar-se no mistério de Jesus, emprestando-lhe a tua carne, para estar no meio do seu povo, sentir as suas angústias, e assumir até na doença, na dor física, o que o Senhor sofreu para dar a vida por nós.

Aqui está a tua amada Arquidiocese de Mariana, que te retribuiu o amor. Estão os teus pobres, que te recomendam a Jesus receber-te no Paraíso, preparado para os que o reconheceram no pobre, no esquecido, no discriminado, no excluído, no rejeitado, no espoliado da sua dignidade humana e no ludibriado por tantas promessas.

Dom Luciano, em tua vida testemunhaste a Palavra que proclamaste. Agora que o Senhor te chamou para junto de si, podes ir ao seu encontro e ouvir dele estas palavras: "Servo bom e fiel, entra na alegria do teu Senhor".

A Senhora do Carmo, Mãe de Jesus o Salvador e Mãe da Igreja, te receba e te recomende a ele. O coro dos anjos te receba e com Lázaro, o pobre de outrora, possuas o repouso eterno. "Quem vive e crê em mim, não morrerá eternamente."

VIII

Sábio e santo

Aldo di Cillo Pagotto, sss
Arcebispo metropolitano da Paraíba

A Arquidiocese da Paraíba, através do seu arcebispo e presbitério, expressa os mais vivos sentimentos de pesar pelo desaparecimento do querido irmão Dom Luciano Pedro Mendes de Almeida, ao mesmo tempo que se une em preces de gratidão ao Senhor da Vida, por privilegiar a Igreja do Brasil com um sábio e um santo pastor por longos e fecundos anos.

Na esperança e certeza da ressurreição.

João Pessoa, 28 de agosto de 2006.

Guerreiro de batina

Dom Benedicto Ulhôa Vieira
Arcebispo Emérito de Uberaba-MG

É com essa pitoresca expressão que o índio Marcos Terena, da nação Xané, apelidou o recém-falecido Dom Luciano Mendes de Almeida, arcebispo de Mariana. Em carta à *Folha de S. Paulo* (29 ago.), Terena, que tivera casual encontro com o arcebispo, narra a defesa que Dom Luciano sempre fez, junto do governo, em favor dos direitos das nações indígenas e da demarcação de suas terras. Acrescenta, no

DEUS É BOM

final da carta, que "um guerreiro sai de cena, mas deixa sua semente marcante e exemplar para os novos guerreiros".

A morte de nosso querido irmão no episcopado era já aguardada pela gravidade da doença e pela debilidade física do enfermo. A notícia do desenlace enlutou a Igreja do Brasil. A alma brasileira se vestiu de roxo... O próprio Papa enviou confortadora mensagem; o presidente da República e o governo do estado de Minas se fizeram presentes no velório; uma quarentena de bispos e uma centena de sacerdotes concelebraram a missa na praça, com a participação de milhares de fiéis.

Na velha cidade de Mariana, nos casarões coloniais, faixas negras pendiam das janelas cerradas. Era o luto dos que o conheceram, amaram e agora choravam por sua partida.

O presidente da CNBB, cardeal Geraldo Majella, conseguiu, em vinte minutos de pregação na missa, retratar a vida, a grandeza, a inteligência e os inúmeros trabalhos de Dom Luciano em favor dos pobres, das crianças, dos encarcerados, dos doentes e de quem dele precisasse. Síntese magistral.

Nós – eu e Luciano – nos conhecemos, há anos, na Pastoral Universitária de São Paulo, na qual colaborou com sua privilegiada inteligência. Depois, como bispos-auxiliares da arquidiocese paulista, caminhamos juntos na tarefa da evangelização da cidade. No trio da presidência da CNBB, nos encontrávamos todos os meses para encaminhar as soluções da Igreja do Brasil. Tornamo-nos irmãos. Sentia-me feliz diante dele, homem de Deus, bispo e apóstolo santificado na oração e totalmente sacrificado no serviço da Igreja.

116

Desprendido, dedicado, capaz, incansável, era de fato um guerreiro de batina nas pacíficas batalhas do amor a Deus e ao próximo.

A morte de Dom Luciano deixou não só uma doída saudade, mas luminoso exemplo de vida episcopal para a Igreja do Brasil. Era de fato ardoroso e pacífico "guerreiro" de Deus. O índio tinha razão.

 Estou nas mãos de Deus

Dom Sinésio Bohn
Bispo de Santa Cruz do Sul

Minha saudade e homenagem ao homem de Deus, através de recordações, como pétalas jogadas ao céu:

Na sede da CNBB, em Brasília, Dom Luciano Mendes promoveu uma reunião do conselho permanente com o sr. Núncio Apostólico. Como de costume, introduziu o primeiro assunto e cochilou. Quando a matéria estava suficientemente tratada, Dom Ivo Lorscheiter, presidente da CNBB, disse: "Luciano, o próximo assunto!". E ele: "Sim, sim, um copo de água para o senhor Núncio!". E o Núncio: "Não sei o que fazer com o santo homem. Ele vem à Nunciatura, expõe com clareza meridiana o tema e quando inicio a resposta, ele dorme!". Todos riram e Dom Luciano, imperturbável e sereno, foi ao próximo tema.

O Dr. Candido Mendes, irmão de Luciano Mendes, contou que, antes de morrer, o mano pediu: "Cuidem dos meus pobres". Pois durante as reuniões da Conferência dos Bispos, Dom Luciano saía rapidamente, passava pela recepção, atendia os pobres (eram esmolas e favores) e voltava sorridente, mexendo no telefone. Todos sabiam: pobre tem preferência!

Quando se elaborou o Estatuto da Criança e do Adolescente, Dom Luciano passou semanas em reuniões, discutindo e negociando cláusulas do estatuto. Alguém observou: "No Brasil, lei não resolve. Contudo não se observa". Ao que o ardoroso promotor da criança e do adolescente respondeu: "As leis não resolvem tudo, mas não tê-las é abandonar as crianças na sarjeta e condenar milhares de jovens à morte".

Nas reuniões e assembléias da CNBB, desde que sou bispo (1977), sempre se falou contra a corrupção nos vários escalões da República. Muitas vezes, Dom Luciano interveio: "Irmãos, é preciso denunciar a corrupção. Mas lembremonos de olhar também para dentro da Igreja".

Dom Luciano mesmo me contou: Ele viajava num vôo a Salvador, com escala em São Paulo, onde ficaria. Quando acordou, olhou o relógio, foi depressa à porta do avião, insistindo com a aeromoça: "Senhorita, abra a porta, devo descer em São Paulo. E ela: "Senta, padre, já vou atender". Ele sentou e a menina explicou: "Padre, estamos a 10 mil metros de altura, entre São Paulo e Salvador. Mas vamos ajudar o senhor a voltar no primeiro avião".

Dom Luciano ajudava as pessoas, sem julgar e sem discriminar. Durante o governo militar, houve um mineiro muito bom no Ministério da Justiça, mas que deixava Dom Luciano esperar horas em frente do gabinete, para mostrar certo mau humor com as posições da CNBB. Depois o cargo foi ocupado por um douto gaúcho. Ao mesmo tempo, circulavam na imprensa constantes acusações de contrabando contra o mineiro. Solicitado, Dom Luciano foi ao ministro gaúcho e pediu ajuda para que as repetidas acusações, que atingiam a família do mineiro, parassem.

O gaúcho respondeu mais ou menos assim: "Sei das longas esperas no gabinete de meu antecessor. E agora o senhor vem com humildade interceder por ele. Farei o possível para ajudar a família do ex-colega". E as acusações serenaram.

Dom Luciano vivia na presença de Deus, era inspirado pelo Evangelho e agia por amor. O Bispo Franco Masserdote, que Deus também chamou, visitou Dom Luciano um pouco antes de morrer. Ouviu dele a frase: "Estou nas mãos de Deus".

Eu acrescento: Deus cuida dos seus!

Dom Luciano, o amigo dos pobres

Dom Eduardo Benes de Sales Rodrigues
Arcebispo de Sorocaba-SP

Soube que as últimas palavras de Dom Luciano, antes de entrar em coma, foram: "Deus é bom". É verdade, Deus é bom. Foi isso que Dom Luciano pregou todos os dias no relacionamento com as pessoas, especialmente com os pobres. Fomos criados "à imagem e semelhança de Deus". "Deus é Amor e quem permanece no amor permanece em Deus e Deus nele", ensina-nos São João em sua primeira carta. Aonde chegava Dom Luciano, chegava com ele o amor de Deus. Dele se pode dizer também o que se disse de um grande santo – Cura D'Ars – "vi Deus em um homem". Reproduzo, como homenagem a Dom Luciano, trechos da bela homilia de Dom Geraldo Majella Agnelo, presidente da CNBB, na celebração da missa exequial de Dom Luciano. Eu não escreveria coisa melhor para traduzir um pouco da riqueza espiritual com que Deus dotou Dom Luciano.

Homem de oração: "Na Eucaristia e em vigílias noturnas, Dom Luciano hauria forças para sua ação firme e incansável como bispo, como dirigente da CNBB e como defensor dos pobres. Seu zelo pela Igreja e pela humanidade alimentava-se numa vida intensa de oração, em sua identificação afetiva com Jesus Cristo, na devoção a Maria, na caridade pastoral."

Homem da comunhão: "Seu segredo consistia em insistir na unidade em torno às coisas essenciais, fomentando o respeito às legítimas diferenças e praticando em tudo a caridade e o respeito mútuo."

Defensor dos pobres, excluídos: "Dom Luciano dedicou as suas melhores energias ao serviço da Igreja e na defesa dos pobres, marginalizados e injustiçados, dos negros e dos índios."

"A primeira paixão eram os pobres, todos os pobres e sofridos, mas particularmente as crianças e os meninos e meninas de rua. Como bispo auxiliar de São Paulo, na região Belém, organizou centenas de abrigos para menores e para moradores de rua. Não raro, 'Dom Luciano saía de madrugada, recolhendo pequenos e mendigos, dialogando com eles e levando-os a um abrigo. Nas palavras de um colaborador seu, Dom Luciano era um obcecado em recolher menores abandonados'. Ao lado de Betinho (Herbert de Souza), Dom

HOMENAGEM A DOM LUCIANO

Luciano foi um dos promotores da Ação da Cidadania contra a Miséria e pela Vida."

Amor à Igreja: "Aliada a essa paixão e a serviço dela, Dom Luciano amava apaixonadamente a Igreja, um amor manifestado por uma fidelidade profunda e por vezes sofrida, devido a incompreensões, fraquezas e limitações humanas, próprias e alheias. Pôs seus carismas a serviço dessa Igreja, sendo presença freqüente e iluminadora em encontros e congressos, na orientação de retiros, ou mediando situações difíceis".

Paciência e confiança em Deus no sofrimento: "No período de enfermidade, configurou-se sempre mais à paixão de Jesus, coroando a sua vida de amor a Cristo e à Igreja, abraçando a cruz na certeza da ressurreição como o seu último serviço à vida e à esperança".

A Igreja de Sorocaba sente a partida de Dom Luciano e se compromete a continuar, como o vem fazendo, através das pastorais sociais, sobretudo através da Pastoral da Criança e da Pastoral do Menor, tão queridas de Dom Luciano, que atendem a milhares de crianças e adolescentes, em Sorocaba e nas cidades vizinhas, sua missão de servir os pobres, não obstante as enormes dificuldades e incompreensões encontradas pelo caminho. Quem passou fazendo o bem aqui na terra torna-se nosso intercessor na eternidade. Assim foi, assim continua sendo Dom Luciano, o amigo dos pobres.

"Meninos, eu vi"[1]

Dom Eurico dos Santos Veloso
Arcebispo de Juiz de Fora-MG

> *Meninos, eu vi. [...]*
> *Quem quiser provas contra ou a favor, vá buscá-las onde puder.*

A figura de um santo transparece! Ressalta aos nossos olhos. Comunica-se à nossa alma e ao nosso coração, porque está em contínua comunhão com Deus e, por isso, transborda no amor aos irmãos, sobretudo àqueles esquecidos dos próprios irmãos.

"Meninos, eu vi", nós vimos, pedindo eu licença para repetir o hagiógrafo de São Geraldo. Gerardo Melo Mourão, assim diria hoje: nós vimos um santo percorrer as ruas e ladeiras desta cidade, que tem o nome da Mãe de Deus, Mariana, a Vila do Carmo, que outrora fascinou a minha juventude, quando para cá fui enviado para freqüentar os bancos escolares como aluno de Filosofia e Teologia do antigo e sempre venerando Seminário Maior São José. Nós o vimos pelas estradas destas Minas Gerais e deste imenso Brasil, com seu sorriso, acolhendo a todos, sempre disposto a ouvir, sem medir o tempo, porque já vivia a eternidade. Nós o vimos transpondo os mares para acolher em seu coração as vítimas do ódio e da cobiça humana. Nós o vimos nas ruas de São Paulo, abraçando os moradores de rua, os pobres, a quem, sabe-se, chegou a ceder o seu leito. Nós o vimos firme e constante na luta pelos direitos humanos e

---

[1] Na missa de réquiem de 29 de agosto de 2006, pelo sufrágio da alma de Dom Luciano.

pela Igreja. Nós o vimos defendendo os padres perseguidos pelo regime militar e pela intolerância religiosa. Nós o vimos acolhendo os injustiçados, sempre perguntando a todos, poderosos e humildes, com a sua proverbial humildade: "Filho, o que eu posso fazer para ajudar?". Não se distinguia, não se exaltava. Continuava sua missão com sua sotaina surrada, seus sapatos gastos, seu corpo enfraquecido pelas vigílias e jejuns, *mas olhos e ouvidos atentos a quem dele precisava.* Parecia que dormia nas reuniões da CNBB Nacional ou da nossa CNBB Leste 2, mas, quando o orador terminava a sua explicação, em um parágrafo, nosso grande e santo Dom Luciano resumia a conferência e dava a sua síntese para gáudio e alegria de todos nós. Eu mesmo, como recém-eleito bispo auxiliar da Arquidiocese de Juiz de Fora, muitas vezes contei com a sua ajuda nas emendas da Reunião Geral do Episcopado Brasileiro. Ele, solícito, amigo, irmão, mais do que tudo isso, amável e generoso. Dele guardo a figura do homem misericordioso.

Agora Dom Luciano partiu para junto do Pai e, glorificado, não cessa de interceder e, como sempre, de ouvir, de escutar.

Meus irmãos,

1. Dom Luciano Mendes de Almeida, ainda jovem, deixou-se atrair pelo ideal inaciano de se colocar a serviço de Deus e da Igreja onde fosse preciso, para onde fosse mandado. Queria ser a presença de Cristo, santificando-se na santificação dos irmãos. Fez seus votos na Companhia de Jesus, foi ordenado sacerdote. Eleito ainda nos tempos pós-conciliares do sempre lembrado Papa Paulo VI, imediatamente sagrado bispo, foi auxiliar do cardeal Paulo Evaristo Arns,

na Arquidiocese de São Paulo; secretário-geral por dois mandatos e depois presidente da CNBB por igual mandato e, finalmente, nos últimos 18 anos, pastor desta Arquidiocese Primaz de Mariana, onde pontificaram Dom Viçoso, Dom Silvério, Dom Helvécio e Dom Oscar, glórias do episcopado brasileiro no vigor apostólico e santidade de vida

2. Vivendo num mundo muito semelhante à época de São Francisco, em que, com o surgimento do mercantilismo, esgotara-se a economia feudal, com os seus estamentos, e era notável a diferença entre ricos e pobres, Dom Luciano, como Francisco, nascido em família de nobreza cívica e religiosa, sendo um dos seus antepassados defensores da Igreja na Questão Religiosa, não fez disso motivo de glória. Como Cristo, que sendo de condição divina se humilhou até a morte, tornou-se obediente e procurou viver a mensagem evangélica de maneira radical, sem ostentação da sua opção.

Dois traços marcantes na sua vida: o amor aos pobres, vivendo ele próprio na pobreza, e a caridade acolhedora para todos os que o procuravam. Na regra São Francisco, escreveu sobre o ideal de vida na pobreza "E debbono essere felici quando si trovano tra gente dappoco e tenuta in nessuno conto, tra i poveri e i deboli, gli infirmi, i lebbrosi e i mendianti della via 'paupertas cum laetitia'" ("E devem ser felizes de se encontrarem entre os de condição modesta e desprezados, entre os pobres, os fracos, os enfermos, leprosos e os que mendigam ao longo dos caminhos. 'A pobreza com alegria'").

Viveu a pobreza na alegria de estar no meio dos pobres, identificando-se com eles e procurando dignificá-los. Pouco antes de entregar-se a Deus, foram eles lembrados nas suas três últimas palavras: "Não esqueçam os pobres"; "Pai, a ti entrego minha vida" e "Deus é bom".

3. De Dom Luciano podemos dizer o que disse Chesterton de São Francisco: "Caminhou pelo mundo como o perdão de Deus. Marcou o momento em que os homens podiam se reconciliar não só com Deus, mas também com a natureza e, o que é mais difícil, consigo mesmos". Sua paciência e amor lembravam-nos o Cura d'Ars no trato das almas.

4. Em toda explanação, Dom Luciano não tinha a presunção e a arrogância de falar e ser notado, mas, como dele escreveu Maria Clara Bingemer, "se fazia compreensível a qualquer um, letrado ou simples", pois procurava não a sabedoria deste mundo, mas o Cristo e este crucificado.

5. Era um homem de profunda vida interior, na qual nutria forças para sua vida apostólica. Homem de oração, fortificado nas vigílias e nos sacramentos.

Pe. Jiri Sykora, sj, escrevendo sobre a morte de Santo Inácio, ensina que "A humilde morte de Santo Inácio nos conduz a Cristo, e devemos gravar esta virtude no coração. Uma morte marcada com características tão evidentes de humildade levava, certamente, o selo do Espírito. Fruto de Espírito foi também a sensação de paz e serenidade que se difundiu em todos os seus filhos".

Filhos espirituais e irmãos no episcopado e na mesma fé de Dom Luciano, a fé na ressurreição de Nosso Senhor Jesus Cristo, a fé de que junto de Deus, na comunhão dos santos, Dom Luciano nos dá esta paz de espírito, no Espírito de Deus, porque a sua páscoa para junto de Deus nos faz contemplar, agora, a glória que ele sempre nos mostrou, a glória que nunca se extingue, a glória a que Dom Luciano sempre nos conduz, em nome de Jesus, à glória eterna. Que Dom Luciano descanse em paz! Amém!

 ## "A Arquidiocese de Ribeirão Preto..."

Dom Joviano de Lima Júnior, sss
Arcebispo de Ribeirão Preto-SP

A Arquidiocese de Ribeirão Preto se une à Arquidiocese de Mariana na ação de graças pelo dom da vida de Dom Luciano Mendes de Almeida. Seu exemplo de amor à causa do Reino, revelado aos pequeninos, nos incentiva a promovermos a vida e a defendermos os direitos humanos. Seu serviço e sua bondade permanecem, entre nós, como testemunho de vida evangélica, assumida com radicalidade.

 ## Uma vida de amor

Dom Raymundo Damasceno Assis
Arcebispo de Aparecida-SP

Foi com grande pesar que recebemos a notícia da morte do querido irmão e amigo Dom Luciano Pedro Mendes de Almeida, arcebispo de Mariana.

Em nome da Arquidiocese de Aparecida e em meu próprio apresento ao senhor, ao clero e aos fiéis dessa arquidiocese nossa solidariedade e nossas preces, na certeza de que Dom Luciano, que amou e serviu a Deus e a seus irmãos "com obras e de verdade, passou da morte para a verdadeira vida".

Louvemos e agradeçamos a Deus pelos exemplos de uma vida de amor e de entrega à Igreja e à causa do Reino, que Dom Luciano nos deixou.

Fraternalmente.

 ## Dom Luciano: serenidade em pessoa

Dom Luiz Antônio Guedes
Bispo Diocesano de Bauru-SP

Dom Luciano foi um homem que marcou profundamente a vida de todos os que com ele tiveram contato. Era a serenidade em pessoa. Nunca soube que ele tivesse perdido a paciência em qualquer circunstância. Tinha um olhar cheio de ternura para todos os que dele se aproximavam. Homem de grande cultura, contribuiu com suas reflexões para o esforço de fidelidade da Igreja na vivência de sua missão, não só em nosso país e em nosso continente, mas em âmbito universal. Pastor zeloso, foi também defensor e promotor de tudo que se referia ao bem do povo brasileiro. Doutor em Filosofia, tinha grande organização e clareza nas suas intervenções nas assembléias da CNBB, da qual foi secretário-geral e presidente, exercendo ambos os cargos por dois mandatos. Muitas vezes, em momentos de incerteza e impasse, era ele quem, com suas colocações, apontava as pistas de solução.

De Dom Luciano se pode afirmar, sem medo de errar, que era uma pessoa inteiramente voltada para Deus e para o próximo. Todos os que fazem algum comentário sobre ele e sua vida apontam para a sua grande capacidade intelectual, para a sua determinação no trabalho, e desembocam na constatação de seu grande amor pelos pobres. Seu amor pelos deserdados não se concretizava apenas através da organização de trabalhos em seu favor; traduzia-se em atitudes de um verdadeiro pai, que acolhia a cada um fazendo-o sentir-se amado. Esse seu modo de ser e seus gestos motivaram muitas outras pessoas, que tomaram iniciativas em favor do acolhimento dos pobres e de sua promoção. A vida de Dom Luciano é um testemunho de que a autêntica conversão para o absoluto de Deus leva necessariamente ao respeito, à defesa e à promoção da dignidade da pessoa humana e ao empenho na construção do bem comum.

Eucaristia e transformação da sociedade[1]

Dom Murilo S. R. Krieger, scj
Arcebispo metropolitano de Florianópolis

"Eucaristia e transformação da sociedade", talvez, acredito, tenha sido uma das últimas conferências de Dom Luciano Mendes de Almeida. Ele a proferiu no Simpósio Teológico do XV Congresso Eucarístico Nacional. Ao chegar a Florianópolis, para participar do congresso, entregou ao responsável pelo simpósio, pe. Vitor Galdino Feller, o texto digitado (itens 1 a 16). Na noite de 18 de maio de 2006, escreveu a última parte (itens 17 a 19), cujo manuscrito entregou na manhã seguinte. Ao fazer a palestra, na

---

[1] A divulgação da conferência proferida por Dom Luciano foi a maneira encontrada pela Arquidiocese de Florianópolis para lhe prestar homenagem.

manhã do dia 20, no Centro Sul, seguiu o texto muito livremente. Falou durante uma hora e meia, sendo aplaudidíssimo no final. Este texto foi publicado, junto com os textos das demais conferências do Simpósio Teológico, no último número da revista *Encontros Teológicos* (www.itesc.org.br), do Instituto Teológico de Santa Catarina (Itesc), de Florianópolis:

EUCARISTIA E TRANSFORMAÇÃO DA SOCIEDADE

Dom Luciano Mendes de Almeida, sj

1. O amor é o centro da revelação cristã

Na Eucaristia, acolhemos na fé a bela "teofania", a manifestação do amor de Deus, do Pai, do Filho e do Espírito Santo para conosco. Jesus Cristo, enviado pelo Pai na força do Espírito, derrama seu sangue por nós na cruz, abre seu coração e revela o infinito amor de Deus pela humanidade.

A tal ponto Deus (Pai) amou o mundo que nos enviou seu próprio Filho (Jo 3,16). Dar a vida por nós é a mais forte expressão do Amor: "Amor maior não há do que dar a vida por seu irmão", por todos nós (Jo 15,13).

Na celebração da Eucaristia, somos convocados a reconhecer que Deus nos ama, ama a cada pessoa humana e oferece a todos a salvação. "Este é o cálice do meu sangue, o sangue da nova e eterna aliança que será derramado por vós e por todos para remissão dos pecados."

O amor eterno e invisível da Trindade faz-se visível pela doação de Jesus na cruz. É a certeza desse amor que perdoa nossos pecados e ilumina toda nossa vida.

2. Somos reconciliados pelo sangue de Cristo: um só corpo

Ao derramar seu sangue por nós, Jesus sela e ratifica a Nova e Eterna Aliança entre Deus e a humanidade. Vem reunir os filhos dispersos (Jo 11,52) e aproximar-nos para sempre da misericórdia divina. É a obra da reconciliação (2Cor 5,15; Ef 2,11).

Pela ação do Espírito Santo, o pão e o vinho se tornam Corpo e Sangue de Cristo e todos nós formamos um só corpo (Epiclese do Cânon Eucarístico). Unidos a Cristo, estaremos unidos entre nós. Somos irmãos e irmãs, filhos e filhas de Deus pela criação paterna de Deus, mas também porque fomos todos resgatados pelo mesmo sangue de Cristo. Ao oferecer-se como nosso alimento, Jesus nos une a ele e estreita entre nós os laços de fraternidade (1Cor 10,17).

Cristo é, assim, o centro da comunidade eclesial. Nele todos se encontram, superando as diferenças e distâncias de raça e cultura. Formamos pelo amor uma só família.

3. Cristo dá-nos sua vida e ensina-nos a amar

Ao dizer aos apóstolos "Quem come de minha carne e bebe do meu sangue vive de mim", Jesus nos introduz nos seus próprios sentimentos, valores e critérios. Ajuda-nos a participar de sua vida e nos tornarmos seus discípulos, sempre mais semelhantes a ele. Dá-nos exemplo de amor oblativo, gratuito e total e convida-nos a amar como ele ama.

O fruto primeiro da comunhão com Jesus na Eucaristia é o amor oblativo, que deverá ser a norma de vida dos discípulos. "Amai-vos uns aos outros como eu vos amei" (Jo 13,35). Para Jesus, amar é dar a vida por nós.

Entrar em comunhão com Cristo na Eucaristia é deixar-se possuir pelo seu dinamismo de amor e aprender com Jesus a dar a vida pelos irmãos. São João resume assim a grande lição do amor: "Deu a vida por nós e nós devemos dar a vida pelos irmãos" (1Jo 3,16).

A Eucaristia está assim no centro da vida eclesial, de comunhão fraterna e doação ao próximo, abrindo-se à força do amor, que vence todo egoísmo e faz-nos buscar o bem espiritual e material do próximo.

Compreendemos, assim, a beleza do tema escolhido pelo Papa João Paulo II para o último Sínodo: "A Eucaristia é a fonte e o ápice da vida e da missão da Igreja".

4. A comunidade servidora por amor

Ao entrar neste mundo, tão marcado pelas injustiças e pelo ódio, pela segregação e perda de sentido da vida, Jesus Cristo vem nos ensinar a amar com o amor de Deus e a sermos felizes.

O Mestre toma nas mãos o jarro com água e lava os pés dos discípulos. Veio para servir (Mc 10,45) e faz questão de nos ensinar a fazer como ele. Ser discípulo é assumir como lema de cada dia o serviço gratuito aos irmãos e irmãs, a começar com os mais necessitados.

A beleza do amor gratuito está em viver a generosidade e a alegria de Deus, que "nos amou primeiro" (1Jo 4,10) e quer o nosso bem antes que nós possamos amá-lo e agradecer-lhe.

Os gestos de amor gratuito não pesam, nascem da bondade do coração e alegram a pessoa que ama no mais profundo de seu ser. A felicidade está em dar (At 20,35), isto é, em experimentar a beleza de fazer bem, de ajudar os outros, como fruto da bondade, a exemplo do próprio Deus. Ao lavar os pés, Jesus acrescenta: "sereis felizes se fizerdes assim" (Jo 13,17). Para ser feliz assim, é preciso amar gratuitamente.

5. A predileção pelos últimos

Na lógica do amor gratuito, somos chamados a amar a todos, mas dedicando-se mais aos que estão em maior necessidade. É o exemplo da mãe em família: ama a todos os filhos e filhas, mas devota-se mais aos pequeninos e a quem tem alguma deficiência. O amor é o mesmo, mas usa de sabedoria e inteligência.

Essa atenção prioritária aos mais pobres caracterizou as primeiras comunidades cristãs, empenhadas em que todos tivessem o necessário, colocando até os recursos em comum.

A força e a beleza do amor gratuito marcaram o próprio ensinamento dos apóstolos, que, ao celebrarem a Eucaristia, ensinaram a necessidade de acolher o próprio Cristo no pobre (1Jo 3,20). É sempre a lógica do amor gratuito.

O Papa João Paulo II ilumina esta atitude de ir aos mais necessitados, afirmando que "a predileção pelos últimos é a garantia do amor a todos". A razão é que nesse amor aos últimos se manifesta a verdade e a pureza da gratuidade. Quem não se lembra das palavras de Jesus em Lc 14,13, formando os discípulos para a gratuidade: "quando deres uma ceia, convida o pobre, o coxo, o cego, porque eles não podem te convidar". O Pai do Céu está atento e saberá recompensar a gratuidade do amor.

6. A gratuidade do perdão

A mais surpreendente revelação do amor encontra-se no perdão de Deus, porque expressa de modo evidente a gratuidade do amor cristão. Não se trata de perdoar só a quem pede perdão. É mais. É necessário viver o "amor primeiro" e oferecer o perdão antes que no-lo peçam. Assim Deus nos perdoou, oferecendo-nos as condições de total reconciliação. Deixemo-nos penetrar pelas palavras do Divino Mestre: "Ouvistes dizer: olho por olho, dente por dente. Eu, porém, vos digo: amai vossos inimigos. Fazei o bem a quem vos ofende, rezai por quem vos calunia e persegue e sereis filhos de vosso Pai, que está nos céus" (Mt 5,38). É este amor-perdão que Jesus espera de nós ao oferecermos a nossa oferta na Eucaristia: "vai reconciliar-te com teu irmão e depois oferece a tua oferta" (Mt 5,23).

Estamos, assim, encontrando as raízes mais profundas da convivência humana e da transformação da sociedade.

7. Os desafios da atual sociedade

Certamente são muitos. Alguns dos desafios, pelo potencial de destruição que possuem, requerem ação imediata e conjunta.

1. É gritante a desigualdade social entre ricos e pobres, com o agravante do aumento do número dos excluídos, que vivem na fome e na miséria, e das ações predatórias contra a natureza.

2. A violência cresce e assume formas de destruição e amedrontamento nunca anteriormente vistas. Basta constatar o tráfico de drogas e o número de roubos, assaltos,

seqüestros, conflitos armados, atos de crime organizado, guerras e terrorismo. O ódio penetra na humanidade.

3. Multiplicam-se as tensões e divisões no seio da sociedade. Há segregacionismo e vários tipos de exclusão. Recordemos os fatos ainda recentes de Kosovo e Ruanda, com hostilidades profundas entre grupos étnicos antagônicos.

4. Perde-se o sentido da vida, especialmente nos ambientes de juventude, com enorme frustração, muitas vezes ligada à dependência química.

Esses e outros desafios demonstram que a nossa sociedade precisa de uma ação transformadora que aponte verdadeiros valores e fundamente uma convivência na justiça e na concórdia.

8. A força transformadora da Eucaristia

A encarnação do Filho de Deus e sua entrada na história humana vieram em socorro da humanidade injusta e conflitante. Jesus Cristo anuncia uma vida nova para a humanidade, cuja lei é o amor primeiro, o amor gratuito que proclama ao celebrar a nova e eterna Aliança. Diante de um mundo desigual e injusto, onde atua o ódio no coração humano, que causa divisões e desânimo, a resposta é o mandamento do amor, promulgado pela sua palavra e seu testemunho de entrega por nós.

A Eucaristia apresenta-se assim como a força renovadora da sociedade que vai nos ajudar pela vivência do amor a enfrentar os desafios que minam e destroem a convivência humana.

O Papa João Paulo II afirma, com zelo e clarividência, que a autenticidade de nossas celebrações eucarísticas está ligada à operosidade fraterna, indo ao encontro das muitas pobrezas do mundo.

Pensemos no drama da miséria, nas doenças endêmicas, na solidão dos idosos, na angústia dos desempregados e na situação aflitiva dos imigrantes. A solicitude pelos irmãos e irmãs que passam por necessidade espiritual e material manifestará ao mundo que somos verdadeiramente discípulos de Jesus Cristo.

9. A superação da fome e da miséria

É fato conhecido que os recursos à nossa disposição são mais do que suficientes para alimentar a humanidade. O que falta é a distribuição eqüitativa dos bens. E isso não acontece porque falta a vivência da fraternidade. A Eucaristia é preparada por Jesus com as multiplicações do pão e dos peixes, transmitindo aos discípulos o dever de dar pão a quem tem fome: "Tive fome e me destes de comer" (Mt 25,40), e a palavra diante de multidão: "Dai-lhes vós mesmos de comer!" (Lc 9,13). É, pois, um dever básico da fraternidade que se estende a todos sem distinção.

A Eucaristia é justamente a ação de Jesus Cristo alimentando-nos com seu corpo e sangue, ensinando-nos a partilha e a responsabilidade de saciar os famintos.

Assim, desde o início, os cristãos uniram a celebração da Eucaristia com a caridade fraterna, que se expressa na partilha dos bens com os irmãos.

A lição da Eucaristia vale para nós, cristãos, que ainda não aprendemos a assumir o dever da caridade e por isso somos co-responsáveis pela fome e miséria de nossos irmãos e irmãs. Cada celebração da Eucaristia deveria nos questionar diante de Deus e levar-nos a partir o pão com os irmãos.

Compreendemos melhor essa exigência da Eucaristia à luz da encíclica do Papa Bento XVI: "Deus é Amor". Temos, sem dúvida, de fazer com convicção e generosidade os gestos de amor e partilha, atendendo àqueles que vêm às nossas portas e que precisam do necessário.

No entanto, a força da Eucaristia deve nos impulsionar para atitudes mais abrangentes e procurar transformar a sociedade por meio de leis e políticas públicas que modifiquem o sistema de acumulação doentia de bens, aumentando a riqueza de poucos e segregando cada vez mais os pobres. A Eucaristia deve unir a comunidade a serviço dos mais pobres e habilitar os cristãos a contribuir para leis e medidas que garantam vida digna para todos: trabalho, salário justo e moradia.

10. Eliminação do ódio. Escola da paz

Pior do que a fome é o ódio, que destrói o amor. A história, infelizmente, manifesta formas insuspeitadas de maldade: agressões, torturas e assassinatos. A única solução é renunciar ao uso da violência e tornar-se aprendiz do amor. Hoje, constatamos que há quem procure justificar o uso da violência até contra inocentes.

A Eucaristia reafirma a entrega da vida de Jesus para o perdão dos pecados. O profeta compara o Messias ao

HOMENAGEM A DOM LUCIANO

cordeiro manso que é imolado. Jesus, de modo livre e consciente, passou pela violência, fruto do ódio, e pediu ao Pai que perdoasse aos que o crucificavam. Pagou o mal com o bem. Venceu o ódio pelo amor gratuito. O mundo não terá paz se não descobrir o caminho do perdão. A bondade desarma.

A Eucaristia é compromisso de amor gratuito em relação aos que nos ofendem. Somente assim será possível acabar com guerras e vinganças, quando o amor de Cristo na Eucaristia penetrar no coração da humanidade.

Ele é o Cordeiro de Deus, que tira o pecado do mundo.

11. Aproximar os distantes e construir a solidariedade

A fome mata. O ódio gera tantas formas de agressão e maldades. Os resultados são dramáticos. A humanidade desde os primórdios tem sido cenário de divisões, segregações e discórdias.

A Eucaristia é mensagem de comunhão fraterna não só enquanto nos ajuda a vencer o egoísmo e partilhar o pão e também quando elimina o rancor e o dinamismo de vingança, mas enquanto consegue superar mágoas e ressentimentos e aproximar os distantes e convencer-nos de que em Cristo somos todos irmãos e irmãs, para além de toda diferença e divergência.

Na celebração da Eucaristia encontram-se todos, sem distinção, igualmente filhos e filhas de Deus, portadores da mesma dignidade.

Esta lição é importante. Uma família pode ter muito dinheiro, mas se as pessoas estão divididas é grande o sofrimento. Não há concórdia, nem paz. A mesma divisão existe

137

no seio da sociedade e até na Igreja. A Eucaristia nos compromete com a busca da comunhão e unidade, Jesus reza ao Pai "que todos sejam um" (Jo 17,25). Nascem daí as atitudes de respeito, apreço e capacidade de conviver aceitando as diferenças como riquezas no interior da fraternidade.

Aos cristãos está reservada a missão de testemunhar e construir, pelo perdão e pelo diálogo, a concórdia no seio da sociedade.

12. A Eucaristia, penhor da vida eterna e feliz

O Papa João Paulo II, na sua carta sobre a Eucaristia (Mane Nobiscum, Domine), aponta a dimensão de esperança que Cristo nos oferece na Eucaristia. Somos peregrinos para a Casa do Pai. A fase atual é de enfrentamento das vicissitudes da vida, mas é indispensável manter o olhar fixo no horizonte. Jesus promete a ressurreição e a entrada na Casa do Pai. Assim, a Eucaristia relembra e reafirma a alegria da vida plena e feliz. Jesus promete que há de nos preparar um lugar (Jo 14,1-2) onde não haverá mais nem lágrimas, nem morte, nem dor (At 21,4).

Diante de tantas divisões e fogos fátuos de decepções e desânimos, a Eucaristia reforça em nós a certeza da felicidade prometida por Deus e garante o rumo certo para o caminho da vida: "Jesus é o caminho, a verdade e a vida". Vencemos assim o medo da morte. A Eucaristia reaviva em nós a dimensão pascal e aponta para o céu. É penhor de vida eterna.

A transformação da sociedade exige de nós a superação dos pseudovalores, erigidos como prioritários, e o anúncio dos valores que realizam plenamente a pessoa e a sociedade: a justiça, o perdão, a reconciliação e a paz, a concórdia e a esperança da vida plena em Deus.

13. O amor maior e universal

A visão cristã da história não se confina com os discípulos de Jesus. Ela é mais abrangente e se estende a toda a humanidade, pela qual Jesus deu a sua vida. Ele é o Salvador do mundo (1Jo 2,1).

A Eucaristia fortifica os discípulos para fazer o bem a todos. "Assim como o Pai me enviou, assim eu vos envio para o mundo" (Jo 18,17). Jesus quer que sejamos missionários do Reino, anunciando a todos o projeto salvífico de Deus. Ele se declara o "Pão vivo que desceu do céu para a vida do mundo". A Igreja aprende na Eucaristia a oferecer sua própria vida com a vida de Jesus pela salvação do mundo. Unida a Cristo na fé, a Igreja é esposa, companheira, associada no mistério da salvação.

A Igreja, unida a Cristo, reza pelo mundo e intercede com Jesus pela redenção de toda humanidade: os que crêem em Deus, os que têm outras crenças, os que atentam contra a própria vida, todos estão envolvidos pela prece da Igreja, que na Eucaristia faz-se oferta "Por Cristo, com Cristo, em Cristo" pela salvação do mundo.

14. A alegria da missão

O serviço à vida por parte dos cristãos consiste em partir o pão e lutar por condições dignas para todos. Mas, vai além. Temos de oferecer aos outros o que temos de melhor: o conhecimento de Jesus Cristo e os valores do seu Reino.

É preciso – como prova de amor fraterno – manifestar a cada pessoa a própria dignidade à luz da filiação divina. Todos têm o direito de saber que são amados e perdoados por Deus, pois que Jesus deu a vida por todos. O anúncio explícito de Jesus Salvador é a grande dádiva que fazemos a quem ainda não o conhece: transmitir a alegria do perdão dos pecados, vitória sobre a morte e de vida nova na graça de Deus.

15. A força da comunhão com Cristo

A história da Igreja está repleta de testemunhos dos discípulos que, fortalecidos pela Eucaristia, a exemplo da Mãe de Deus, dão sua vida na confiança no Pai e na entrega ao próximo, transformando o mundo pelo amor.

Recordemos tantos nomes, entre os quais Dom Oscar Romero, assassinado ao celebrar a Eucaristia, pe. João Bosco Burnier, irmã Cleusa e, recentemente, irmã Doroty. Lembro-me especialmente do cardeal vietnamita Francisco Xavier Van Thuan, que, em comunhão com Cristo na Eucaristia, manteve-se sereno e confiante; conseguiu superar nove anos de cárcere no isolamento total e venceu pelo amor, perdoando a quantos o mantinham na prisão.

Mas a força da Eucaristia se manifesta igualmente nos gestos de amor das mães e dos pais vivendo a fé na dedicação aos filhos, no cuidado dos filhos pelos pais, no amparo aos idosos e enfermos, na doação aos membros da comunidade, aos necessitados, assegurando alimentos, oportunidades de trabalho, auxílio para saúde e outros. São testemunhas silenciosas do amor gratuito que Cristo nos comunica na Eucaristia.

16. Outra sociedade é possível

Fala-se muito do mundo possível. É verdade. Creio que podemos acreditar que outra sociedade é possível, marcada pela justiça, desde que o mandamento de Cristo na Eucaristia, o amor gratuito, seja a lei interior de nossa vida e da sociedade.

Na força da Eucaristia podemos, com auxílio divino, vencer o ódio com o amor, a violência com a paz, a discórdia com a reconciliação e o desespero com a esperança.

O segredo da transformação da sociedade está na mudança das relações humanas.

A grande luz encontra-se no preceito do amor gratuito, a imitação do amor divino.

É na Eucaristia que entramos em comunhão com o testemunho e a força de Cristo, que nos alimenta e vivifica e envia a amar a todos como ele nos amou.

17. Permanecer no mundo

Os discípulos aceitam a missão de transformar a sociedade, mas sabem que "o mundo possível" está marcado pela fragilidade da liberdade humana e pela convivência entre o egoísmo e o pecado, por um lado, e o amor perfeito e a servidão, por outro.

Assim, a transformação do mundo se realiza na história com toda a sua vicissitude. Jesus Cristo, ao instituir a Eucaristia, comunicou aos discípulos que permanecessem no mundo, "sem ser do mundo" (Jo 17,15 e 16). Pediu ao Pai que não os tirasse do mundo, mas os preservasse do mal. A permanência dos discípulos no mundo, uma vez perdoados, é um ato de amor. Somos, a exemplo de

Cristo, chamados a levar adiante o plano divino de "amar com amor gratuito" e suscitar a conversão dos que captam o amor e oferecer a própria vida, pela salvação dos que não captam o amor. Essa oferta é a "forma eucarística" de uma vida toda oferecida com Cristo por amor.

18. A "Forma eucarística"

O discípulo de Cristo permanece neste mundo injusto e violento, onde existem ódio e divisões, no meio das tribulações, para reparar os seus pecados, mas igualmente para viver a "forma eucarística", isto é, para fazer o bem aos outros, para dar frutos de salvação, para ser luz, sal e fermento no mundo (Jo 15,16; Mt 5,16).

Oferecendo a própria vida por amor, os discípulos completam na carne o que falta à paixão de Cristo "pelo bem do Corpo, que é a Igreja" (Cl 1,24).

Esta é a beleza da oferta cotidiana ensinada pelo "Apostolado da Oração", que convida os fiéis a assumir a "forma eucarística", unindo sua vida com Maria ao Coração de Cristo, que se oferece na Eucaristia pela humanidade.

Assim, a Eucaristia não apenas dá a força para enfrentar, com coragem e amor, as tribulações – sem milagres e privilégios –, mas dá-nos a luz para compreender o porquê de nossos sofrimentos unidos aos de Jesus Cristo. É o amor que se doa e sacrifica pelo bem dos irmãos e irmãs e pela vida do mundo.

19. A paz diferente

O cristão, à luz da Eucaristia, não pede para ser liberado das tribulações e padecimentos, que fazem parte do "estar no mundo". O cristão aceita por amor, sem milagres e privilégios, permanecer unido a Jesus Cristo, fazendo o bem na Igreja e oferecendo na paz a própria vida, na expectativa da sua vinda gloriosa na plenitude do Reino.

A Eucaristia concede assim a "paz diferente" daquela que o mundo dá. É a "reconciliação" com o projeto divino, transformando o mundo e a sociedade pelo amor.

Senhor Jesus, sois vós que nos dais luz e força para amar e sermos capazes de oferecer convosco a vida "para que todos tenham vida". Ensinai-nos a amar, convosco, sem milagres e privilégios, na total confiança no amor do Pai, na alegria de ajudar os irmãos e irmãs, a fim de que todos vos conheçam e encontrem a verdade e a vida. Amém.

 Parabéns, servo bom e fiel!

Dom Walmor Oliveira de Azevedo
**Arcebispo metropolitano de
Belo Horizonte**

Vem, bendito de meu Pai! Recebe em herança o Reino
que meu Pai preparou desde a criação do mundo!
Pois eu estava com fome, e me deste de comer;
estava com sede, e me deste de beber;
eu era forasteiro, e me recebeste em casa;
estava nu, e me vestiste; doente, e cuidaste de mim;
na prisão, e foste me visitar.
(Mt 25,34-36)

No horizonte da Igreja Católica e da sociedade, em níveis nacional e internacional, como um pisca-pisca luminoso e forte, tocando o fundo dos corações, está brilhando este

DEUS É BOM

elogio: "Parabéns, servo bom e fiel!". É uma efusão que está sinalizando a todos da Igreja e da sociedade para a necessidade de uma compreensão mais clarividente de rumos e de posturas, ultrapassando os riscos de palavras, sentimentos e comoções passageiras. Quando a luminosidade desse elogio espargiu-se, mais uma vez, no horizonte desta hora sofrida e dolorosa da história da humanidade, era a hora tradicional de oração e comunhão com o coração da Mãe Maria, um domingo, o dia do Senhor.

O elogio veio suave e amorosamente do coração de Deus ao coração de Dom Luciano Pedro Mendes de Almeida, e ele passou a gozar as alegrias eternas. Era pouco depois do pôr-do-sol, que havia brilhado com beleza singular, com o dourado da vitória duradoura, naquele fim de tarde do dia do Senhor, depois de uma chuva mansa e fina, parecendo lágrimas escorridas das feridas do coração. E, no lusco-fusco da noite, que descia, brilhou para sempre, sem ocaso, na vida deste servo bom e fiel, o sol do Ressuscitado, Cristo Jesus, o Salvador.

Naquela hora, ecoou do coração de Deus, pela voz do Filho Amado, no coração deste outro filho amado do Pai: "Vem, bendito de meu Pai! Recebe em herança o Reino que meu Pai preparou desde a criação do mundo! Pois eu estava com fome, e me deste de comer; estava com sede, e me deste de beber; eu era forasteiro, e me recebeste em casa; estava nu, e me vestiste; doente, e cuidaste de mim; na prisão, e foste me visitar" (Mt 25,34-36).

E ele certamente perguntou, naquele instante último do tempo que passa veloz, no rito que abre o ciclo da vida definitiva, a vida eterna, como todos agora, homens e mulheres de boa vontade, fixado o olhar da fé e do coração na história de sua vida e na força do seu testemunho, devem se perguntar: "Quando foi que te vimos forasteiro, sem roupa, doente, preso?". "Em verdade vos digo: todas as vezes que fizeste isso a um destes pequenos, que são meus irmãos, foi a mim que o fizeste!"

Essa é a única explicação que faz compreender, com argumentos convincentes, por que Deus qualifica um dos seus filhos com a titulação de servo bom e fiel. Uma titulação que ultrapassa qualquer outra, em meio a preocupações muito comuns que amarram os corações em necessidades de elogios e reconhecimentos, títulos e lugares ocupados, honrarias efêmeras alimentando o orgulho soberbo, que faz olhar a si mesmo como grande e autor de coisas magníficas, na ilusão de dobrar os outros em reverências e culto aos próprios feitos.

Uma vez, um jovem, conversando com Jesus, o chamou de bom. Jesus sublinhou que só Deus é bom. Este Deus, o único que é bom, elogia seu servo, chamando-o de bom e de fiel. Só é compreensível que um atributo próprio e unicamente de Deus seja título meritório, por ele dado, e razão de elogio a um filho seu, na medida em que este se fez servo de todos. Um serviço que não se explica apenas pelos talentos recebidos. Os talentos contam. Mas se tornam secundários diante da força amorosa com que se realiza o serviço que se presta à vida. O empenho denodado e sem reservas revela e comprova a força e a profundidade da fidelidade.

Não basta um pouco. Tudo ou nada. É a fidelidade que desenvolve e fecunda, multiplicando os talentos recebidos por uma confiança incondicional, uma dedicação sem reservas, um empenho no cumprimento da vontade do Pai, a vida plena dos seus, razão única de cada momento vivido. Contam então o esforço pessoal, a generosidade, o espírito de sacrifício, com o qual se realiza a incumbência recebida, na consagração assumida, no cargo ocupado, na responsabilidade confiada, na profissão exercida, nos cuidados assumidos e nas promessas feitas. Para ser servo bom e fiel, não basta um empenho qualquer.

Dom Luciano entra nesse cenário com a especialidade generosa do seu empenho completo, um questionamento aos corações, confrontando-os em razão do risco de raciocínios que explicam que não se pode ser generoso em medidas tão altas, que é preciso poupar-se, usufruir benesses. Raciocínios que podem correr o risco de reconhecer e hospedar as louvações merecidas ao servo bom e fiel, mas proteger-se da exigência de se viver a vida por audácias generosas, fechando-se em egoísmos e na incompreensão do querer de Deus, com o resultado de desastres morais bem maiores do que todos os administrativos.

A mediocridade não reside, segundo uma lógica vigente, naqueles que administrativamente não são bem-sucedidos. Inaceitável é a mediocridade moral em razão da falta de sabedoria, amor e generosidade sem limites para o bem do outro, especialmente dos mais pobres e sofredores. O merecido título de servo bom e fiel, dado por Deus a Dom Luciano, seja a lembrança e o compromisso com sua grande convicção e prática, na herança imorredoura que a todos deixou: "A alegria de servir aos irmãos e irmãs é a nossa melhor recompensa". Outra não seja a ousadia dos seus amigos e admiradores, no desejo de titular-se, seguindo seu exemplo, como servo bom e fiel.

"Toda a Arquidiocese de Campo Grande..."

Padre Adailton Miorin
Assessor de comunicação
Arquidiocese de Campo Grande

Toda a Arquidiocese de Campo Grande manifesta pesar pelo falecimento de nosso querido e estimado amigo, Dom Luciano de Almeida.

A Igreja e a sociedade perdem um grande homem, porém o Céu herda mais um santo. E para nós fica o seu exemplo e, por esse exemplo, nos sentimos incentivados à caminhada.

Dom Luciano: seu testemunho nos motiva.

"Presidida por monsenhor Aldorando Mendes... "

Arquidiocese de Goiânia

Presidida por monsenhor Aldorando Mendes, a Arquidiocese de Goiânia realizou, na Catedral Metropolitana, no dia 28 de agosto, uma celebração especial em memória de Dom Luciano Pedro Mendes de Almeida, sj, arcebispo de Mariana, em Minas Gerais, que faleceu, vítima de câncer. Dom Luciano foi pastor da Arquidiocese de Mariana durante 19 anos. Atuou como secretário-geral da CNBB por dois mandatos consecutivos, de 1979 a 1986, e presidente, também por dois mandatos consecutivos, de 1987 a 1994.

Seu dinamismo, inteligência privilegiada, dedicação incansável e testemunho de amor à Igreja deixaram marcas profundas na Conferência Episcopal e na Igreja no Brasil. Dedicou sua vida aos pobres, à oração e ao testemunho de amor a Deus e ao próximo.

 "Recebemos com grande pesar a notícia..."

Diocese de Caraguatatuba-SP

Recebemos com grande pesar a notícia do falecimento de Dom Luciano Pedro Mendes de Almeida, sj, arcebispo de Mariana.

O clero da Diocese de Caraguatatuba manifesta solidariedade aos familiares e parentes de Dom Luciano e à Arquidiocese de Mariana, que o teve como seu grande pastor.

Agradecemos a Deus pela vida preciosa desse homem e pelo bem que ele fez à sociedade e à Igreja e devolvemos ao mesmo Deus, em quem ele sempre confiou, de volta à Casa do Pai.

Fraternalmente em Cristo.

 "A Arquidiocese de Montes Claros..."

Arquidiocese de Montes Claros-MG

A Arquidiocese de Montes Claros lamenta a morte de Dom Luciano e manifesta seus sentimentos à Arquidiocese de Mariana, familiares, parentes e amigos desse querido arcebispo em todo o Brasil e no mundo.

IX

 "Nós nos reunimos aqui..."

Dom Mauro Morelli
Bispo emérito de Caxias-RJ

Nós nos reunimos aqui para louvarmos e bendizermos esta vida. Vida de muito amor incansável na entrega e generoso. O legado de Dom Luciano é uma das coisas preciosas que fica para esta Igreja veterana de Mariana.

Deus me deu a graça de caminhar com Dom Luciano desde 1971, pois este foi um homem conduzido pelo Espírito Santo de Deus e não poderia deixar de lembrar a gratidão por esta vida.

Amem os que são menos amados; certamente, isso é o que ele nos pede. Fica o testemunho de um homem que não se corrompeu com o poder. Esse é o exemplo de vida de Dom Luciano.

 "Dom Luciano sempre foi um fiel..."

Dom Angélico Sândalo Bernardino
Bispo de Blumenau-SC

Dom Luciano sempre foi um fiel discípulo de Jesus e um vigoroso missionário de Deus. Ele foi um profeta, amigo dos pobres e um intransigente defensor da dignidade humana. Foi um bom pastor que deu a vida pelo seu rebanho, incansavelmente. Foi um homem incansável no sim, sobretudo no caminhar com os pobres, com os menores, nos quais sempre viu o rosto de Jesus. Ele foi um sacerdote fervoroso, homem de profunda vida de oração. Por isso, desde o momento em que recebi a notícia de sua partida, tenho rezado: "são Luciano, rogai por nós!".

 "Dom Luciano foi uma pessoa diferente..."

Dom Antonio Celso de Queiróz
Bispo de Catanduva-SP

Dom Luciano foi uma pessoa diferente de todas as outras que conheci e com as quais convivi. Em que faria essa diferenciação? Ele foi uma pessoa totalmente, e mais do que se pode imaginar, doada aos outros. Ele fez isso a vida inteira, mas, depois daquele acidente a que sobreviveu, ele, por várias vezes, quando eu o aconselhava a se poupar um pouco, ouvia calmamente, depois dizia: "Deus me devolveu a vida depois do acidente. Então, mais do que nunca, a vida não é mais minha. Eu quero doá-la totalmente aos outros". A última vez em que tivemos essa conversa, eu lhe disse: "Luciano, se é isso que você sente e pensa, faça isso, então, da melhor maneira possível. Esse é o caminho de Deus para você". Ele fez muito melhor do que eu poderia imaginar.

Dom Luciano – a fé transparente

Dom Cândido Padin, osb
Bispo emérito de Bauru-SP

A prolongada convivência que tive com Dom Luciano foi em meio às tarefas exercidas nas funções que tínhamos em comum pelos mandatos recebidos na direção da CNBB. Tínhamos reuniões mensais com os bispos de vários departamentos da Pastoral da Igreja do Brasil.

Neste meu depoimento quero apenas ressaltar a calma e a cordialidade da sua participação em tais momentos. Mesmo quando eventualmente surgiam questões complexas, exigindo pareceres divergentes dos participantes da reunião, brilhava logo a serenidade e a objetividade com que intervinha Dom Luciano.

Durante a recuperação médica que se seguiu ao terrível acidente de carro que sofreu durante as viagens que fazia em sua diocese, ficamos todos admirando sua fortaleza espiritual para superar as provações. Nessas ocasiões é que podíamos nos encantar com a habitual figura de uma fé transparente que caracterizava a personalidade de Dom Luciano. Sempre agradecendo a Deus os sinais de alguma melhora, ao mesmo tempo em que agradecia nossas visitas fraternas.

Este é o depoimento que quero deixar constando no conjunto das manifestações que agora são publicadas. Certamente Deus já o terá na sua glória que imploramos humildemente alcançar.

"Dom Luciano sempre foi um grande amigo..."

Dom Antônio Gaspar
Bispo de Barretos-SP

Dom Luciano sempre foi um grande amigo, mais do que um grande irmão. Estava sempre atento às necessidades de cada pessoa, chamando a atenção dos demais bispos, sobretudo, para as necessidades fundamentais dos pobres. Ele sempre nos mostrava a vontade de Deus e nos convidava a ser fiéis à nossa missão, superando as dificuldades das pessoas que pensavam diferente de nós. Ele marcou profundamente a vida dos seus irmãos bispos. Guardo dele a imagem do servo fiel que sempre se colocava a serviço do Evangelho, na pessoa dos empobrecidos. Ele foi para mim a presença do santo vivo caminhando no meio do povo.

"Tendo recebido a triste notícia..."

Dom Bruno Pedron, sdb
Bispo diocesano de Jardim-MS

Tendo recebido a triste notícia da morte de Dom Luciano Mendes de Almeida, uno-me aos irmãos no episcopado para pedir a Deus aquele pedaço de Céu prometido por Jesus aos "servos bons e fiéis". Para mim, Dom Luciano foi a luz e o guia seguro nos caminhos da Igreja no Brasil nestes últimos tempos, tão conturbados e exigentes de diretrizes sólidas e claras. Vai nos deixar muita saudade o seu exemplo de vida austera, humilde e santa e um estímulo para seguir o seu exemplo de pastor e guia do povo de Deus e da Igreja no Brasil.

Em união de orações.

Estrelas que brilham sempre

Dom Ceslau Stanula, cssr
Bispo diocesano de Itabuna-BA

No dia 27 de agosto, às 18 horas, passou para a Casa do Pai o Dom Luciano Mendes de Almeida, arcebispo da histórica Arquidiocese mineira de Mariana. Passou as últimas semanas na UTI do Hospital das Clínicas, em São Paulo, e, apesar dos esforços dos médicos, o seu organismo, já fragilizado pelo acidente que sofreu anos atrás, não conseguiu vencer a doença, um tumor maligno no fígado, vindo a falecer.

A sua partida à Casa do Pai nos entristeceu, porque somos humanos e quem conhecia bem Dom Luciano sempre sentirá saudade dessa pessoa extremamente simples, abnegada, serviçal e sempre com as mãos abertas para acolher a pessoa em qualquer situação em que se encontrava.

Foi bispo desde 1979, primeiro como bispo auxiliar de São Paulo, ajudando nos trabalhos pastorais o cardeal Dom Evaristo Arns, atendendo na região Belém. Nesse trabalho ficou conhecido como pastor dos mais pobres e abandonados. Dedicou-se de corpo e alma à Pastoral do Menor abandonado. Foi, realmente, durante toda a sua vida, pai dos pobres.

Conta-se que, numa noite fria, Dom Luciano, passando pela rua, viu um mendigo abandonado e tremendo de frio. Acolheu o coitado, levou-o à sua casa, colocou-o na sua cama e ele mesmo dormiu no chão da sala. É o amor pelos pobres que o impulsionava sempre. Encarnou na sua vida as palavras da recomendação que recebeu São Paulo das "colunas da Igreja", Tiago, Pedro e João – "recomendaram-nos apenas que nos lembrássemos dos pobres, o que era precisamente a minha intenção" (Gl 2,10).

Dom Luciano era uma pessoa extremamente simples e carinhosa. Para todos tinha uma palavra de conforto, de compreensão. A sua simplicidade envolvia uma sabedoria ímpar. Sentíamos isso nas conferências episcopais, principalmente na elaboração dos documentos, em que ele sempre tinha as suas observações acuradas, e sempre visando atingir os mais simples com as palavras alentadoras.

Contam que, na conferência do Celam, em Santo Domingo, quando se chegou a um impasse, porque se acumularam tantas prioridades pastorais que não podiam ser omitidas e esquecidas, e não se sabia como caminhar para frente, porque, se se prioriza muitos assuntos, não se prioriza nada, nesse momento, entrou Dom Luciano com a sábia solução: "Não coloquemos prioridades, mas aglutinemos todo esse rico material que devemos apresentar ao nosso povo nas linhas pastorais". A sugestão foi aceita e o documento realmente foi apresentado para a pastoral da América Latina como as "linhas pastorais" que estamos seguindo até este momento. Assim era Dom Luciano, com a sua sabedoria!

O Papa Bento XVI enviou condolências diante do falecimento de Dom Luciano por meio de um telegrama assinado pelo secretário de Estado do Vaticano, cardeal Angelo Sodano. O Papa afirma que recebeu "com muito pesar a notícia do falecimento" do arcebispo. A nota diz que o "Sumo Pontífice eleva sufrágios pelo dedicado pastor, que colocou o seu talento a ser-

HOMENAGEM A DOM LUCIANO

viço do Evangelho como secretário-geral e presidente da CNBB, membro do conselho permanente do Sínodo Episcopal e vice-presidente do Celam". O Papa reconhece ainda "seus inúmeros serviços como pastor de Mariana", onde "dedicou-se generosamente ao clero da arquidiocese e a todo o povo de Deus".

Várias personalidades vieram prestar homenagem ao saudoso Dom Luciano. Entre outras, o presidente da CNBB, Dom Geraldo Majella Agnelo, que celebrou a missa de corpo presente, o presidente da República, Luiz Inácio Lula da Silva, o governador de Minas, Aécio Neves, e outras.

Dom Mauro Morelli, bispo emérito da Diocese de Duque de Caxias, referindo-se a Dom Luciano, disse: "Nós nos reunimos aqui para louvarmos e bendizermos esta vida. Vida de muito amor, incansável na entrega e generoso. O legado de Dom Luciano é uma das coisas preciosas que ficam para esta Igreja veterana de Mariana. [...] Amem os que são menos amados. Certamente, isso é o que ele nos pede."

O cardeal Arns, que ordenou bispo Dom Luciano, disse estas lindas e verdadeiras palavras: "Todos os que conheciam de perto Dom Luciano eram unânimes em dizer que o Pastor não dormia à noite, para que os colaboradores, os doentes, os pobres e os machucados se fortalecessem por sua oração e vigilância". E disse ainda: "A Igreja de São Paulo, de Mariana e do Brasil jamais esquecerão a figura – certamente das mais marcantes de nosso episcopado – que de nós se despede e que por todos intercede no Céu".

Essa foi a estrela Dom Luciano Mendes de Almeida, de quem temos saudade, porque somos humanos; mas nos confortam o seu legado e a sua mensagem transmitida por sua vida. Que em paz descanse!

Dom Luciano Mendes de Almeida

Dom Luiz Demétrio Valentini
Bispo de Jales-SP

Dom Luciano marcou profundamente a vida de muitas pessoas. Só o fato de ouvi-lo já servia para encher o coração de admiração por ele e de adesão ao que ele dizia. Exemplo disso foi a admirável palestra proferida no recente Congresso Eucarístico, em Florianópolis. Todos ficaram com a impressão de que o congresso teria valido a pena só pela palestra de Dom Luciano. Foi sua última obra-prima de comunicação da sua riqueza interior, que ele sabia dosar muito bem, de acordo com as circunstâncias, e sempre com esmero e exímia competência.

Ao ouvi-lo em Florianópolis, tive a nítida impressão de que ele estava deixando seu testamento final. Foi juntando os lances de sua vida que mais de perto faziam pensar no mistério de Deus, iluminado pela Eucaristia, que ele celebrava sempre com profunda fé e devoção pessoal. Terminada a palestra, pude observá-lo de perto quando ia entrando no estádio, debaixo de chuva, caminhando com dificuldade, concentrado misticamente, deixando transparecer em seu rosto tranqüilo uma profunda alegria. Com certeza, estava experimentando a satisfação do dever cumprido. Parecia dizer: "Fiz minha parte". E tinha feito!

Como muitos, também sinto o privilégio de ter partilhado momentos de intimidade com Dom Luciano que me colocam agora no compromisso de testemunhar a todos: ele foi verdadeiramente um santo. Pude acompanhá-lo de perto, desde os tempos em que era orientador de estudos no

Pio Brasileiro. Nos longos anos de incumbências na CNBB, pude sentir o apoio dele, que me inspirava uma profunda confiança e me estimulava a seguir seu empenho. E, desde 1997, tive anualmente a alegria de participar com ele das reuniões da Comissão do Sínodo da América.

Era muito gratificante conversar com ele e recordar lances de sua vida que traduziam sua profunda confiança na providência, que ele expressava com serenidade. Ele tinha consciência, por exemplo, de que Deus o tinha poupado de morrer quando ainda era jovem padre, no dia em que tinha sido escalado, no Pio Brasileiro, para acompanhar o irmão Marchi na viagem de caminhão ao norte da Itália. No acidente acontecido, acabou morrendo o pe. Hoffer, que tinha insistido em ir no lugar do "pe. Mendes". Ao lado desse episódio, ele recordava com discrição o outro acidente, que lhe tinha causado nada menos do que 27 fraturas por todo o corpo, e assim mesmo sobrevivera. Essa lembrança parecia estimulá-lo a colocar com maior generosidade a serviço de Deus a vida que a providência tinha salvo da morte.

Essa confiança na providência permitia a Dom Luciano assumir compromissos arriscados, que para outros seriam loucura, mas que para ele estavam sob medida. Na medida de sua exímia caridade. Foi assim que aconteceu, por exemplo, no dia da canonização da madre Teresa, na Praça São Pedro. A missa era de tarde. Mas Dom Luciano tinha calculado que depois da missa ele ainda podia ir ao aeroporto tomar o avião para Turim, onde durante a noite iria se encontrar com os amigos que apoiavam seus projetos sociais no Brasil e voltar cedo, na manhã seguinte, para, às 9 horas, estar a postos em nossa reunião. Mas acontece que a missa foi demorando além do previsto. Já tinha escurecido, e faltava meia hora para o avião partir, quando finalmente Dom Luciano pôde comungar, para então esgueirar-se em meio à multidão. Perguntei: "Aonde vai agora?". "Vou ao posto dos Guardas Suíços ver se me conseguem um táxi!" Não havia táxi nenhum, pois as ruas estavam bloqueadas. Mas a providência tinha outros caminhos. Justo na hora, saiu do interior do Vaticano um carro que parou no posto dos guardas, permitindo que Dom Luciano perguntasse ao estranho monsenhor: "Para onde vai?". "Para o aeroporto!", respondeu. E assim Dom Luciano pôde pegar carona e chegar pouco antes do avião fechar a porta. Até hoje me pergunto se o dito motorista era de verdade, ou se talvez não fosse um anjo enviado por Deus e paramentado de monsenhor!

O fato é que a vida de Dom Luciano só se entende à luz da providência de Deus. Até as circunstâncias em que morreu: num domingo, dia do Senhor, no aniversário de sua mãe, no mesmo dia em que Dom Helder também morrera. Todos pequenos sinais de uma grande sintonia com Deus.

A morte permitiu também que Dom Luciano usasse da mesma delicadeza que sempre teve com as autoridades eclesiais, que nem sempre compreenderam sua grandeza de ânimo. Completados 75 anos, já tinha apresentado ao Papa sua carta de renúncia. Pois bem, a morte de Dom Luciano livrou a Igreja de um constrangimento crucial: dispensar os serviços de uma pessoa tão indispensável como Dom Luciano! Deus mesmo se encarregou de aceitar, não sua renúncia, mas sua própria vida.

Agora, o povo está disposto a dispensar a Igreja de outro constrangimento: canonizar logo Dom Luciano. Pois todos já temos a completa certeza, a mesma do centurião ao pé da cruz: verdadeiramente, este homem foi um santo!

 "Dom Luciano foi sempre para os outros..."

Dom Fernando José Penteado
Bispo de Jacarezinho-PR

Dom Luciano foi sempre para os outros, viveu para os outros, em todas as dimensões. Não só para os pobres, mas também na dimensão eclesial. Ele foi pai para os pobres que não tinham lugar. Ele foi um mestre para a Igreja, com sua presença nos sínodos da América Latina, na CNBB e também quando esteve presente auxiliando a Igreja em Roma. Eu poderia falar de Dom Luciano com os menores, de seu testemunho de fé e oração, de como foi um pai para as religiosas, do grande pregador de retiro que foi, mas eu prefiro dizer: "Dom Luciano é santo".

 Em memória de Dom Luciano[1]

Dom Franco Masserdotti
**Bispo de Balsas-MA e presidente do
Conselho Indigenista Missionário (Cimi)**

Nesta hora, em Mariana, está acontecendo a celebração de despedida de nosso grande amigo Dom Luciano.
Estamos espiritualmente unidos a ele nesta sua páscoa.

---
[1] Depois de escrever estas palavras em louvor de Dom Luciano, Dom Franco Masserdotti veio a falecer, em 17 de setembro de 2006. (N.E.)

Mesmo na tristeza e na saudade, louvamos a Deus pela passagem bondosa e generosa de Dom Luciano no meio de nós, pelo seu compromisso corajoso em favor da causa indígena, pela sua amizade. A ele nossa homenagem e nossa eterna gratidão.

Em outras religiões, a morte é apresentada como a cura definitiva das doenças da vida. Para nós cristãos, a morte é algo ilegítimo, uma mancha no quadro maravilhoso da criação. É fruto do pecado, que estragou a natureza humana. Deus só planejou a vida, não a morte.

Por isso, Jesus veio a este mundo para derrotar a morte!

"Eu sou a Ressurreição e a Vida. Quem acredita em mim, mesmo que morra, viverá" (Jo 11,25). "A morte foi tragada pela vitória. Onde está, ó morte, a sua vitória? Onde está, ó morte, o seu ferrão?" (1Cor 15,55).

A morte perdeu o seu aguilhão, como uma serpente cujo veneno só é capaz agora de adormecer a vítima por algum tempo, sem poder matá-la. A morte já não é um muro diante do qual tudo se rompe, mas se tornou uma porta, uma passagem, uma "páscoa", um "Mar Vermelho", graças ao qual se entra na terra prometida.

A verdadeira morte que destrói é outra coisa. A verdadeira morte acontece quando colocamos a nossa esperança e o sentido de nossa vida na posse, no poder, no prazer desregrado, quando fechamos o nosso coração ao próximo e nos deixamos levar pelo egoísmo. A verdadeira morte é quando temos medo de perder nossa vida por causa de Jesus e do Evangelho (cf. Mt 8,35). Por isso, Dom Luciano não morreu.

Dizia padre Antônio Vieira: "No nascimento, somos filhos de nossos pais, na ressurreição, somos filhos de nossas obras". As boas obras, as obras do amor são o que conta. A vida de Dom Luciano foi uma grande caminhada de amor, cheia de boas obras.

Ele nasceu no Rio de Janeiro aos 5 de outubro de 1930, foi ordenado padre em Roma aos 5 de julho de 1958.

Como jesuíta, trabalhou a serviço de sua ordem religiosa, sobretudo no campo da formação, até sua ordenação episcopal, que aconteceu no dia 2 de maio de 1976.

Foi bispo auxiliar de São Paulo e responsável pela Pastoral do Menor (1976-1988); secretário-geral da CNBB por dois mandatos (1979-1986) e seu presidente também por dois mandatos (1987-1995); membro da Comissão Pontifícia Justiça e Paz (1996-2000); membro da Comissão do Secretariado para o Sínodo (1994-1999); primeiro vice-presidente do Celam (1995-1999); e delegado na Assembléia Especial do Sínodo dos Bispos para a América (1997).

Dom Luciano foi um pastor extraordinário por sua inteligência, por seu carinho e fineza, por sua atenção para com todos, por seu amor eclesial, por sua disponibilidade total para fazer o bem.

Ele viveu a opção pelos pobres com a coerência de sua vida, com sua constante proximidade aos excluídos, com suas posturas lúcidas e proféticas. Por tudo isso, ele entrou na história da nossa Igreja e de nosso país.

Lembro as expressões do amor de Deus para com seu povo na experiência mística de Isaías:

> Não tenha medo porque eu o redimi e o chamei pelo nome: você é meu. Quando você atravessar as águas, eu estarei com você e os rios não o afogarão; quando você passar pelo fogo, não se

queimará e a chama não o alcançará, pois eu sou Javé seu Deus […], o seu Salvador. Para pagar sua liberdade, eu dei o Egito, a Etiópia e Sabá em troca de você, porque você é precioso para mim, é digno de estima e eu o amo […]. Não tenha medo porque eu estou com você (Is 43,1-5).

A força de Dom Luciano em seu serviço de pastor tinha sua base na confiança serena em Deus. Eu pessoalmente percebi isso quando, junto com um meu confrade, fui visitá-lo no Hospital das Clínicas de São Paulo: nós nos abençoamos reciprocamente e ele me comunicou naquela hora uma profunda paz.

Foi de lá que ele enviou esta mensagem: "Estou nas mãos de Deus. Deus nos criou por amor e ele sabe o que é melhor para nós. Coloco minha vida nas suas mãos".

A confiança em Deus naquela hora sofrida de doença o abria sempre mais ao amor pelos outros. Ele dizia:

Não penso só em mim; lembro-me também das muitas vítimas de Beirute, que, infelizmente, vêm aumentando dia a dia, por falta de uma solução que possa dar fim a essa situação. São tantos os sofredores que precisam de cuidados médicos e outros muitos que morreram em conseqüência dos ataques de Israel. Lembro-me ainda dos milhares que sofrem na África. Temos que fazer algo por eles. Uno-me ao Santo Padre pedindo a paz. O mundo requer paz. A violência deve cessar. Será que o mundo não pode abrir os olhos para o drama de milhões de pessoas? Temos que mudar de mentalidade. Somos todos irmãos, feitos por Deus para a felicidade; que o sofrimento de tantas pessoas contribua para o cessar-fogo e a descoberta de um relacionamento humano verdadeiramente amigo. Peço a todos que continuem rezando pelas necessidades da humanidade. Elevemos a Deus os nossos corações. Ele pode nos salvar de toda inimizade e injustiça.

Dom Luciano recorda ao mundo que Caim continua a matar Abel, e o joio quer sufocar o trigo, mas é possível liberar o coração para fazer florescer a *vida*. Ele recorda que é importante entregar-se ao amor porque tudo o mais nos será acrescentado e porque Deus é amor.

Dom Luciano: um homem de Deus

Dom Gil Antônio Moreira
Bispo diocesano de Jundiaí-SP

O falecimento de Dom Luciano Pedro Mendes de Almeida, arcebispo de Mariana, no dia 27 de agosto, causou um grande pesar a todo o Brasil. Deixou, ao mesmo tempo, a certeza de termos convivido com um ser humano muito especial e modelar na vida de santidade. Sua extraordinária competência intelectual não o envaideceu, pelo contrário, associou-se à exemplar virtude de ser simples e terno em todo o seu agir. Deixo aqui alguns comentários sobre minha vivência pessoal com esse grande homem da Igreja, que nos dão a certeza de sua mística e nos causam ânimo na caminhada para Deus.

Certo dia, cheguei a Portugal. Fui a propósito de pesquisa, para compor minha tese sobre história da Igreja, quando estudava na Pontifícia Universidade Gregoriana, de Roma. Na cidade de Peniche, após a missa, um grupo de pessoas veio me perguntar por Dom Luciano. "Como?", interroguei-os, "vocês conhecem Dom Luciano?" "Sim", responderam, "ele esteve em Portugal pregando uma Semana Eucarística. Nunca mais o esquecemos, pela sua sabedoria, sua ciência teológica e sua afabilidade para com todos."

Após a conversa, o pároco, monsenhor Bastos, me demonstrou sua singular admiração pelo arcebispo brasileiro e me contou o fato que mais o marcou. Chegara Dom Luciano de viagem internacional para o evento. Quando o padre percebeu que trazia nas mãos apenas um pequeno embrulho de papel pardo, perguntou-lhe pela sua mala. "Não a tenho", respondeu Dom Luciano. "Não preciso mais do que este embrulho. Só lhe peço, caro monsenhor, que me mande lavar algumas peças de roupa que estão aí." Passou o pacote para a empregada. Eram peças de roupa tão simples e rotas, além de poucas, que a própria empregada se admirou. Ao final da semana de homilias e palestras, em sinal de gratidão, o pároco fez-lhe em público singela homenagem e ofereceu-lhe, em nome da comunidade, uma bonita valise de couro. Dom Luciano recebeu o presente, com visível humildade, abraçou a mala, beijou-a e agradeceu comovido. Porém, ao se despedir para ir ao aeroporto, novamente se apresentava com o mesmo pacote de papel pardo. Sorrindo, explicou ao padre: "Não me leve a mal, meu irmão; dei a mala para sua cozinheira. Ela precisará muito mais do que eu".

Esse homem viveu assim. Pobre, desapegado de todo e qualquer bem material. Tinha como única riqueza seu amor a Cristo e à Igreja.

Em 1990, ao voltar de Roma, sofreu terrível acidente de carro na estrada entre Belo Horizonte e Mariana. Quase morreu. Teve muitas fraturas no corpo inteiro, rompimento de aorta, fratura craniana grave e outras complicações. Todos rezávamos sem muita esperança, embora com plena confiança nos desígnios do amor divino. Fomos atendidos. Um ano depois, voltou, em cadeira de rodas, a Roma. Certo dia, eu mesmo, aluno do Colégio Pio Brasileiro, me ofereci para conduzi-lo do refeitório ao quarto e, no percurso, contei-lhe sobre minha tese, que versava sobre a reforma do clero em Minas na época de Dom Viçoso, sétimo bispo de Mariana. Surpreendeu-me Dom Luciano com um sentido choro, cujas lágrimas banhavam minhas mãos, que ele imediatamente tomara entre as suas. Revelou-me que havia sido miraculado por intercessão daquele bispo, seu predecessor, a quem ele e outros marianenses pediram a intervenção junto do Pai para que o curasse. Dom Luciano teve a bondade encantadora de escrever-me essa revelação, com a caligrafia da mão esquerda, pois a direita estava ainda imobilizada. Ajuntei seu precioso escrito como anexo da dissertação de mestrado.

Na ocasião do acidente, o Papa João Paulo II imediatamente lhe passou um telegrama de conforto e bênçãos. Dom Luciano respondeu-o com uma delicadeza imensa de verdadeiro amor entre santos. Escreveu apenas três palavras, em latim: *Ego diligo te!*. Era a expressão mais profunda de um amor fraternal e místico a alguém que trazia no peito um coração a bater na mesma freqüência em relação a Deus e ao próximo.

Encantava em Dom Luciano sua extraordinária capacidade de realizar tudo com plenitude. Há pessoas que conseguem resolver grandes coisas, porém falham em outras. No arcebispo de Mariana, isso não se verificava. Era capaz de dar atenção, tempo e paciência à conversa com um mendigo, mesmo que este estivesse embriagado, e era capaz de presidir a CNBB, ao mesmo tempo que era capaz de estar diante de seletos públicos de intelectuais pelo mundo afora para dissertar sobre os mais variados assuntos da cultura e da ciência.

DEUS É BOM

Em São Paulo, um conceituado médico me contou que certa vez a Sociedade dos Médicos o convidara para uma palestra de importante tema da área, relacionado à ética, para um congresso internacional de medicina, do qual participariam profissionais de renome de várias partes do mundo. Poucas horas antes, a pessoa que devia buscá-lo lhe telefona e é surpreendida pela admiração de Dom Luciano: "Mas, não é hoje a palestra; minha agenda acusa que será no mês que vem!". Porém, deu um jeito e foi. O médico responsável pelo evento o recebeu bastante decepcionado, preocupado com o insucesso da palestra, sabedor de que o palestrante não tivera nenhum tempo para prepará-la. Enganou-se. Ao final da fala, ficou boquiaberto diante do que ouviu. Nunca escutara tanta propriedade no argumento como daquela vez.

Dom Luciano era capaz dos gestos mais generosos, dignos de grande admiração. Muitos o viram andar pelas praças e ruas, noite avançada, depois de um dia exaustivo, com um saco de cobertores à mão, cobrindo os mendigos com cuidado extremo para não acordá-los. Outros são testemunhas de que para entrar em casa, ao chegar muito tarde de compromissos pastorais, tinha que saltar sobre os pobres que dormiam à sua porta. Entrava e não se dava o direito de dormir sem antes os acolher condignamente. Há testemunhas de que dava seu leito para um mendigo, enquanto ele mesmo se estendia no chão.

Esse foi Dom Luciano. Nunca o vi mal-humorado e nem irritado com alguém. Sempre tinha uma palavra para explicar, à luz do Evangelho, todas as situações. Orava com fervor, demonstrava imenso amor à Eucaristia, celebrava religiosamente a liturgia das horas e devotava singular afeição a Maria, Mãe de Jesus, a quem honrava com a prece do rosário. Quando estava no leito do hospital, em seus últimos dias, a única propriedade a que se agarrou foi o seu terço de contas desgastadas.

Seus familiares nos revelaram suas últimas palavras antes da sedação, da qual não voltou mais: "Deus é bom!".

Essa, Dom Luciano, é uma verdade perfeita. Sua vida, seu jeito de ser, seu trabalho de pastor, sua luta em favor da pessoa humana, são, para nós, que ficamos, um eloqüente discurso sobre a imensidão e a gratuidade do amor de Deus.

Ore por nós diante do Pai!

Soube diminuir-se para que Cristo brilhasse

Dom Gílio Felício
Bispo diocesano de Bagé-RS

Caros Irmãos!

Recebi a notícia da ressurreição de nosso irmão Dom Luciano Mendes de Almeida em Cristo Jesus. Ao rezar por ele, misturaram-se, em mim, de um lado, a dor da saudade e, de outro, a alegria de mais um entre os justos e santos que rezarão por nós.

Esse grande homem, pastor e irmão foi um incansável apoiador da pastoral afro, entre tantos outros atos e testemunhos praticados na sua vida, bem como um grande amigo. Sempre disposto a ouvir, aconselhar e ajudar na caminhada. Sua vida é testemunho. Tornou-se eterno entre nós porque soube diminuir-se para que Cristo brilhasse em suas palavras, se manifestasse em seu agir, sempre colocando-se como um servo fiel.

Coloquemo-nos nas mãos de Maria Santíssima, posto que, em uma hora dessas, quem melhor do que uma mãe para saber suportar a dor da perda de um filho. Da mesma forma, quem melhor para manifestar a alegria do nascimento de um filho e, nesse caso, nascimento para a eternidade junto daquele em quem cremos e que é a nossa razão, princípio e fim de nossa existência.

Estou em viagem, mas desde já transmito as minhas condolências e participo a minha dor. Já estamos em oração desde o domingo, quando tomamos conhecimento dessa notícia, que para nós é triste em nossa natureza limitada, mas é grande em alegria, pois está junto àqueles que no Céu o receberam com festa e vivas. Dom Luciano foi o testemunho em vida daquele servo que soube multiplicar os talentos. Sigamo-lo, meus irmãos, pois soube resplandecer o Cristo e os seus ensinamentos. Amém!

Do seu irmão menor em Cristo.

Um dos legados de Dom Luciano

Dom João Bosco Óliver de Faria
Bispo diocesano de Patos de Minas-MG

Passada a emoção da morte e dos funerais de Dom Luciano, trago, para nossa reflexão, algumas facetas de sua personalidade sacerdotal que sempre me impressionaram e das quais falei em muitos retiros espirituais, pregados ao clero em diversas dioceses do nosso Brasil.

HOMENAGEM A DOM LUCIANO

O fascículo 162, de junho de 1981, da *Revista Eclesiástica Brasileira*, mais conhecida como REB, publicou, na página 320, um belo e talentoso artigo de 25 páginas sob o título: "Algumas reflexões sobre a formação sacerdotal hoje", de autoria do pe. José Comblin. O estudo foi em preparação ao Sínodo sobre os Presbíteros, em Roma. Minha revista está toda sublinhada e sinalizada. Li e reli esse artigo. Pouco depois tive a oportunidade de conhecer Dom Luciano. Pude, então, verificar, prazerosamente, como ele encarnara, de modo tão simples, espontâneo e natural, aquilo que pe. Comblin sinalizara como "temas espirituais fundamentais que devem animar a formação sacerdotal".

1. "O primeiro tema é o da *disponibilidade* [grifos meus]: corresponde à disposição de Jesus ao entrar no mundo de acordo com a epístola aos Hebreus: 'Eu venho para fazer, ó Deus, a tua vontade' (Hb 10,7). Ou também a disposição de Maria: 'Eis aqui a serva do Senhor'."

Nunca vi tanta disponibilidade como a de Dom Luciano. Não sabia dizer "não"! Foi o homem do "sim"! Arrebentava-se em viagens à noite, em um Golzinho frágil, por estradas quase intransitáveis, tentando conciliar compromissos e atender aos mais diversos pedidos e solicitações de sua presença.

Era 21 de março de 1996, velório de Dom João Bergese, arcebispo de Pouso Alegre. Dom Luciano, depois de 520 quilômetros de estrada, chega por volta de 21 horas, com forte dor de dente. Foi à catedral, visitou o corpo e rezou por um bom tempo. Providenciamos um dentista. Não aceitou dormir. Fez um lanche rápido; era quase meia-noite quando voltou para a estrada para atender a um outro compromisso.

Disse-lhe: "Dom Luciano, o senhor não pode viajar em um carro frágil assim, sem conforto e à noite". Ele nada respondeu. Despediu-se, agradeceu as poucas atenções que foram possíveis oferecer-lhe e entrou no carro.

Dom Luciano é sinônimo de disponibilidade!

2. "O segundo grande tema será o da *compaixão*. A imagem culminante de Deus no cristianismo é a do Pai do filho pródigo, que sofre por ter perdido o filho. A 'compaixão' do Pai manifesta-se no comportamento de Jesus: 'Vendo a multidão, comoveu-se de compaixão, porque eles estavam enfraquecidos e abatidos como ovelhas sem pastor'" (Mt 9,36).

Quinze de outubro de 1983. Chega às minhas mãos um problema, até então, novo para mim. Um sacerdote em crise e que pedia ajuda. Autorizou-me a consultar alguém de minha confiança, protegendo sua identidade. Procurei Dom Luciano. Telefonei para São Paulo e marcamos o dia 20, às dez e meia da manhã, em sua residência, no Belenzinho. Cheguei com tempo. Sala de espera cheia de pessoas simples e humildes que batiam à sua porta. Atendeu-me com calma e atenção. Deu-me de presente um exemplar de sua tese de doutorado em ontologia. Convidou-me para almoçar. Não aceitei por duas razões: por não querer tomar seu tempo e, talvez, porque, em sua pobreza, não houvesse comida para dois. Eu já conhecia sua casa. Disse-lhe que deveria ainda passar pelo comércio em São Paulo e que deveria voltar logo à paróquia, em Minas.

Despedi-me. Levou-me à porta. Meu carro estava a uns vinte metros de distância. Quando estava dando partida no motor, Dom Luciano reaparece à porta de sua casa. Chamou-me. Fechei o carro novamente. "O que o senhor deseja, Dom Luciano?" E ele: "Olhe, você não quis almoçar e deve estar com fome. Leve estes chocolates para você comer". Recebi-os e agradeci, despedindo-me. Quando chego ao carro, as barrinhas de chocolate estavam derretendo com o calor.

Fiquei a pensar: ele me atendeu no que precisava. Convidou-me para almoçar e não aceitei. E, no entanto, não se sentiu bem enquanto não fizesse algo mais para meu conforto...

Aprendi, concretamente, a lição do pe. Comblin: compaixão é a capacidade de sentir o problema do outro, sem que ele fale, e tentar ajudar a resolver com discrição e naturalidade!

Houve outros fatos semelhantes.

Dom Luciano é sinônimo de compaixão.

3. "Enfim, o terceiro tema fundamental é o *Reino de Deus*, que está presente em Jesus crucificado e ressuscitado; esse Jesus que se torna presente na cruz e na ressurreição em todos os homens que assumem, como ele, o seu sofrimento. O olhar da fé consiste justamente nisto: ser capaz de reconhecer, nos pobres que sofrem, as disposições de Jesus na cruz e na ressurreição."

Julho de 1982. Dom Luciano prega o retiro do clero de Pouso Alegre. Pergunto ao meu arcebispo: "O Senhor tem alguém que leve Dom Luciano?". E ele: "Não". Respondi-lhe: "Então tem!".

Sabia que, à noite, no escuro, ele não poderia ler... Teria tempo para conversarmos. Paramos em Itaici-SP: uma conferência para os sacerdotes novos, jesuítas, ordenados nos últimos cinco anos.

O envelope que recebera do sr. arcebispo passou-o – sem ver o conteúdo – a um jovem sacerdote jesuíta que lhe confidenciara seus problemas.

Seguimos para São Paulo, aonde chegamos à uma e meia da tarde. Ele já havia nos falado, no retiro, que morrera, naquele dia, um seu vizinho, de origem eslava e sem parentes e que provavelmente não haveria ninguém em seu velório.

Fomos diretamente ao velório, nas dependências da diocese. Havia um senhor e uma religiosa com o falecido. Dom Luciano rezou por um tempo. Levou-me depois à sua casa. Esquentou uma sopa e mostrou-me um quarto. Levantei-me cedo. Cheguei ao velório às seis e meia. Dom Luciano estava de pé, rezando o terço e velando o corpo daquele pobre senhor.

Não haveria nenhum retorno humano por aquele seu gesto! Ele tinha pela frente um outro dia cheio de compromissos!

Só pelo Reino de Deus!

Dom Luciano é sinônimo de amor ao Reino de Deus.

4. "Ao terceiro tema está ligado o quarto, que é, antes, uma parte do mesmo, mas convém destacá-lo de modo especial: é o tema do *serviço*. O sacerdócio é serviço. [...] por conseguinte, os seminaristas deverão necessariamente aprender a servir, fazer experiências concretas de serviço real – isto é, material, físico – aos pobres."

Dom Luciano sofria, visivelmente, quando não conseguia ajudar, como queria, aos que o procuravam. Servia pela alegria de servir.

No ano de seu jubileu, estávamos lado a lado em Itaici, na Assembléia dos Bispos. Nos tempos neutros, ele punha sua correspondência em dia e eu lhe fechava os envelopes. Disse-lhe baixinho: "Vou acrescentar no meu currículo que fui secretário de Dom Luciano". Ele sorriu.

Estava para acontecer, em Roma, o encontro do G8. O presidente da Itália pediu sua ajuda. Dom Luciano saiu sem nada dizer. Uma noite de viagem, um dia de trabalho em Roma, outra noite de viagem. Entrou discretamente no auditório da assembléia, sem nada dizer, como se nada tivesse acontecido de especial. Era mais um serviço...

Sua grande alegria estava no servir aos pobres. E ele sabia fazê-lo sem se colocar acima do pobre.

Dia 28 de maio de 1988. Cerimônia de posse como arcebispo de Mariana.

Na homilia, sua voz ficou embargada por duas vezes, fazendo uma pequena pausa para continuar. Chorou quando falou de seus pobres no Belenzinho. Chorou quando falou agradecendo e se despedindo de seus padres. Quatro deles estavam ao lado do altar. Voltei-me para eles: um enxugava as lágrimas na manga de sua túnica e o outro na estola! Amor recíproco.

Dom Luciano foi uma chama acesa que iluminou e aqueceu muitos. Só se apagou quando queimou a última gota de cera que a alimentava.

Dom Luciano = Sacerdócio = Disponibilidade = Compaixão = Reino de Deus = Serviço.

No dia 27 de agosto, fechou-se um lindo livro escrito por Deus. Chamava-se Dom Luciano. Quem leu, leu!

Tributo a
Dom Luciano Mendes de Almeida

Dom Pedro Stringhini
**Bispo auxiliar de São Paulo, responsável pela
Região Episcopal Belém, para a qual, há trinta anos,
Dom Luciano foi designado, ao ser ordenado bispo**

O mundo precisa de pessoas capazes, lúcidas, generosas. Dom Luciano mostrou que pessoas assim existem e semeiam esperança.

Aos 27 de agosto, festa de Santa Mônica, mãe do bispo Santo Agostinho, faleceu, aos 75 anos, Dom Luciano Mendes de Almeida. Seria aniversário de sua falecida mãe, data em que ele recebeu o sacramento da crisma e sétimo aniversário de morte de Dom Helder Câmara. Tudo muito mais que coincidências!

Dia 28 de agosto, dia de Santo Agostinho (filósofo, teólogo e bispo do quarto século d.c.), Dom Luciano, igualmente teólogo, filósofo e bispo, recebeu, na repleta Catedral da Sé, em missa presidida pelo cardeal Dom Cláudio Hummes, arcebispo de São Paulo, a homenagem da Igreja e da cidade, com a presença do prefeito municipal, autoridades, católicos, representantes de outras Igrejas, membros das pastorais, crianças de projetos sociais da igreja e moradores de rua.

Todos conheciam pessoalmente Dom Luciano e eram por ele conhecidos. Sua missão foi unir, congregar, conciliar, romper barreiras de distância ou de discórdia. O presidente da República, com todo o Brasil, acompanhou atento os quarenta dias de Dom Luciano no Hospital das Clínicas. Em São Paulo, prestou sincera, pessoal e pública homenagem de reconhecimento a um homem que, nas últimas décadas, contribuiu para o avanço democrático e social do país.

Nascido em 5 de outubro de 1930, Dom Luciano foi ordenado sacerdote jesuíta em Roma, em 1958. Em 1976, foi ordenado bispo por Dom Paulo Evaristo Arns, tornando-se responsável pela Região Episcopal Belém (o Belenzinho), na Zona Leste de São Paulo. Em 1988, foi nomeado arcebispo de Mariana. Lá, durante 18 anos, guiou o povo católico, percorrendo longas distâncias nas visitas às comunidades, crismando dezenas de milhares de jovens, criando projetos de promoção humana, promovendo a conservação do patrimônio histórico colonial das igrejas, a formação dos leigos, as vocações sacerdotais, amparando pessoalmente os pobres.

Homem de grande mente e grande coração, de brilhante comunicação e inteligência privilegiada, tratava todos com humildade e simplicidade, escutando e compreendendo cada pessoa na sua situação. Como estudante, neo-sacerdote e professor, em Roma, iniciou seu apostolado junto aos presos. Daí em diante, só aumentaram seu dinamismo, capacidade de trabalho, dedicação incansável, espírito de sacrifício, intensa ascese espiritual, oração, fidelidade. Exemplo e referência para o episcopado nacional, admirado e respeitado pelos bispos, Dom Luciano ocupou, por 16 anos, os cargos de secretário-geral e presidente da CNBB.

Com serenidade, firmeza, autoridade e diálogo com o governo, ajudou a encontrar soluções para difíceis questões sociais e políticas nacionais. Em 1981, os conflitos de terra no sul do Pará (Araguaia) levaram à prisão dois padres franceses, em cuja defesa Dom Luciano atuou com veemência,

DEUS É BOM

defendendo, em nome da CNBB, a reforma agrária e políticas agrícolas eficazes, abrangentes e duradouras.

Defendeu com firmeza os direitos da pessoa humana, especialmente os direitos sociais à moradia, saúde, educação, apoiando, na Zona Leste de São Paulo, a criação do Movimento de Defesa do Favelado. Logo que chegou ao Belém, a partir de visitas à Febem, iniciou a Pastoral do Menor, hoje expressiva em todo o país. Para moradores de rua, Dom Luciano criou a Casa São Martinho e o Arsenal da Esperança.

Defensor convicto e incansável da causa indígena, ajudou no processo que culminou na vitoriosa demarcação da reserva Raposa/Serra do Sol, em Roraima. Em 2002, inspirou os bispos do Brasil a aprovarem, unanimemente, o Mutirão de Superação da Miséria e da Fome, com a construção de cisternas no Nordeste e o apoio à agricultura familiar.

Teve atuação decisiva nas Conferências Episcopais Latino-Americanas de Puebla (1979) e Santo Domingo (1992). Foi delegado em diversos sínodos dos bispos em Roma e eleito para a Conferência Episcopal de Aparecida, no próximo ano. O esforço pela paz o levou, anos atrás, ao Líbano.

No leito do hospital, repetia sempre: "Rezemos pelo Líbano e por Israel". A Igreja e o mundo precisam de pessoas capazes, lúcidas, generosas. Soluções só virão com grandeza de espírito, em que causas nobres e urgentes sejam colocadas acima dos interesses individuais e pequenos. Dom Luciano mostrou que pessoas assim existem, marcam, fazem diferença, semeiam esperança, acreditam no ser humano.

Sua profunda fé em Deus fez do centro do seu pensamento e do seu ensino o tema da pessoa humana e sua dignidade. Sofria ao pensar que a sociedade atual, avançada tecnologicamente, não só permite o drama dos que passam fome, sobretudo na África, como se mantém indiferente a ele. Repudiou a insensatez da fabricação de armas para matar inocentes.

Com sua lucidez, profetismo, testemunho eloqüente de caridade, bondade e santidade, resumia-se simplesmente como uma pessoa feliz. Na doença, costumava dizer: "Estou nas mãos de Deus" ou "Deus é bom". Seu serviço sacerdotal e episcopal, traduzido em testemunho de amor a Deus, à Igreja e aos pobres, foi realizado, como diz seu lema, "em nome de Jesus", cumprindo o que disse Santo Agostinho: "Para vocês, sou bispo; com vocês, sou cristão".

X

🐟 Dom Luciano, reza por nós

Frei Patrício Alessandro Sciadini, ocd
**Membro da Ordem da Bem-Aventurada
Virgem Maria do Monte Carmelo – Carmelitas Descalços**

Todos nós sentimos dor no coração pela morte de um amigo, de um profeta, de um pai, de alguém que, ao longo de sua vida, teve uma única preocupação: amar a Deus e torná-lo amado. Dom Luciano (Mendes de Almeida) foi chamado por Deus para voltar à Casa do Pai depois de uma longa e silenciosa doença. A dor há muito tempo era sua amiga.

Sabia viver o Evangelho e viveu tornando-se semelhante a Jesus, que por onde passou "fazia o bem a todos". Esse "fazer o bem" é que fazia de Dom Luciano uma pessoa amada, querida, uma pessoa diferente, que tinha o dom de escutar o grito de todos e de se comover. Dom Luciano sabia chorar com as pessoas, possuía a chave do coração. A sua palavra meiga, o seu olhar cheio de ternura e sua bondade eram marcas fundamentais da vida desse pastor incansável, que tinha o dom de conquistar não com discursos difíceis, mas sim com palavras que, com sabedoria, sabia buscar no mais fundo do coração de Deus e no "baú" das Sagradas Escrituras.

Toda a Igreja do Brasil, da América Latina e do mundo é devedora em alguma coisa a Dom Luciano, à sua palavra sempre cheia de esperança. Sabia olhar o futuro sem pessimismo. Não me recordo de ter visto Dom Luciano pessimista. Eu mesmo esperava o sábado para ler na *Folha de S. Paulo* os seus artigos, sempre em sintonia com o momento especial do mundo, mas particularmente em harmonia com a mensagem da palavra de Deus. Em nenhum momento, era capaz de ferir alguém. Homem discreto, silencioso, que cobria com o manto da caridade as "multidões de faltas". O que mais lhe custava era ter de tomar decisões que, em certo sentido, ferissem a sensibilidade e a humanidade de alguém.

Foi um mestre do Evangelho, amante, apaixonado dos pobres, das crianças, de todos os que estão à margem. Sempre tinha a certeza de encontrar em Dom Luciano um amigo capaz de tirar o seu "paletó" já surrado para doá-lo a alguém. Lá no Céu não terá mais necessidade de paletó, mas será, sem dúvida, o nosso intercessor, amigo de Deus, que passará o seu tempo pedindo por nós, peregrinos nesta terra.

Os exemplos de "Dom são Luciano" são exemplos vivos que ninguém poderá escrever, mas que todos podemos imitar. Eu tive em Dom Luciano um amigo, não de todos os dias, mas de todas as horas em que precisei. Sempre me acolheu com o amor de irmão, amigo e pastor. A sua oração e a sua simplicidade são sinais proféticos para o mundo e para a Igreja de hoje. A sua obediência silenciosa e sofrida é força nos momentos difíceis.

Dom Luciano Mendes e o Cenplafam

Heloísa Pereira
Presidente do Cenplafam

Irmã Martha S. Bhering
Ex-presidente do Cenplafam

Os Centros de Planejamento Natural da Família (Cenplafam) do Brasil tiveram sempre em Dom Luciano (Mendes de Almeida) um grande amigo, incentivador e conselheiro. A sua presença na sede nacional em São Paulo, que ele ajudou a adquirir, foi sempre uma presença de paz e de esperança.

São grandes os homens que podem deixar uma herança-testemunho que deve ser conservada e imitada. Na nossa área específica de trabalho, a marca que Dom Luciano deixa é a do valor e da importância da orientação para os nossos jovens e casais, para que vivam com dignidade e plenitude a sua sexualidade e gerem com responsabilidade os seus filhos.

Orientou para que os nossos agentes-instrutores tenham sempre uma atitude pastoral de compreensão e de respeito para com todas as pessoas. Respeitar sempre o direito do exercício da liberdade de escolha de consciência dos casais. Propor a eles o planejamento natural com competência e segurança, conscientes de estarem apresentando algo bom, eticamente aceitável, de valorização da saúde e da vida.

Insistiu para que o planejamento familiar sempre faça parte da formação integral, para a vivência do amor conjugal, nos passos concretos da vida. Como amou especialmente as crianças, os adolescentes e jovens, deu testemunho do significado do "gerar a vida", do "chamar alguém a existir" e da responsabilidade que tal gesto significa.

A sua sensibilidade para compreender as dificuldades das pessoas mais pobres e dos casais que precisam lutar bravamente para garantir o criar com dignidade os filhos ensinou-nos a ter sempre uma atitude de profunda compreensão. Colocar-se no lugar das pessoas sempre nos ajudará verdadeiramente a servi-las.

Dom Luciano partiu para o seio do "Bom Deus" para viver a eternidade do amor, agora sem limitações de espaço e tempo. Estamos convictos, juntamente com todas as pessoas que ele tanto amou e serviu e com todos os movimentos que se colocam junto com os mais pobres, desamparados e esquecidos na busca de mais vida com dignidade, de que podemos contar com um santo protetor.

 Pelo amor aos pobres e ao Evangelho

Irmã Elisabete Bernardi, fscj
Provincial das Irmãs Filhas do Sagrado Coração de Jesus

Prezados bispos, sacerdotes, religiosos e povo de Deus da Igreja de Mariana:

Nós, Irmãs Filhas do Sagrado Coração de Jesus da Província Nossa Senhora Aparecida de Porto Alegre, lamentamos a morte de Dom Luciano e nos solidarizamos com a Igreja de Mariana neste momento de dor e perda. Na certeza da ressurreição, cremos que Dom Luciano cumpriu sua missão, sendo um novo intercessor junto ao Deus-Trindade – o Deus da compaixão e misericórdia.

Ele sempre será lembrado com muito carinho e gratidão pela marca de bondade e doação silenciosa, pela alegria e dedicação, pelo amor aos pobres e ao Evangelho, pela coragem profética e mansidão... Com certeza, seu testemunho de vida será uma semente fecunda que continuará a frutificar, sendo estímulo para cada cristão(ã), sobretudo aos que se sentem chamados para seguir Cristo e seu Evangelho de um jeito mais radical.

Na comunhão de preces, sintam-nos muito próximas, compartilhando a dor da perda, mas, sobretudo, compartilhando da certeza da recompensa que Dom Luciano está recebendo do coração misericordioso do Pai.

Roma, 29 de agosto de 2006.
Na memória do Martírio de São João Batista

Estavam lá os preferidos de Deus e dele

Irmã Laíde Sonda, pddm
Assessora de arte sacra da CNBB

Acabo de voltar da missa de Dom Luciano... Emocionante, triste e linda ao mesmo tempo!

Os pobres estavam lá, estavam os simples, os preferidos de Deus e dele, Dom Luciano.

Senti a forte e grande vontade de gritar: "é santo!". O povo gritou e de sua convicção mais profunda saiu o grito: "Santo!".

Estou triste, mas, quando sinto isso, uma força interior me diz: "Nós não o perdemos, mas o ganhamos, e sabemos que, quando o desânimo vier, ele nos ajudará".

Quando tivermos vontade de abandonar tudo porque achamos que não tem jeito, ele nos dirá: "Não desanime!".

O *Dom*, que foi o grande *dom* para a nossa Igreja e para o Brasil, estará conosco nas nossas lutas.

O irmão dele disse que ele pediu para que não esqueçamos os pobres..., eis o testamento!

Rezo em comunhão com todos.

"Quero prestar minha carinhosa homenagem..."

Irmã Maria Luiza Luca, ascj
Universidade do Sagrado Coração, Bauru-SP

Quero prestar minha carinhosa homenagem ao "mundial amigo" Dom Luciano Mendes de Almeida.

Homem segundo o coração de Deus

Irmã Oneide Helena Potric
Superiora Provincial das Irmãs Missionárias de São Carlos Borromeo, Província Nossa Senhora Aparecida-SP

Um profeta não morre, nunca. É uma semente levada nas asas do vento. Não sabemos onde e quando dará seus frutos, pois desconhecemos a extensão de quantas terras foram fecundadas ao longo de sua existência. Assim se foi nosso querido "santo", carregado pelos braços do Bom Pastor.

Para nós, Irmãs Missionárias de São Carlos Borromeo – Scalabrinianas, para os migrantes e pobres, para toda a vida religiosa consagrada no Brasil, e todos os que ainda peregrinamos neste mundo, a sua partida é uma grande dor, mas ao mesmo tempo uma consolação inefável. Fazemos memória de nosso querido irmão e amigo Dom Luciano, acolhendo seu testamento nos momentos finais nesta terra: "Deus é bom! Não se esqueçam dos meus pobres!".

Manifestamos nossa solidariedade, carinho e apreço aos familiares de Dom Luciano, à querida Companhia de Jesus e a toda a Igreja no Brasil, através do Episcopado Brasileiro – CNBB, com grande estima, gratidão e preces.

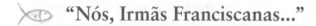 "Nós, Irmãs Franciscanas..."

Irmã Salete Veronica Dal Mago
**Superiora-geral das Irmãs Franciscanas do Brasil,
Porto Alegre-RS**

*Louvado seja meu Senhor pela Irmã Morte
Corporal, da qual homem algum pode escapar.*
(São Francisco de Assis)

Nós, Irmãs Franciscanas de Nossa Senhora Aparecida, Porto Alegre, manifestamos nossa solidariedade, através do presidente da CNBB, Dom Geraldo, a toda a Igreja do Brasil e, em especial, à Igreja particular de Mariana, neste momento de dor, pela passagem de nosso irmão Dom Luciano Mendes de Almeida.

Acreditamos que a vida e a missão de Dom Luciano comprometidas com os empobrecidos de nosso país, como semente lançada à terra, germinará em sementes de vida e esperança para a Igreja e para nosso país, especialmente para os menos favorecidos.

Temos certeza de que o Deus-Trindade, em seu coração misericordioso, já o acolheu em seu seio e o recompensará pelo testemunho de doação, entrega e amor aos mais pobres e à Igreja.

Na comunhão e solidariedade, compartilhamos deste momento reafirmando nossa fé no Deus de nossa esperança!

Em união e preces!

 "Quando eu era diretora..."

Irmã Rosana Araújo Viveiros
Congregação das Irmãs Auxiliares de Nossa Senhora da Piedade

Quando eu era diretora do Colégio Nossa Senhora de Lourdes, em Lavras, solicitei algumas vezes a presença de Dom Luciano e o que mais me marcou em sua presença é que ele não sabia dizer não e fazia uma ginástica para atender os pedidos que recebia. E fazia isso com uma alegria e serenidade que em outras ocasiões evitei chamá-lo para poupar-lhe esforços, pois sabia que ele mesmo não faria isso. Sua alegria em servir era tão visível que quando íamos nos despedir até parecia que era eu quem estava lhe prestando o serviço. E quando ele não podia, demonstrava que sentia por isso e até pedia desculpas.

Ao lado de tanta alegria e leveza de ser, manifestava também uma firmeza sem par.

Tive a graça de participar de um retiro orientado por ele e o que mais me chamou a atenção foi seu carinho e devoção com a oração da liturgia das horas, que ele fazia questão de rezar conosco todos os dias. Foi uma bênção. E foi meu último encontro com ele: janeiro de 2005.

Tenho Dom Luciano dentro de meu coração e sempre rezo por ele e com ele.

Atenciosamente.

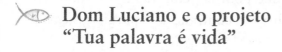

Dom Luciano e o projeto "Tua palavra é vida"

Irmão Claudino Falchetto
Irmão Marista

Neste momento de luto e de alegria para a Igreja do Brasil, quero unir-me à CNBB para homenagear Dom Luciano como pessoa, religioso e pastor.

Tive a felicidade de constatar, em muitos momentos importantes da Igreja e da vida religiosa, o quanto Dom Luciano era centrado no essencial, respeitoso com as pessoas, profundo ouvinte, sobretudo daqueles que tinham dores ou sofrimentos para contar.

Recordo sua clarividência e senso pastoral quando salvou o projeto "Tua palavra é vida", da Conferência Latino-Americana dos Religiosos (CLAR), que foi tirado dos corações dos religiosos em quase todos os países da América Latina. Dom Luciano salvou o projeto para a Conferência dos Religiosos do Brasil (CRB), fazendo-o passar pela comissão de doutrina da CNBB e interessando-se pessoalmente para que os religiosos pudessem participar do então chamado de João Paulo II para a cruzada de uma Nova Evangelização.

Recordo-me da emoção e das lágrimas vertidas por Dom Luciano quando tomou posse na Arquidiocese de Mariana, ao citar os "pobres", e "meus padres", que deixara em São Paulo. Os pobres foram para ele a presença de Jesus e por eles esquecia-se de si mesmo.

Louvo a Deus por ter dado à Igreja e à vida religiosa o testemunho desse que pode ser considerado verdadeiro santo. Que lá do alto ele continue a espargir graças e bênçãos!

Dom Luciano, o profeta do amor

Missionárias do Sagrado Coração de Jesus

Nós, Missionárias do Sagrado Coração de Jesus, professando a fé na ressurreição, no nascimento de Dom Luciano para a glória de Deus, unimo-nos à CNBB, à Arquidiocese de Mariana e aos familiares Mendes de Almeida.

Bendizemos a Deus pelo testemunho de Dom Luciano, o *profeta do amor*, e confiamos na paz e felicidade eternas de nosso querido irmão.

Um novo nascimento para a Igreja, para todos nós que sofremos a dor da perda.

Um novo nascimento que fica inscrito no Céu e em nossos corações na terra.

Que possamos receber a herança dos santos no aprendizado do amor, da escuta e da profecia.

"O Mosteiro da Santa Cruz..."

Monjas beneditinas de Juiz de Fora-MG

O Mosteiro da Santa Cruz, pertencente à Congregação Beneditina do Brasil, na Arquidiocese de Juiz de Fora, manifesta seus sentimentos de pesar a todos os familiares de Dom Luciano Pedro Mendes de Almeida, à Igreja do Brasil e em especial à Arquidiocese de Mariana, neste momento de dor que permeia nossos corações.

Confiantes na proteção de todos os santos e na filial intercessão de Nossa Senhora, bendigamos o Senhor, que chamou a si seu filho dileto e o cumulará das alegrias celestes.

Dom Luciano Pedro Mendes de Almeida: sabedoria e amor pelos pobres

Monsenhor Antonio Rômulo Zagotto
Vigário geral da Diocese de Cachoeiro de Itapemirim-ES

Tive poucos contatos com Dom Luciano. Mas sempre o admirei muito. Encantavam-me nele sua sabedoria, seu jeito simples de ser e seu amor pelos pobres. Quantas vezes, parecendo estar ausente, quase cochilando, acompanhava as longas discussões que não levavam a nada, parecendo estar em outro planeta, e timidamente levantava a mão e, percorrendo tudo aquilo que havia sido discutido, apresentava uma solução sábia e definitiva.

Quantos documentos inteiros saíram de suas mãos, escritos noite adentro e apresentados pela manhã, sem necessidade de correções e acréscimos. É antológica sua presença e sua participação na Conferência de Santo Domingo: o texto que veio pronto foi alterado por Dom Luciano, que conseguiu dar um rosto latino-americano ao original. Graças a ele, a CNBB pôde lançar documentos iluminadores para a Igreja do Brasil.

Feito bispo, nem o parecia. Auxiliar de São Paulo, na pujança do pastoreio do cardeal Dom Paulo Evaristo Arns, ficou no cargo sem almejar títulos e postos. Pela sua capacidade e projeção, poderia ter sido nomeado para cargos importantes e feito carreira, quem sabe, em Roma. Foi para Mariana, para espanto e admiração de todos! Sem desmerecer Mariana... Pensava-se para ele a sede de Salvador, para depois fazê-lo cardeal. Mas não! "Estou em paz, feliz em obedecer e desejoso de servir", reagiu, ao assumir a nova missão.

Mas a marca registrada de Dom Luciano foi o seu amor pelos pobres. Consumia suas noites, quando as tinha livres, para estar com os pobres de rua. Levava a eles seus cobertores e, como conta Dom Arns, uma noite levou um deles para dormir em sua cama, enquanto ele mesmo dormia no chão. Os pobres – em todos os sentidos – tiveram nele seu defensor.

Lutou pela democracia, pela reforma agrária, pelos presos do golpe militar, pelos índios... Lutou em defesa dos direitos humanos, num momento em que quem levantasse a voz corria o risco de ser preso, torturado e morto. Profeta corajoso.

Guardo dele uma lembrança pessoal: quando veio pregar o retiro para nós padres, pedi que escrevesse uma carta para nossas comunidades que estavam se formando na Paróquia Nosso Senhor dos Passos. Prontamente fui atendido e marquei esse momento para a posteridade com uma foto que vai entrar para a minha galeria de fotos importantes. Nesse retiro, recebemos dele a lição importante: numa noite, nos reunimos no pátio de Boa Esperança e nos lavamos os pés uns dos outros. Dom Luciano dizia para nós padres: "Todos devemos fazer parte de um sindicato: o sindicato dos lavadores de pés".

Nunca me esqueci dessa lição! De família nobre, fez sua opção pela pobreza, despojando-se de tudo. Com certeza para nós, o nosso Cura D'Ars! Obrigado, Dom Luciano Pedro Mendes de Almeida, pela sua vida doada à Igreja e aos pobres.

Querido Dom Luciano

Padre Alfredo J. Gonçalves, cs
Assessor do Setor Pastoral Social da CNBB e da Secretaria Nacional do Grito dos Excluídos

Amigo e companheiro, pastor e profeta,
talvez o silêncio, respeitoso e reverente,
seja a homenagem mais apropriada
para relembrar a tua presença tão querida entre nós
e para celebrar a tua partida para a Casa do Pai.
Só ele, o silêncio respeitoso e reverente,
será capaz de expressar, ao mesmo tempo,
tua energia profética e tua doce ternura.
Sinto que as palavras, quaisquer palavras,

estão muito aquém desse mistério
que é o dom de tua vocação e tua entrega;
noto que elas, as palavras, quaisquer palavras,
mais escondem do que revelam
a força incontida de tua ação missionária.
Como descrever esse coração paterno e materno,
em que todos se sentiam em sua própria casa?
Como falar desse olhar alegre, vivo e atento,
reflexo de uma alma onde a paz encontrou morada?
Como fazer justiça a esse sorriso afável e aberto,
que a nada e a ninguém deixava do lado de fora?
Que dizer dessa inteligência arguta e lúcida,
luz viva em meio à escuridão de nosso tempo?
De que forma traduzir a habilidade dessas mãos incansáveis,
capazes de transfigurar o que tocavam e acariciavam?
Com que cores pintar essa imagem simples e profunda,
que a exemplo do Mestre "passou pelo mundo fazendo o bem"?
As palavras, quaisquer palavras,
        são pequenas diante de tua grandeza,
não dão conta de explicar os segredos
        ocultos de tua sabedoria.
Homem de Deus, homem da Igreja, homem do mundo,
pastor e pai dos pobres, dos pequenos, dos indefesos;
amigo e companheiro de todas as vidas ameaçadas,
voz profética dos silenciados de todos os tempos,
presença fiel ao lado das vítimas da história.
Mesmo assim, não resisto à vontade de dizer-te "adeus"!
E a todos dizer que partes, mas ficas para sempre entre nós:
a "Casa do Pai" é tua morada definitiva e eterna,
porque a ela encaminhaste tantos corações
        que se haviam perdido;

Deus é bom
Homenagem a Dom Luciano

O sorriso de Dom Luciano, ainda menino, se manteve por toda a sua vida, sempre sereno, para doar-se ao outro.

Seus pais, Candido Mendes de Almeida Jr. e Emilia de Mello Vieira Mendes de Almeida, foram presença constante, mesmo quando Dom Luciano, ainda adolescente, foi estudar no Colégio Anchieta, em Nova Friburgo (RJ), já no caminho de sua vocação.

Os primeiros estudos de Dom Luciano (em primeiro plano, ajoelhado, na foto acima) foram feitos no tradicional Colégio Coração Eucarístico, à época sob a orientação de Dom Sebastião Leme, no centro, tendo à sua esquerda seu irmão mais velho, Candido Mendes.

Dom Luciano, em sua Primeira Eucaristia.

Adolescente, no Colégio Santo Inácio, a vocação religiosa já havia surgido. Dom Luciano é o quinto, da esquerda para a direita, na segunda fila de baixo para cima.

Dom Luciano, em Roma, com sua mãe, Emilia, à época de seus estudos na Pontifícia Universidade Gregoriana.

Dom Luciano recebe os cumprimentos de Pio XII, juntamente com seus pais, Candido e Emilia.

Dom Luciano celebrando sua primeira missa, tendo à sua direita seu irmão Luiz Fernando.

Dom Luciano e família: a irmã Elisa, sua mãe Emilia, seu pai Candido Mendes de Almeida Jr., a irmã Maria da Glória e os irmãos Candido Mendes, Antonio Luiz, Luiz Fernando e João Theotonio.

A ordenação episcopal de Dom Luciano deu-se, em 1976,
pelas mãos de Dom Paulo Evaristo Arns.

Tanto na Secretaria-Geral quanto na Presidência da CNBB, entre 1979 e 1995, Dom Luciano teve uma atuação serena, mas firme, na defesa dos pobres e ajudou a encontrar soluções para delicadas questões sociais e políticas nacionais.

Dom Luciano, Dom Paulo Evaristo Arns e seu irmão Candido.

Ernesto Olivero, fundador do Arsenal da Paz,
nos anos 1960, em Turim, Itália, grande amigo de Dom Luciano,
foi por ele chamado para criar no Brasil uma instituição semelhante,
para acolher moradores de rua.

Pelas funções que exerceu à frente da CNBB, do Conselho Pontifício Justiça e Paz, do Celam e do Sínodo dos Bispos, Dom Luciano encontrava-se regularmente com João Paulo II e com Bento XVI, no Vaticano. Mas ele gostava mesmo era de estar com os seus pobres.

A ausência de sua irmã Elisa, falecida aproximadamente seis meses antes dele, marcou profundamente Dom Luciano. Segundo Luiz Fernando, seu irmão, ela era sua interlocutora freqüente. E seu sorriso, sempre sereno, pela primeira vez parecia triste.

Exemplo de bondade, Dom Luciano atendia a todos.

Dom Luciano, que tinha um forte sentimento de família,
sempre voltava ao seio dela quando sua intensa
atividade pastoral lhe permitia.

Todos recebiam sua atenção.

Arquivo da Família

mas nenhum vento ou tempestade poderá jamais apagar
as pegadas de teus passos na face desta terra,
 que tanto amaste;
tua memória será luz em nossos caminhos,
como o foram teu testemunho, tuas obras e tuas palavras.
Não, as palavras não alcançam tudo o que quero dizer,
mal conseguem esboçar os contornos de tua imagem!
Por isso volto ao silêncio respeitoso e reverente.

Dom Luciano, solicitude pastoral a toda hora

> *Padre Antonio Valentini Neto*
> Pároco da Catedral de São José, Erexim-RS.
> Ex-subsecretário da CNBB na época em que
> Dom Luciano foi presidente

Em 1998, foi-me pedido um depoimento a respeito de Dom Luciano. Pode parecer defasado para este momento. Mas transcrevo-o tal e qual para comprovar a admiração que já lhe devotava e que se sacramenta na sua páscoa definitiva. Acompanhando de longe, mas de perto na oração, seu velório e suas exéquias, renovo minha gratidão a Deus por tudo o que ele realizou em e por meio de Dom Luciano. Com palavras de mais tempo, minha perene lembrança:

> Na CNBB, Dom Luciano encarnava a razão de ser da própria Conferência Episcopal: aprofundar cada vez mais a comunhão dos bispos. [...] Mostrar solicitude pela Igreja Universal através da comunhão e da colaboração com a Sé Apostólica e com as outras conferências episcopais. Informado de doença ou qualquer dificuldade de algum bispo, lá estava ele telefonando para obter maiores informações e manifestar solidariedade.

Testemunhava profunda veneração pelo Papa. Certa vez, solicitou-me providenciar algo, acrescentando, com todo respeito: "É o Papa que quer". Vendo um dia em minha mesa a biografia de João Paulo II, por ocasião de seus 75 anos, que eu fizera para o boletim da diocese (Erexim-RS), no qual mantenho uma coluna, logo disse: "Vamos colocar também no *Comunicado Mensal* [Documentário da CNBB] como homenagem a ele".

Impressionava-me como Dom Luciano acompanhava o dia-a-dia da CNBB. Às vezes, em viagem ao exterior, telefonava para saber de alguma novidade, para perguntar por encaminhamentos de reuniões, para sugerir providências. Em compromissos no interior de sua arquidiocese, viajando pelo país ou pelo exterior, a gente o percebia muito presente.

Dom Luciano zelava pela presença pública da Igreja, pela imagem da CNBB na sociedade. Marcava presença pessoalmente ou por delegados em eventos significativos. Diante de desafios, de situações conflitivas, de problemas sociais, tomava posição, após diversas consultas, buscando ser profundamente evangélico, estar plenamente em sintonia com a doutrina social da Igreja e em unidade com os bispos.

Outro traço marcante era sua capacidade e ritmo de trabalho. Normalmente, dormia poucas horas por noite. Chegou a passar noites sem deitar. Em meio às múltiplas atividades, encontrava jeito para atenções aos funcionários, aos assessores, a muitas pessoas que o procuravam.

Qual o segredo de tanta vitalidade, de tanta solicitude pela Igreja?

Sua intensa espiritualidade. Em Dom Luciano se conjugam o homem de ação intensa e o de contemplação profunda. Muitas vezes, ao levá-lo do aeroporto à CNBB, ele ia direto para a capela para celebrar a Eucaristia e para rezar a liturgia das horas.

Sou imensamente grato a Deus pela graça de ter vivido e trabalhado na CNBB com Dom Luciano.

Erexim, 15 de maio de 1998.

"Voltando da minha paróquia no interior..."

Padre Aristides Camio
Um dos dois assim chamados "padres franceses"
dos anos 1981-1984.

Caros amigos da CNBB:

Voltando da minha paróquia no interior, ontem, achei a notícia da morte de Dom Luciano Mendes de Almeida.

Ele foi para o repouso bem merecido na Casa do Pai, depois de ter batalhado firme a vida toda pela justiça e a libertação do povo brasileiro das forças de morte, que o oprimiam.

Durante o nosso tempo de cadeia, ele foi, junto com o Dom José Hanrahan, mais do que o nosso sustento nesse momento difícil, o nosso amigo querido.

Nota: Por enquanto, estou trabalhando na Tailândia junto à fronteira do Laos, de onde fui expulso em 1976, antes de ir trabalhar no Brasil. Estou encalhado na fronteira, não podendo voltar a trabalhar na minha diocese de então. As autoridades não deixam os estrangeiros entrarem para trabalhar. Na minha diocese, há só um bispo e dois padres, por enquanto...

Muitos abraços. Saudades do Brasil!!!

Obrigado, Dom Luciano!

Padre José de Nadai
Pároco da igreja Divino Salvador, Campinas-SP;
subsecretário geral da CNBB entre 1986 e 1990

Dom Luciano Mendes de Almeida foi muito gente! Humano! Profundamente humano! Sabia dialogar com sabedoria, respeito e firmeza, com todo tipo de autoridade: papa, presidente da República, ministros de Estado, diplomatas, militares. Sabia, igualmente, levar um papo amigo com o pipoqueiro da praça, que, aliás, mereceu um artigo em sua coluna semanal na *Folha de S. Paulo*. Que o digam também os mendigos do entorno da igreja do Belém.

Quando a ocasião exigia, era brilhantemente lúcido. Arguto. Convincente. Suas idéias, antes de se tornarem palavras nos lábios, eram banhadas por seu coração evangélico. Por vezes, brandiam-se como espadas de dois gumes, especialmente quando se tratava de defender o direito e a dignidade da vida dos pobres, dos menores, dos povos indígenas, dos trabalhadores; enfim, daqueles que, em nossa sociedade, estão à margem, sem voz nem vez. Seu rosto então se iluminava tomado de santa ira e indignação.

Dom Luciano era muito coração. Acolhia as pessoas, fosse quem fosse, com simplicidade e carinho. Com atenção e paciência as escutava! Tinha sempre uma palavra, um gesto de conforto, ânimo, apoio, discernimento e encorajamento.

Nessas ocasiões concentrava-se de tal modo na pessoa, a ponto de dar a impressão de que nada era mais importante e urgente do que escutá-la com os ouvidos e o coração.

Ninguém saía ileso de um contato pessoal com ele. O calor de sua acolhida fraterna aquecia o coração do irmão(a), cujo nome facilmente guardava de memória. Dom Luciano, homem de Deus. Assim como subia a montanha para orar e contemplar, descia aos porões da vida para cuidar, levantar, curar as feridas, aliviar a dor!

Falava de Deus, o Abba-Pai, com filial amor, de Jesus de Nazaré, com fraternal afeto. Compartilhava com ele a compaixão amorosa para com os sofredores, sempre iluminado pela luz do Divino Espírito Santo.

Dom Luciano, homem da Igreja e das igrejas (graças ao seu espírito ecumênico), plenamente identificado com seu tempo. Jamais fugia dos desafios que o mundo contemporâneo apresenta para a evangelização hoje.

Viajou pelo mundo (falava corretamente vários idiomas) com o mesmo zelo apostólico com que visitava periferias, favelas e cortiços em São Paulo ou as paróquias, capelas e comunidades de Mariana, em Minas Gerais. Sabia, magistralmente, tocar afinado os registros de uma evangelização inculturada.

Dom Luciano freqüentou as cátedras de universidades, púlpitos de igrejas, tribunas de fóruns nacionais e internacionais. Participou dos últimos sínodos da Igreja.

Dom Luciano deixa sua marca indelével nas assembléias da CNBB e do Celam (Puebla e Santo Domingo). Seria um dos representantes na Assembléia de Aparecida, em 2007. Tinha também presença atuante nos meios de comunicação social – jornal, rádio, televisão, especialmente na *Folha de S. Paulo* e na Rede Vida de Televisão.

Muito obrigado, querido irmão e amigo Dom Luciano, pelo dom de sua vida entregue em bem de nossa terra brasileira, cujo povo você amou até o fim. Você foi pastor, mestre, doutor e profeta em nossa Igreja.

Obrigado pelo seu testemunho de fé; pela sua esperança de que um outro mundo é possível e necessário, alicerçado no direito, na justiça, no perdão e na partilha – valores do Reino que você encarnou em sua vida de forma admirável. Teve sempre, no horizonte de sua caminhada, o novo Céu, a nova terra e a nova humanidade, conforme a visão profética.

Hoje, nossas lágrimas de saudades juntam-se aos sentimentos de perda e luto de sua família, de seus irmãos jesuítas, à reza dos moradores de rua de São Paulo, aos cânticos e benditos de sua querida Mariana!

Adeus, Dom Luciano, você combateu o bom combate da fé, da esperança e da caridade. Resta-lhe a coroa de glória que o Senhor reserva para o servo fiel e justo.

A nós fica o seu legado! No chão de nossa terra, a marca dos pés que anunciaram a paz; em nosso firmamento brilhará sua estrela. Em nossos corações, saudades e gratidão. Nos lábios de todos nós, a prece de fé e esperança na comunhão dos santos!

Entra na alegria do seu Senhor!

Dom Luciano: compaixão e misericórdia, inteligência e lucidez

Padre José Oscar Beozzo
Historiador e coordenador do Centro Ecumênico de Serviços
à Evangelização e Educação Popular (Cesep)

> *Pois onde estiver o teu tesouro,*
> *ali também estará seu coração.*
> (Mt 6,21)

Numa manhã de preces defronte ao Hospital das Clínicas de São Paulo, durante a última internação de Dom Luciano, juntaram-se muitas religiosas, padres, o bispo atual de sua antiga região episcopal, Belém, para rezarem por ele e pela sua saúde. Era nítida, porém, uma outra presença mais numerosa, anônima, silenciosa e sofrida que vinha de moradores de rua ou de rostos marcados pela dureza da vida nas periferias da capital.

Na missa de despedida na Catedral da Sé, essa mesma multidão "vinda da grande tribulação", como nos diz o Apocalipse de São João (Ap 7,14), esperou pacientemente para se despedir do seu bispo, passando por um instante ao lado de seu caixão, de maneira emocionada, recolhida, em silêncio ou murmurando uma prece, formulando um pedido ou apenas tocando suas mãos.

"Pois onde estiver o teu tesouro, ali também estará teu coração" (Mt 6,21), nos adverte Jesus, no evangelho de Mateus. Os pobres eram o tesouro de Dom Luciano e o inverso era também verdadeiro – Dom Luciano era o tesouro dos pobres –, de modo especial nas condições de dureza, precariedade e abandono em que estes tentam sobreviver na grande cidade.

Estando ao lado de Dom Luciano, era fácil de constatar: não havia nele nenhum movimento de defesa, tão típico daqueles que não freqüentam quotidianamente os pobres e sentem sua aproximação como ameaça; nem tampouco ar de enfado, tão comum naqueles que já se cansaram de atender os pobres; nem menos ainda o ar aflito daqueles que os recebem, mas de olho no relógio ou no tempo que julgam estar perdendo. Dom Luciano não media seu tempo, quando se tratava de pobres e enfermos. Escutava suas histórias, que dão muitas voltas, antes de desvelar sua necessidade daquele dia: um aluguel atrasado, uma luz ou água cortadas, um remédio para o filho, um prato de comida, uma passagem de ônibus para retornar ao bairro ou voltar para sua terra, um ente querido que faleceu, ou a simples premência de desabafar ou chorar. Mas antes mesmo de chegarem aos pontos práticos da conversa, já estavam satisfeitos e reconfortados: Dom Luciano os havia acolhido com carinho, os havia escutado, abraçado e chamado de filha ou filho, sem nenhuma afetação e com real sentimento de pai, que se sentia por eles responsável e a cuja porta podiam bater, a qualquer hora do dia ou da noite, sem serem despachados como inconvenientes ou inoportunos.

Em Lucas, Jesus diz ao jovem rico: "Uma coisa ainda te resta fazer: tudo o que tens, vende-o, distribui aos pobres e terás um tesouro nos céus; depois vem e segue-me" (Lc 18, 22). Dom Luciano fez desse seguimento de Jesus, alegre e perseverante, na sua disponibilidade de quem já havia dado tudo e estava livre das amarras dos bens materiais, o ideal de sua vida e de sua missão. Nas suas atitudes, não entrava aquele cálculo tão humano, embora mesquinho, da busca de reconhecimento, glória ou prestígio. Seu único cálculo era a urgência do outro, o socorro a ser prestado, o bem a ser alcançado, a justiça a ser restaurada.

E era assim, desde muito cedo, em sua vida. Conheci-o como padre há pouco ordenado no Colégio Pio Brasileiro em Roma, em 1960, para onde fora designado como "repetidor" dos estudantes de filosofia. Eu chegava para iniciar os estudos de teologia. Estava com 19 anos e o pe. Mendes, como era conhecido, com trinta. Escolhi-o para confessor e, a cada semana, ia vê-lo para aquele momento penitencial, mas também de orientação humana e espiritual.

Depois de três anos o pe. Mendes foi mandado embora do colégio e despachado para Paris. Perdi meu confessor, e a razão não foi porque houvesse faltado ao dever de repetidor ou cometido algum deslize, por leve que fosse. Seu "pecado" era a fila de pobres na porta do colégio, vindo dos bairros de migrantes desgarrados, recém-chegados do sul da Itália e que iam se instalando, como podiam, nos antigos campos e chácaras da Valcanuta, um pouco além da Via Aurélia, onde ficava o colégio. Também dos hospitais vizinhos chegavam a qualquer hora do dia ou da noite telefonemas de doentes, procurando o pe. Mendes, na certeza de que seriam prontamente atendidos. Numa cidade, como Roma, de tantos padres e casas religiosas, não era fácil encontrar alguém sempre pronto para atender pobres ou doentes, sem dia nem hora, sem desculpas ou demora. O padre reitor do colégio decidiu que seu jovem repetidor de filosofia, naquele ritmo, com seu tempo literalmente comido pelos necessitados, estava arruinando sua saúde e não iria terminar nunca sua tese de filosofia que versava sobre a imperfeição intelectiva do espírito humano e se apresentava como uma "introdução à teoria tomista do conhecimento do outro". No coração de sua tese encontrava-se a questão da alteridade, tão bem desenvolvida modernamente por Emmanuel Lévinas, o filósofo judeu, mestre da centralidade do "outro" e não do "ensimesmamento", como fonte de revelação e sentido para a pessoa humana. Ao lado de Santo Tomás, Levinas influenciou muito a visão filosófica de Dom Luciano.

Pe. Mendes foi embora do Colégio Pio Brasileiro, simplesmente para ser afastado dos pobres e concluir seu doutorado, mas também para tomar fôlego, encontrar um momento de repouso, cuidar da saúde e remediar o esgotamento que sua entrega sem medidas lhe trazia para o corpo. Pode ter pesado também na decisão dos superiores, o "prejuízo" que ele dava para a cozinha do colégio, pois nenhum pobre ia embora sem ver atendidas as necessidades de sua alma, mas também as carências do seu corpo.

Como não pensar na observação tão pertinente de São Marcos a respeito das condições do apostolado compassivo de Jesus?

Narrou-nos Marcos no Evangelho: "Havia ali tanta gente que chegava e saía, a tal ponto que Jesus e os discípulos não tinham tempo nem para comer". Segue-se o convite de Jesus aos discípulos: "Vamos sozinhos para algum lugar deserto, para que vocês descansem um pouco", e a inutilidade da sua estratégia: "Então foram sozinhos para um lugar deserto e afastado. Muitas pessoas, porém os viram partir... correram

HOMENAGEM A DOM LUCIANO

na frente a pé e chegaram lá antes deles. Quando saiu da barca, Jesus viu uma grande multidão e teve compaixão, porque eles estavam como ovelhas sem pastor" (Mc 6,31-33).

Durante todo o dia, Jesus atendeu a multidão e repassou-lhe seu ensinamento. No final da tarde, multiplicou os pães para 5 mil homens ("sem contar as mulheres e crianças", como nos lembra Mateus nesta mesma narrativa da multiplicação dos pães), para que não partissem, sem saber para onde ir, e para que não desfalecessem pelo caminho!

Dom Luciano era pessoa inteligente, com apurado preparo intelectual, bebido na tradição familiar, prosseguido no rigoroso tirocínio da Companhia de Jesus, em Nova Friburgo, no estudo e doutorado em Filosofia na prestigiosa Universidade Gregoriana em Roma, na sua conscienciosa aplicação aos estudos e na sua capacidade de se deixar ensinar pela escola da vida, em particular da vida dos pequenos e simples. Sua cultura não era livresca. Humanizou-se bem depressa e foi convertida em sabedoria atenta e dialógica. Antes que se falasse de inteligência emocional, Dom Luciano já temperava a agudez de seu espírito, não apenas com a vertente da emoção, mas com a sintonia da amorosidade e da ação que buscavam logo desdobramentos práticos, pessoais e comunitários, capazes de mudar relações e situações injustas ou penosas.

O brilho de sua inteligência não era usado para ofuscar, muito menos para dividir ou humilhar, mas sim para unir e integrar.

Sua atenção aos detalhes não o desviava do essencial; sua percepção da complexidade não o impedia de alcançar já de relance a visão de conjunto e a articulação e nervura das diversas partes. Podia sintetizar longas discussões, colhendo o cerne das questões. Não desprezava as muitas contribuições vindas de posições conflitantes, mas não se perdia em meandros tortuosos ou em pormenores prescindíveis para o argumento em foco. Ao elevar-se por sobre os embates, podia alçar as propostas a um patamar superior, acrescentando elementos que enriqueciam – sem desqualificar –, posições incompletas ou pouco amadurecidas. Ele introduzia um elemento de serenidade e superior motivação que permitia avançar na redação de documentos ou na tomada de decisões. Ainda que nem todos saíssem satisfeitos, era geral o reconhecimento da honestidade de suas posições e do seu desapego pessoal, no sentido de se alcançar uma convergência e um resultado prático.

Em Puebla (1979), o discurso de João Paulo II, recém eleito Papa e em sua primeira viagem ao continente, ecoando, certamente, preocupações da Cúria Romana e de setores do Celam, suscitara aplausos, mas também desconcerto. O Papa verberara a assim chamada Igreja popular como sendo igreja paralela e contrária à hierarquia e já houve quem concluísse que estava desautorizando as Comunidades Eclesiais de Base; apontara os riscos de politização da fé e de infiltração do marxismo na reflexão teológica e muitos transformaram o alerta em condenação da teologia latino-americana da libertação. Propôs que a conferência centrasse seus trabalhos em torno à verdade sobre Jesus Cristo, à verdade sobre a missão da Igreja e à verdade sobre o homem, e que elegesse, como prioridades para a ação da Igreja no continente, a família, as vocações sacerdotais e religiosas e a juventude.[1]

---

[1] Vale recordar que destas três prioridades sugeridas pelo Papa – família, vocações e juventude –, a Conferência de Puebla reteve apenas a última – a juventude –,

HOMENAGEM A DOM LUCIANO

Causou impacto seu discurso e muitas leituras divergentes entre os bispos e na imprensa mexicana e internacional.

O discurso de Dom Aloísio Lorscheider, presidente do Celam, na manhã seguinte, tentou recolocar a conferência nos trilhos, contrariando vozes que chegaram a propor o discurso do Papa como uma espécie de rascunho do documento final da conferência. Apelou para a responsabilidade dos bispos,

chamados hoje e amanhã a proclamar o Evangelho a nossos povos latino-americanos, animados pela esperança e ao mesmo tempo torturados no mais profundo de seu ser pelo desprezo em sua dignidade, é não somente fraterno e enriquecedor, mas é também nossa missão, nosso dever, é nossa vida. O grito de esperança e angústia de nossos povos que chega até esta Conferência e pede uma resposta profética [grifos do original], exige o compromisso da encarnação da Palavra de Deus em nossa vida e em nosso anúncio.

Os grupos foram, em seguida, ao trabalho para levantar os temas que deviam entrar na pauta da conferência. Resultaram centenas de propostas dispersas e conflitantes. Muitos temeram que a conferência se perdesse ali e não conseguisse mais sair do emaranhado de temas maiores e menores, lançados quase a esmo, sem nexo entre si.

Uma comissão de cinco membros, eleita pela assembléia, em vez de ser nomeada, como previa o regulamento, foi encarregada de organizar o material e fazer uma proposta de

---

acrescentando outras três: Opção preferencial pelos pobres; Ação da Igreja junto aos construtores da sociedade pluralista na América Latina; e Ação da Igreja em favor da pessoa na sociedade nacional e internacional.

DEUS É BOM

roteiro de trabalho para a manhã seguinte. Dom Luciano foi o escolhido pelo Brasil, ao lado do peruano Dom Luis Armando Bambarén, bispo de Chimbote, para a região andina; do panamenho Dom Marcos Gergorio McGrath para a América Central e México, e outros dois pelo cone sul e Antilhas. A comissão conseguiu organizar e dar articulação e rumo às sugestões, reunindo-as em torno de quatro núcleos (I – Visão pastoral da realidade latino-americana; II – Desígnio de Deus sobre a realidade da América Latina; III – Evangelização da Igreja na América Latina; e IV – Igreja missionária a serviço da evangelização da América Latina) e um eixo norteador – Comunhão e participação –, proposto por Dom Luciano. Assim narra Frei Betto o feito da comissão, no seu *Diário de Puebla*:

> Os núcleos foram aprovados, através de voto secreto, por unanimidade, o que constituiu uma grande surpresa. Nunca ocorrera isso numa assembléia episcopal. Dizem que o homem desse milagre foi Dom Luciano Mendes de Almeida, membro da Comissão de Articulação. Com seu carisma de unir os contrários e de pacificar os ânimos, Dom Luciano – um bispo da periferia de São Paulo – conseguiu convencer a todos de que o esquema sintetizava as aspirações dos vários grupos de trabalho. Para chegar a esse resultado, a Comissão trabalhou até as cinco da manhã (p. 76).

Treze anos depois, foi varando de novo madrugadas que Dom Luciano salvou o documento da IV Conferência do Episcopado Latino-Americano em Santo Domingo (1992). Uma confusa votação na véspera do encerramento da conferência aprovara genericamente o documento, mas pedia que a comissão de redação o tornasse, sem que houvesse tempo para tanto, mais enxuto e curto.

Na verdade, um dos três presidentes da conferência, o Cardeal Angelo Sodano, secretário de Estado do Vaticano, trabalhara o tempo todo para que não houvesse documento final e apenas propostas a serem encaminhadas a Roma, para posterior exame e publicação, como era praxe nos sínodos romanos. Liquidaria, assim de vez, com um magistério próprio da Igreja da América Latina, inaugurado com a II Conferência Geral do Episcopado Latino-Americano, em Medellín (1968) e reafirmado em Puebla (1979), e que era visto por membros influentes da Cúria como excrescência. No mesmo sentido, se empenhava o secretário da conferência, o chileno, também membro da Cúria Romana, Dom Jorge Medina Esteves, nomeado secretário da conferência, ao lado do secretário do Celam, Dom Raymundo Damasceno, no intuito de esvaziar-lhe a autoridade e a função. Na mesma linha, operavam os cinco membros da comissão de redação previamente nomeados por Roma. Por vontade explícita da conferência e voto dos vários episcopados, foi Dom Luciano acrescentado à comissão de redação. O tempo todo, sua participação foi dificultada pelos demais membros da comissão e pelo secretário da conferência. Longe de desanimar, varou a noite toda do último dia, inserindo de madrugada, no computador, a versão sintética do capítulo 2, que reunia todo o bloco das comissões empenhadas na temática da promoção humana. Essa nova versão reduzida fora preparada noite afora por um grupo de teólogos e teólogas que não faziam parte dos peritos oficiais da conferência. Não contente, Dom Luciano redigiu ainda de próprio punho uma página de síntese final, procurando resgatar as linhas essenciais de Santo Domingo, em três pontos:

DEUS É BOM

1. Uma *nova evangelização* para nossos povos, com especial protagonismo dos *leigos*, e entre eles os *jovens*;

2. Uma *promoção integral* do povo latino-americano e caribenho, a partir de uma evangélica e renovada opção pelos *pobres*, a serviço da *vida* e da *família*;

3. Uma *evangelização inculturada*

- que penetre os ambientes marcados pela *cultura urbana*;
- que se encarne nas *culturas indígenas* e *afro-americanas*;
- com uma eficaz *ação educativa* e uma *moderna comunicação* (SD 302).

Foram os grãos de diamante que Dom Luciano extraiu do muito cascalho acumulado no errático e penoso processo da Conferência de Santo Domingo. Soube ainda resgatar e arrematar numa oração de meia página a mesma temática, sob forma de prece dirigida a Maria de Guadalupe, Estrela da Evangelização (SD 303). Esses dois números finais do Documento de Santo Domingo, o 302 e 303 são de exclusiva inspiração e redação de Dom Luciano.

Na abertura da sessão de encerramento da manhã daquele último dia, Dom Luciano, atropelando o regulamento, adiantou-se e tomou o microfone, leu sua página de síntese e rezou a oração que havia elaborado. Recebeu um prolongado, caloroso e reconhecido aplauso da assembléia que se sentiu reconhecida e contemplada naquele epílogo lúcido e generoso que lograra recolher mais do que fora lavrado e semeado, ao longo das semanas anteriores.

HOMENAGEM A DOM LUCIANO

De nada valeu a interpelação do secretário da conferência, Dom Jorge Medina, que, rude e descontroladamente, pedia contas a um calado Dom Luciano: "Com que direito, havia ele se dirigido à assembléia, ao arrepio da presidência e sem a anuência da secretaria geral?".

Na síntese de Dom Luciano e no aplauso ao concluir sua oração, ficara aprovado o documento de Santo Domingo. Voto simbólico, já que os delegados não haviam recebido para uma votação formal, por falta de tempo hábil, o documento finalizado apenas às primeiras horas da manhã.

Com sua noite em claro, acreditando que o impossível ainda podia acontecer e com sua intervenção audaz, ao arrepio das normas, Dom Luciano salvara com inteligência, perseverança e desinteressado espírito de serviço uma conferência que, nas suas horas finais, tinha tudo para fracassar.

Dom Luciano foi novamente escolhido como delegado do episcopado brasileiro para a V Conferência do Episcopado Latino-Americano, prevista para Aparecida, entre os dias 13 e 31 de maio de 2007. Ele fará uma imensa falta à Igreja do Brasil, da América Latina e do Caribe. Que sua inteligência sempre colocada a serviço, seu exemplo e coragem nas horas incertas e difíceis, inspirem os delegados, e que, junto a Deus, Dom Luciano ore pelo êxito da Conferência de Aparecida.

Dom Luciano, um homem todo do povo e todo de Deus!

Padre Luciano Andreol
Superior dos Missionários Monfortinos no Peru e no Brasil

Ao povo de Deus da Arquidiocese de Mariana, aos amigos e irmãos no sacerdócio, um abraço amigo e umas palavras de ânimo e esperança neste dia em que todos choramos a despedida do nosso amigo, irmão e pastor, Dom Luciano.

Em nome dos Missionários Monfortinos do Brasil e do Peru, queremos manifestar a nossa eterna gratidão a Deus pelo que significou a passagem de Dom Luciano em nossas vidas. Conhecemos Dom Luciano desde quando trabalhava como padre nas proximidades da Paróquia Santa Rosa de Lima, em Perus, São Paulo, desde quando era bispo auxiliar da região episcopal Belém, na Zona Leste de São Paulo, desde quando assumiu a Arquidiocese de Mariana, desde quando organizamos os encontros de Comunidades Eclesiais de Base (CEB)... sempre, o nosso querido Dom Luciano nos deixou ensinamentos.

Lembramo-nos com carinho quando, em 1992, o visitamos no Seminário São José, em Mariana. Já era noite, e pedimos conselhos sobre onde fundar a nossa casa de formação monfortina, em que lugar de Minas. A conversa parecia não ir muito longe porque ele parecia estar dormindo enquanto conversávamos, a tal ponto que dissemos: "Dom Luciano, melhor voltarmos amanhã, o senhor está cansado..."; ele, fazendo um gesto com a mão, foi resumindo tudo o que tínhamos falado e já ia dando a sua opinião com uma atenção e carinho profundos. Fomos para João Monlevade, mas sempre o encontramos em diferentes ocasiões junto ao povo de Deus.

Por ocasião de um encontro do G7 em Gênova, Itália, ele foi considerado, pelo ex-presidente italiano, Ciampi, "um dos sete sábios do mundo". Foi um homem que soube dialogar com todo mundo, desde os grandes intelectuais e governantes, mas especialmente com os pobres.

Em um dos encontros do Regional II das CEB, Dom Luciano tinha passado quatro noites viajando, quinta, sexta, sábado e domingo, mas durante o dia estava participando e celebrando com o povo com uma alegria renovada; num certo momento, o pe. Luciano perguntou-lhe: "Quando o senhor vai descansar?", ao que ele respondeu indicando ao alto: "Lá no Céu...".

Descansa, Dom Luciano! Recebe o prêmio dos bons! Nós continuaremos na caminhada até o dia em que nos uniremos para celebrar, eternamente, a festa do povo de Deus no Céu.

Obrigado, povo de Mariana e da Igreja do Brasil, por compartilhar conosco o seu irmão, seu pai, seu pastor.

Em nome de toda a família monfortina.

 Dom Luciano

Padre Marcelo Santia
Arquidiocese de Mariana

Neste momento de profunda consternação, nosso coração reverente agradece a Deus este grande presente, dado com especial amor à Igreja no Brasil e de uma forma tão carinhosa à nossa Igreja particular de Mariana: Dom Luciano

Mendes de Almeida, nosso santo e sábio arcebispo, amado e estimado por todos nós.

Marcado pelo espírito jesuíta, Dom Luciano tornou-se cidadão do mundo, profeta dos pobres de nossa América Latina e do Caribe, enfrentando, como fiel discípulo de Santo Inácio, a nobre e desafiante missão que lhe foi confiada, dando a todos verdadeiro testemunho de fé e coragem, em tudo agindo com serenidade e solicitude.

Há quase duas décadas, Dom Luciano, carioca de nascimento, mineiro de coração, esteve espalhando por entre as nossas montanhas o suave odor da fé, sem se importar com horários e nem se abater pelo cansaço. Ele soube, como poucos, acolher a todos que o procuravam, oferecendo a cada um o conforto e a ajuda necessários, com um amor todo especial aos nossos padres e às vocações.

A todos, ele enriqueceu com sua palavra e seu sorriso, como verdadeira luz de Deus para sua gente. Ele foi aquela fonte que nada reteve para si próprio, exaurindo-se em benefício alheio, numa entrega sem reservas. Como é extensa, entre nós e por todo o Brasil, a lista de seus cuidados espirituais, de suas iniciativas e realizações nas áreas educacional, cultural e social!

Sua vida foi e é sinônimo, para todos nós, de solicitude, de amor e obediência, num "sim" generoso como o de Maria, a Mãe de Jesus, de quem ele se fez filho confiante e especial devoto, *sim* que nos últimos dias se completou no "calvário" de sua enfermidade e morte. Combateu o bom combate, guardou a fé.

Dom Luciano em tudo seguiu as pegadas de Jesus Cristo. Dele aprendeu a servir e não ser servido; como ele, passou a vida fazendo o bem, amou-os seus até o fim.

Com o testemunho de sua vida, mostrou, também entre nós diocesanos, uma declarada predileção pelos menores, pelos fracos, pelos carentes e sofredores, injustiçados e abandonados. Sua voz autorizada sempre se ergueu em defesa dos pobres, em favor da justiça e da paz. Ele foi imbatível na arte de amar e servir. Até mesmo nesse tempo de maior provação na doença, não se esquecia de seus pobres, a todos convocando para o serviço da caridade e a promoção da paz.

"Diante da sociedade armada", dizia Dom Luciano, "precisamos aprender que só a bondade desarma e que sem amor o mundo nunca encontrará a tão desejada paz".

Sob o seu pastoreio, *In nomine Jesu*, nossa arquidiocese, com seus 79 municípios e 132 paróquias, recebeu um forte impulso pastoral e evangelizador. Nossa história nunca mais será a mesma depois de Dom Luciano. Seu exemplo de fé e cidadania, de amor aos pequenos, é inspiração sagrada para continuarmos trabalhando juntos, como Igreja viva, impregnando os mais diversos setores sociais com as exigências inerentes ao Evangelho e à fé cristã.

Essa luz que brilhou entre nós agora resplandece na eternidade, onde ganha merecido reconhecimento, e junto de Deus e seus santos e santas intercede, de modo especial, pela nossa arquidiocese.

Dom Luciano, nosso pai espiritual na fé, amigo e companheiro, o seu testemunho perpetuará como luz em nossos corações e para a vida de nossas comunidades. Jamais esqueceremos daquele seu sorriso divino acompanhado da pergunta inconfundível: "Filho, em que posso ajudar?".

Ajuda-nos a certeza de que completará sua obra na arquidiocese agora como nosso intercessor! Obrigado, Dom Luciano. Mais que nos anais da história, seus feitos de amor por todos nós estarão inscritos e perpetuar-se-ão em nossos corações, nos corações de seu povo, que muito o amou e ama. Saudades, muitas saudades!!!

 "A dedicação incansável..."

Padre Mauro Matiazzi, csr
Reitor do Santuário Nacional de Aparecida-SP

A dedicação incansável e o testemunho de amor à Igreja de Dom Luciano deixaram marcas profundas na Conferência Episcopal e na Igreja no Brasil. Sua vida de oração e o testemunho de amor ao Pai e de bondade ajudaram muitas pessoas a se aproximar de Deus. Agradecemos a Deus pela vida de Dom Luciano e pelo bem que ele fez à sociedade e à Igreja. Oramos pela sua alma e pedimos a Deus Nosso Pai e a Nossa Senhora Aparecida que o acolham com carinho e com o mesmo amor que dedicava aos pobres, dos quais foi servidor, amigo e defensor zeloso de suas causas.

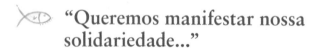 "Queremos manifestar nossa solidariedade..."

Padre Ovídio Zancanella, sdb
Inspetor da Inspetoria São João Bosco

Queremos manifestar nossa solidariedade com essa arquidiocese, neste momento de tristeza e glória para todos nós. Perdemos Dom Luciano nesta vida, mas, na certeza da ressurreição, temos um protetor junto de Deus. A vida de Dom Luciano se transforma em lição para todos nós. Seu compromisso com a verdade, a justiça e com a causa dos mais necessitados é testemunho para todos. Seu modo fácil de acolher vai nos fazer lembrar sempre o coração do Bom Pastor, que vai ao encontro de suas ovelhas.

Os Salesianos da Inspetoria São João Bosco agradecem a Deus a vida dedicada de Dom Luciano e rogam ao Espírito do Senhor que envie sempre novos pastores, de acordo com os exemplos deixados por esse grande homem.

 A luz foi morar no céu

Padre Paulo Dionê Quintão
Assessor da Pastoral da Criança e do Menor, região de Mariana Leste, Viçosa-MG

Qualquer abordagem sobre o duodécimo bispo e terceiro arcebispo de Mariana por certo ficará sempre aquém dos múltiplos gestos traduzidos numa ampla jornada de ação, brotada de um ser que nunca pensou em si, pois se ocupou sempre do bem-estar de seus semelhantes.

O perfil de Dom Luciano Pedro Mendes de Almeida pode facilmente ser comparado ao de grandes personalidades que marcaram a história. Referir-se a ele nos faz pensar numa madre Teresa de Calcutá, em São Francisco de Assis etc. Basicamente todos esses, na verdade, nos remetem a JESUS CRISTO. Deparamos aqui com o amor feito doação.

De onde nos vem esse dom

Da cidade maravilhosa. Não somente para os meandros da Igreja, mas para o mundo contemporâneo, floresceu um ser enamorado pela vida. O Rio de Janeiro era a capital do país, quando, aos 5 de outubro de 1930, o lar do casal Candido Mendes de Almeida e Emília de Mello Vieira Mendes de Almeida se enriqueceu ainda mais com a chegada de um novo filho. A avó logo invocou a intercessão de Nossa Senhora de Lourdes, para que a vida prevalecesse quando a saúde corresse risco. Foi assim que a Mãe de todos nós o quis conservar para o bem de incontáveis futuros beneficiados.

Seu nome, uma mensagem e uma missão: *Luciano Pedro*. Portador da luz de Cristo, sustentada a punho alto, capaz não só de clarear os caminhos de indivíduos, mas de iluminar o rosto que a Igreja veio alcançando em seu país e no continente. A Igreja na América traz muito dos raios que espargiram desse tocheiro luminoso. Luz e pedra. Divina e preciosa. Revestida de Cristo, sua firmeza não se baseava jamais em arrogância ou qualquer lastro de negligência. Uma segurança que sempre soube esperar. Não desistia, nem perdia a ternura. Sabia, porém, flexibilizar-se diante do que o Senhor lhe falava ao coração.

Seu veio cultural conservou as raízes do que aprendeu no douto lar; no primeiro grau, que cursou no Colégio Santo Inácio, no Rio de Janeiro (1941-1945); no segundo grau, no Colégio Anchieta, em Nova Friburgo (RJ) (1946-1950); na faculdade de filosofia, ainda em Nova Friburgo, na Casa de Formação dos Jesuítas (1951-1953). Como águia feita para vôos mais altos, seus superiores o enviam para Roma, onde cursou teologia na Pontifícia Universidade Gregoriana, em Roma (1955-1959). Seu percurso acadêmico foi coroado com o doutoramento em filosofia pela Pontifícia Universidade Gregoriana (1960-1965). De lá até o fim de sua vida, aos 27 de agosto de 2006, nunca deixou de aprender e ensinar.

Em que posso ajudar

A filosofia parece ter ampliado ainda mais, em Dom Luciano, sua paciência e bondade. Ele soube perguntar e ajudar a fazer perguntas. Manteve o diálogo sempre aberto. Não importa com quem, dos mais fragilizados em seu pensar até os mais astutos interlocutores. Nunca soube que fechasse a porta para quem quer que fosse. Dos mais afastados aos mais cansativos. Todos encontraram oportunidade de pensar junto com ele.

Sua tese de doutorado, em 1965, *A imperfeição da inteligência humana*, retrata bem o seu modo de ser. Alguém que soube se curvar diante da Verdade. Teve um coração de quem sabe baixar o olhar, estender as mãos e, revestido de humildade, dizer a respeito de sua própria contingência ao Deus de sua fé. Soube confiante erguer a cabeça, esboçar um sorriso e com os olhos brilhando dizer: obrigado, Senhor!

Esteve sempre pronto a repartir com os outros o que sabia e podia. Foi ao encontro de cada pessoa onde ela estivesse. Impressionava pela lucidez da reflexão sobre a conjuntura social, econômica, política, religiosa e cultural de cada época. Participou de todos os sínodos em Roma, após o Concílio Vaticano II. Apresentou intervenções eficientes nas assembléias em que tomou parte, em nível nacional e internacional, e em quaisquer outras iniciativas em todos os níveis. Seu referencial foi constantemente o ser humano. Foi quando de tais lutas pela vida que pudemos conhecê-lo melhor em suas enormes capacidades e grande preparo. Com seus dons, abalou colossais estruturas quando estas agrediam a vida.

Feliz por fazer o bem aos outros

Quem conheceu Dom Luciano sabe que ele tinha uma chama interior. Uma luz que fazia brilhar uma alegria. O sorriso que esboçava tinha ressonância em seu ser. Um escudo que o mantinha forte, mesmo se o mar estivesse tempestuoso. Uma cantiga que ele entoava junto com Deus. Quando sua acolhida deparava com alguém contente, sua canção vinha à tona. Deve ser por isso que ele agüentou a poeira das estradas, as distâncias, a turbulência dos vôos e a canseira que lhe causamos com nosso corpo pesado e passos lentos... Mas ele soube nos esperar, nos animar... Ele aprendeu a nos amar. Sempre foi treinado nisso. Soube cultivar o aprendizado constante de amar as pessoas. Acolheu todos, porque foi fiel aluno do Bom Pastor. Amou sempre, mesmo quando precisava fazer e refazer caminhos para que todos se sentissem acolhidos pela alegria de viver.

Sem a iluminação do Bom Pastor, dificilmente compreenderíamos como Dom Luciano soube valorizar os seres humanos. Todos! Podia ser a comunidade mais humilde e simples. Ele sabia aterrissar de corpo e alma onde ele se encontrasse. Seu cotidiano foi feito de atenção constante a todos. Além de dar importância e respeitar a dignidade de cada pessoa, ele foi além: a gratuidade desse amor o colocava como um irmão, um amigo que facilmente se posicionava como que abaixo das pessoas. Essa foi sua vida. Faz-nos recordar o testemunho de Jesus descrito no texto de Filipenses: "esvaziou-se de si mesmo...". É desde aí que ele se pôs a caminho com seu semelhante.

Expôs e deu sua vida por nós. Passou noites em claro com quem estivesse precisando dele. Morria em seus objetivos pessoais. Despojava-se constantemente de qualquer exuberância. Sentia-se envergonhado quando posto em destaque, pois da janela de sua alma estava olhando para os mais enfraquecidos. Estava constantemente envolvido em gestos espontâneos que nos faziam corar o rosto diante de nossos enganos e nossas ilusões. Teve consciência de sua missão e, por isso, soube fazer-se pequeno.

Enamorado do essencial

Eu gosto de ficar imaginando as entrelinhas do percurso histórico de Dom Luciano desde sua infância, passando pelo convívio com os livros até o exercício do ministério, ensinando nas escolas e, nestes últimos trinta anos, como bispo.

Há uma história que pode ser narrada e que prossegue dos tempos de estudante (1941-65), época em que foi ordenado presbítero (5 jul. 1958); após a defesa de tese, seu retorno ao Brasil, como professor de Filosofia (1965-72); instrutor da 3ª Provação para Sacerdotes Jesuítas (1970-75); na Conferência dos Religiosos do Brasil (1974-75); como bispo auxiliar na Arquidiocese de São Paulo e responsável pela Pastoral do Menor (1976-88); secretário-geral da CNBB por dois mandatos (1979-86); presidente da CNBB, também por dois mandatos, (1987-95); vice-presidente do Celam (1995-98); membro da Comissão do Secretariado para o Sínodo (1994-99); membro da Comissão Pontifícia Justiça e Paz (1996-2000); delegado à Assembléia Especial do Sínodo dos Bispos para a América por eleição da Assembléia da CNBB e confirmado pelo Papa João Paulo II (1977 e 2005); e, finalmente, para maior glória de Deus e grande felicidade para esta porção do povo de Deus que está na Igreja Primaz de Minas Gerais, arcebispo de Mariana (1988-2006).

Em toda sua trajetória, o cotidiano a gente percebia rápido: colocava-se ao lado dos que com ele estão a caminho. Que se tratava de um bom filho, excelente aluno, exímio professor, grande sacerdote, notava-se em seu jeito de ser. Uma história marcada pela eficiência e exemplar abnegação. Compaginada com esta biografia, estava uma espécie de "generosidade transbordante". Aqui a gente vislumbrava o místico que não perdeu seu encanto. É como se ele tivesse ocupado esse tempo tocando violino (já ia adiantado nesta arte), ou jogando xadrez, como bem o sabia fazer. Não. O violino, ele nunca nos disse, o deixou. O xadrez ficou na saudade. Sua arte e lazer transbordaram em uma criatividade e percepção para com "os que não podem". Altruísmo, inteligência, habilidades, eficiência, todo o seu ser não se importava que o avançar das horas o fizesse emendar um dia com o outro. Bastava que alguém estivesse precisando. Não importava se fosse um bêbado, um alucinado, um mendigo... Ele sabia entrar no tom certo, mexia com a peça certa, na hora exata... Hora? Não, para ele o tempo não contava... Nesse jogo, nessa sinfonia, mais do que nos outros, ele bem soube esquecer do tempo...

As entrelinhas da história desse místico que soube contemplar o amor de Deus foram marcadas por episódios interessantes. Por esse "Brasilzão" afora correm muitas histórias edificantes e até pitorescas de Dom Luciano...

Ele construiu a morada de seu ser como o contemplativo de Deus e viveu enamorado do essencial. Nunca o vimos em desgaste com o acessório. Ocupado do Absoluto, estava em constante disponibilidade e aberto a todos e a tudo. Por isso não só acolhia quem chegava, mas sabia achegar-se para acolher. Uma luz, *uma luz que foi morar lá no céu!*

Encarnação viva do seguimento de Jesus

Padre Virgílio Leite Uchôa
Secretário executivo do
Movimento de Educação de Base (MEB)

Dom Luciano foi a encarnação viva do seguimento de Jesus na pessoa dos pobres, dos excluídos, dos indefesos, das crianças.

Amigo de todos e de todas as horas. Incentivador incansável das causas em torno da dignidade e do respeito aos homens e às mulheres. Sempre acreditou na chama que ainda estivesse acesa.

Quando assumi o Movimento de Educação de Base (MEB) em 2002, em meio a grandes dificuldades internas, ele muito nos estimulou a seguir em frente. Achava que o MEB, como movimento de Igreja, deveria continuar acreditando na importância de não se abandonar a presença junto à educação de base popular.

A Igreja no Brasil perde alguém capaz de unir diferenças e de construir caminhos sempre novos.

Ele será para sempre o sinal de fé e de compromisso com a verdadeira e única causa importante: criar os espaços de Deus, presente neste mundo, na pessoa de Jesus Cristo, nos pequenos, nos pobres e nos excluídos.

A Dom Luciano a nossa homenagem e veneração!

 Diligo

Joaquim Ozório Pires da Silva

Em latim, a diferença entre *amare* e *diligere* está na ação. O sentimento de amor pode se expressar em palavras, mas a demonstração de amor está na ação generosa, na diligência prestada.

Essa diferença é marcante no que foi a vida do pe. Mendes, a suave e altruísta figura de Dom Luciano Pedro Mendes de Almeida. Incapaz de dirigir uma palavra áspera ou ofensiva a alguém – refazia uma tarefa mal executada para não ter que repreender –, ele nunca poderia ser chefe de nada, mas era, paradoxalmente, sempre guindado a postos de chefia: Bispo de Mariana e presidente da CNBB, após ter sido secretário-geral por vários anos, constituíram a culminância das muitas atividades de quem procurava se ocultar na mais discreta humildade, sem conseguir. Contra sua vontade, inúmeros casos de ajuda material, com sacrifício pessoal, foram casualmente constatados por gente próxima a ele, onde era revelada sua diligência para com as pessoas mais penalizadas pelos acontecimentos da vida. Penalizadas com culpa ou sem culpa, isso não interessava ao pe. Mendes.

Pessoalmente, tive a sorte de experimentar a profundidade de seus sentimentos, radicados na interiorização espiritual do segundo mandamento de Jesus "e a teu próximo como a ti mesmo", como conseqüência do primeiro: "amar a Deus sobre todas as coisas". Seminarista do Pio Brasileiro, onde o pe. Mendes foi, inicialmente, "repetidor dos alunos de Filosofia" (1958-1963?), tive vários encontros esclarecedores sobre os clássicos gregos. Sobretudo sua ajuda foi iluminadora na orientação para elaborar minha dissertação de mestrado. Após ler diversos livros escolásticos que me elucidaram sobre o Humanismo, ingenuamente eu me julgava erudito e capaz de dissertar sobre o entendimento do conceito de pessoa em Teilhard de Chardin, Jacques Maritain, Gabriel Marcel, Leonel Franca e vários existencialistas franceses. Foi na discussão com o repetidor que fui amadurecendo e vendo quão estreita e inexperiente era minha visão de mundo. Isso, entretanto, sem me sentir diminuído. Fui bem aprovado na defesa de tese, mas só muitos anos depois, já fora do seminário, ao refletir sobre esses episódios, eu me dei conta de que, sem aquela preciosa ajuda, não teria conseguido superar a enorme exigência imposta pelos professores de Filosofia da Gregoriana. Nunca tive ocasião, depois, de renovar meu agradecimento ao pe. Mendes.

Além da ajuda intelectual, tive a sorte de tê-lo como diretor espiritual. Nesse campo, minha inexperiência de vida trouxe-me grandes conflitos existenciais, insuperáveis, mesmo, sem alguma ajuda. Na busca da autenticidade de vida, que considero condição fundamental de caráter, eu me queixava das contradições conhecidas do Vaticano, das formas simuladas de parecer o que não se é, e de justificar as aberrações não-evangélicas com o princípio de que não se deve escandalizar o povo cristão. Eu me recusava a ingressar naquele corpo nada místico da Igreja, ainda mais na qualidade de membro dele, como sacerdote. Eu não seria feliz nem autêntico. Esse embate eu travei com o pe. Mendes. Por muito tempo. Embora me dando razão diante de fatos, ele me abria a visão para horizontes mais amplos. A Igreja é muito maior do que alguns de seus representantes. Houve épocas até muito mais deterioradas do que aquela em que vivíamos na vida da Igreja. Mas ela sempre produziu santos. Não cabia a nós imitar os mal-feitos, mas dar o exemplo de que o contrário é possível, dizia-me ele. Sentia como sofria comigo, como ele me procurava, em vez de eu – seu orientando espiritual – ir procurá-lo. Nunca superei inteiramente essa questão. Era uma decepção profunda, que culminou, dois anos mais tarde, quando deixei o Pio Brasileiro.

Tampouco, jamais esqueci aquela figura magra, macilenta, sempre risonha e disponível, nos corredores do Pontifício Colégio Pio Brasileiro. Ainda hoje, lembro-me de seu princípio de vida, para mim inimitável na dimensão dele, de que o *diligo* (amar com obras) é muito mais autêntico na vida cristã do que apenas expressar em palavras que se ama a Deus e o próximo. Na verdade, o pe. Mendes nunca me disse isso em palavras. Só a reflexão sobre sua vida me levou a esta conclusão: a santidade é a diligência em favor do próximo, por amor incondicional a Deus.

Brasília, setembro de 2007.

Vai com Deus, Dom Luciano

Padre Zezinho, scj
Membro do Movimento de Educação de Base

Outros falarão dele com muito mais conhecimento de causa, mas eu também quero falar do santo bispo Dom Luciano Mendes; eu também recebi, desde padre novo, o incentivo da sua sabedoria e da sua humildade. Ele apostava na luz dos outros, enquanto humildemente tentava esconder o seu brilho; tarefa inútil, porque Dom Luciano brilhava.

Era visível nele a sua abertura para o ministério. A morte foi apenas o passo além do túnel, que para ele foi sempre iluminado com as luzes da justiça, da fé e da humildade. Esse magnífico jesuíta, membro de uma ordem admirável, que já nos deu tantos santos, marcante figura do episcopado brasileiro, era de extraordinária cultura, sábio, prudente, sereno e forte. Aparecia quando era preciso, mas vivia de fazer o outro aparecer. Estar perto de Dom Luciano era sentir o pastor atento ao interlocutor. A ele se aplicava o salmo que diz: "Provaste o meu coração; visitaste-me de noite; examinaste-me, e nada achaste; propus que a minha boca não transgredirá" (Sl 17,3).

Trazia no rosto o cansaço físico de quem trabalha muito e dorme pouco, mas era impressionante a sua disposição de ouvir e servir. O outro era uma festa para ele. Nunca o vi falar de forma negativa a respeito de ninguém. Quem o conhece mais de perto fala impressionado de sua santidade, sua perspicácia e seu discernimento, feito da certeza de que Deus é misericordioso. Quando teve que falar forte em favor dos pequenos, o fez sem perder o equilíbrio. Aqueles bispos daqueles dias difíceis da ditadura, entre os quais ele, souberam erguer a voz sem perder a paz. A nova geração precisa ouvir mais sobre eles. Eu os vi e ouvi e sei o quanto nos ensinaram. Dom Luciano estava lá entre eles, quase escondido, não fosse a luz que irradiava.

Praticou a justiça e a misericórdia em grau heróico, serviu, serviu e serviu, obedeceu, obedeceu e obedeceu. Não se queixava de nada; injustiçado, elogiava quem o feriu. Estava lá, farol, disponível, fraterno. Santo moderno que até os adversários da Igreja reconhecem como exemplo de ser humano da melhor espécie, os seus escritos transcendiam pureza, fé, cultura e humildade. Havia pouco "eu" em tudo o que fazia. Sua vida era Jesus nos outros e os outros em Jesus.

Como qualquer católico pode fazê-lo, junto-me aos que propõem que se comece imediatamente o processo de sua beatificação. Andamos tão carentes de testemunhos e exemplos de vida e de diálogo, que lembrar Dom Luciano todos os dias fará bem ao Brasil cada dia mais injusto e mais confuso. Ele sabia! Morreu sabendo como, em quem, de onde e para onde. Que se conte a sua história aos jovens de hoje. Ajudará no seu aprendizado de viver. Não é para isso que servem os santos?

 O que vi, ouvi e senti em Mariana

Padre Wendel Ribeiro
Diocese de São José dos Campos.
Pároco da Paróquia São João Batista de Jacareí-SP

O que vi...

Vi na histórica e nobre Mariana – Arquidiocese Primaz de Minas Gerais – repleta de pessoas que estavam prestando o seu último adeus ao querido Dom Luciano: o Núncio Apostólico, cardeais, bispos, padres, o presidente da República, políticos e o povo de Deus, especialmente os pobres, favoritos de Deus e tão amados e servidos por Dom Luciano.

Tocou-me profundamente..., ver o vigário geral e o pároco da catedral chorando no momento que fizeram uso da palavra... que testemunho lindo de fraternidade presbiteral eles deram... lembrei-me de uma passagem dos Atos dos Apóstolos, onde os pagãos diziam a respeito dos cristãos: "Vede como eles se amam".

O que ouvi...

Ouvi, a frase já conhecida por todos: "Dom Luciano foi um santo!". Não um santinho... como salientou seu irmão, na missa de corpo presente, mas um verdadeiro santo, comprometido integralmente com Jesus Cristo, com o Evangelho e com os irmãos.

O que senti...

Senti, que estava participando de um acontecimento histórico... um momento marcante da história da Igreja no Brasil. Estavam presentes 202 sacerdotes; como eu fiquei perto do seu féretro, tive a graça de carregá-lo com carinho em meu ombro sacerdotal, com mais alguns padres. Somente nós, que estávamos carregando o féretro de Dom Luciano, tivemos acesso à histórica cripta de Mariana, para depositá-lo na sepultura. Tivemos a dita, como disse o bispo que me ordenou, "de sepultar um santo".

Momento inesquecível!

Cantamos a salve-regina, tiramos com veneração seu terço, sua humilde cruz peitoral de madeira, mitra e pálio, que foram para seu futuro memorial. Logo depois o núncio apostólico e o presidente da CNBB concluíram o rito fúnebre.

Obrigado, Senhor!

Parabéns ao clero de Mariana pelo amor sincero e edificante que demonstraram para com o seu amado pastor: Dom Luciano.

XI

 Apóstolo da ecumene

Pastor Antonio Carlos Ribeiro
Pastor da Igreja Evangélica de Confissão Luterana no Brasil. Teólogo e jornalista, membro do Conselho Nacional de Igrejas Cristãs (Conic)

Conheci Dom Luciano, em 1989, na cidade de Duque de Caxias, no VII Encontro Intereclesial de Comunidades Eclesiais de Base (CEB). Um homem simples, culto, piedoso, sem nenhuma afetação pelo poder, como talvez só se possa contar nos dedos de uma mão. Com trânsito livre entre os trabalhadores comuns aos mais influentes hierarcas, ele dormia pouco, lia, pregava, visitava os pobres, socorria os doentes e cortava as unhas dos velhinhos do ancianato. O equívoco da agressão da revista *Veja* e a tentativa de isolá-lo dos centros de poder, sob a ação de Deus, que transforma todo mal em bem, evocaram a solidariedade até dos críticos e deram-lhe a popularidade que percebemos no grave acidente sofrido anos atrás e agora no amor de seu povo, da *ecumene* e, sobretudo, dos pobres, perante os quais manteve sua fidelidade.

Damos graças por sua vida e testemunho!

Dom Luciano: pastor dedicado e competente

José Moreno
Bispo da Igreja Anglicana Livre

A Igreja Episcopal Anglicana Livre vem a público manifestar seu pesar pelo falecimento do bispo católico romano Dom Luciano Pedro Mendes de Almeida, sj, arcebispo de Mariana. Estendemos nossa solidariedade aos familiares e às ovelhas do pastor dedicado e competente, bem como aos seus pares bispos de toda a Igreja, que só não ficou mais pobre porque Deus "não é Deus de mortos, mas de vivos!" (Mt 22,32b). O prefácio do "Ofício de sepultura" do *Livro de oração comum* assinala que a liturgia pelos falecidos é uma liturgia pascal e que todo o seu significado se concentra na ressurreição e se caracteriza por sua alegria. Entretanto, essa alegria não torna anticristã a aflição humana nem a tristeza diante da dor pela separação que a morte produz. Portanto, ao mesmo tempo em que nos alegramos porque algum ente querido está na presença plena de nosso Senhor, também compartilhamos da tristeza daqueles que choram.

"Ubi non nuntiatus fuit Christus, ibi notum Eum facere" (cf. Rm 15,20).

Misereor se solidariza com a Igreja do Brasil

Dr. Martin Bröckelmann-Simon
Misereor

Reverendíssimos senhores,

Foi com grande tristeza que recebemos a notícia do falecimento de Dom Luciano Mendes de Almeida, sj, e vimos por este meio expressar os nossos mais profundos sentimentos de pêsames.

Com o falecimento de Dom Luciano, a Igreja Católica perdeu um homem que sempre esteve ao lado dos pobres e excluídos e que junto com eles lutou por um mundo mais justo e fraterno. Dom Luciano marcou uma longa fase da parceria entre a Igreja Católica do Brasil e a Misereor. Sua presença inesquecível em várias ações promovidas por Misereor, seja no âmbito das nossas Campanhas Quaresmais, no contexto de diálogos com a Igreja e a Sociedade da Alemanha ou nos encontros que tivemos com ele no Brasil, nos proporcionou participar da riqueza da Igreja brasileira. Graças à sua extraordinária bondade humana, sua impressionante clareza intelectual e sua admirável dedicação a todas as pessoas, e de forma especial aos pobres e oprimidos, Dom Luciano sempre será um grande exemplo de fé, esperança e amor para o mundo inteiro.

Agradecemos a graça de ter tido a presença de Dom Luciano entre nós.

Reforçando a nossa solidariedade com a Igreja do Brasil neste momento difícil, despedimo-nos com saudações fraternas.

Aachen, 29 de agosto de 2006.

XII

Meu nome é Dom Luciano, apareça na CNBB

Marcos Terena
Da nação Xané, presidente do Comitê Intertribal,
coordenador da Central de Informações Indígenas
e membro da Comissão Justiça e Paz da CNBB – BSB

Nos anos 1980, em uma viagem de avião, sentei-me ao lado de um padre. Conversamos um pouco sobre a vida e a vida indígena, na qual os valores espirituais são sagrados e permanentes no relacionamento com o Grande Criador. Ele falou sobre os possíveis erros do passado. Para mim, ali estava um padre diferente, que sabia falar das coisas sem dar sermão ou puxão de orelha. Ao desembarcarmos, ele me disse: "Meu nome é Dom Luciano, apareça na CNBB!".

A partir daquele momento, estimulado pela luta indígena, sempre que era necessário, lá ia eu à CNBB para conversar com ele para que interviesse pelo menos no Ministério do Interior pelos nossos direitos como povos e, principalmente, como estudantes prestes a serem expulsos por orientação do general Golbery e do presidente da Funai, coronel João Carlos Nobre da Veiga.

Naquele tempo, Dom Luciano era o secretário-geral da CNBB e, com seu apoio, começamos a campanha pela demarcação das terras – seja com os xavantes, seja com os apinajé – e, ao mesmo tempo, pelos direitos humanos – como o direito de estudarmos em Brasília e o direito de nos organizarmos com a União das Nações Indígenas.

Dom Luciano nunca deixou de lutar por esses direitos e, certamente, nunca falhou nesse compromisso, seja perante nós, o povo indígena, seja perante o Grande Criador, que agora o chamou para o campo eterno.

A CNBB, aliada de sempre, conselheira suprema na defesa dos direitos humanos, sabe que um guerreiro sai de cena, mas deixa sua semente marcante e exemplar para os novos guerreiros.

Dom Luciano jamais esmoreceu. Jamais se afastou de sua paróquia. Jamais se afastou de seus ideais.

Como filho dos povos indígenas, levanto minha prece ao Grande Ituco-Oviti para que seu espírito usufrua o galardão como merecimento por seu trabalho como missionário, mas, principalmente, como um guerreiro de batina.

Dom Luciano está na palma da mão de Deus

Padre Jurandyr Azevedo Araújo, cdb
Pastoral Afro-brasileira

Dom Gílio Felício
Bispo referencial da Pastoral Afro-brasileira

Dom Luciano está na palma da mão de Deus. A sua vida foi uma dedicação total aos pobres e, por que não dizer, à causa dos(as) negros(as). A Pastoral Afro-brasileira é devedora desse amigo de todas as horas. Desde o seu início, foi ele quem sempre apoiou e tinha palavras firmes, amigas, proféticas em defesa de nossa causa e dizia: "Sempre em frente com coragem, não desanime".

Foi um autêntico pastor, com um novo jeito de ser Igreja! Um jeito novo de ser gente, de ser cristão, de ser padre, de ser bispo. Por que não pai dos pobres, negros, marginalizados e excluídos?!

Peço licença ao pe. Virgílio Uchôa para usar suas sábias palavras: "Foi a encarnação viva do seguimento de Jesus na pessoa dos pobres, dos excluídos, dos indefesos, das crianças. A Igreja no Brasil perde alguém capaz de unir diferenças e de construir caminhos sempre novos. Ele será para sempre o sinal de fé e de compromisso com a verdadeira e única causa importante: criar os espaços de Deus, presente neste mundo, na pessoa de Jesus Cristo, nos pequenos, nos pobres e nos excluídos, nas comunidades negras e na educação popular".

Temos agora, junto de Deus, um santo que conhecemos e amamos, que nos conheceu e nos amou! Interceda por nós e receba a nossa gratidão!

 **Tributo a Dom Luciano!**

Via Campesina

A Morte não é verdade,
quando se cumpre bem a obra da vida.
(José Martí)

Hoje, dia 28 de agosto de 2006, na capital mineira, o sol não quis se expor pela manhã sob as montanhas de Minas, dando lugar a uma garoa fina, alimentadora de vida e de esperança, para regar as terras secas após o grande período da estiagem. Acreditamos que a chuva veio como forma de lembrarmos do grande semeador de esperança, de fraternidade, de justiça e de amor.

Sem dúvida alguma, nós, homens e mulheres, dos movimentos sociais de Minas Gerais, em especial a Via Campesina, sentimos pela partida de nosso convívio do semeador Dom Luciano Mendes de Almeida.

Dom Luciano Mendes, arcebispo de Mariana, filósofo, homem comprometido com os mais necessitados, com a justiça e a dignidade humana, pastor profético da Teologia da Libertação que encarnou a opção pelos pobres.

Mais recentemente, nos últimos oito meses, discutimos constantemente a caminhada e o processo de fortalecimento dos movimentos sociais em Minas Gerais. Discutimos também o projeto soberano e popular para o Brasil, através das nossas bandeiras de lutas pela isenção e redução da tarifa de energia elétrica e pela reestatização da Companhia Vale do Rio Doce.

Na primeira semana de abril, em Belo Horizonte, com mais de 3 mil pessoas do campo e da cidade, promovemos um grande ato de cidadania, ao lançarmos a campanha pela redução da tarifa de energia elétrica, desencadeando, a partir daí, uma série de reuniões com os representantes da Cemig, estimulando também os parlamentares a apresentarem projetos pela isenção da tarifa. Tudo isso possibilitou um grande curso de formação de lideranças sobre os temas no mês de junho.

Dom Luciano esteve sempre presente, ao lado, junto dos movimentos sociais, nas mobilizações. Em abril deste ano, por exemplo, se colocou à frente da tropa de choque do governo do estado, que impedia a caminhada pacífica dos movimentos sociais em Belo Horizonte. Também quando, em um gesto de justiça e solidariedade, foi à delegacia visitar os trabalhadores que foram presos e espancados covardemente pela polícia do estado, segundo o depoimento dos trabalhadores.

Defendia como legítima a organização e mobilização dos trabalhadores. Na ocasião, ao receber o título de cidadão *Honoris Causa*, do estado de Minas Gerais, na Assembléia Legislativa, disse: "Tenho acompanhado a luta incansável dos movimentos sociais em Minas Gerais, estes são movimentos ordeiros, legítimos e necessários para a sociedade [...]. Minas Gerais tem as condições concretas de ser a pioneira na realização da tão sonhada reforma agrária. Nós deveríamos começar para que outros estados nos seguissem como exemplo".

Em outra oportunidade, semanas antes de ser internado em São Paulo, em uma reunião que aconteceu no dia 29 de junho com representantes da Via Campesina, nos disse (depois de ter apresentado uma caixa com mais de quatrocentas contas de luz das famílias pobres de Mariana para serem pagas): "Vejam, meus irmãos, a triste realidade social que vive o nosso povo. Recebemos por dia, aqui na paróquia, em média 15 famílias em desalento por não conseguirem pagar a alta tarifa de energia, tendo que escolher entre pagar a conta ou comprar o alimento da família...".

Dom Luciano demonstrou profundo pesar pelo massacre das famílias sem-terra, ocorrido em Felisburgo, em 20 de novembro de 2004, e profunda indignação pela morosidade com que os órgãos públicos e responsáveis vêm tratando o caso das famílias. Dispôs-se a organizar uma comissão dos bispos para visitar o acampamento e pressionar o governo do estado, o governo federal, o Incra e o Judiciário para que não deixassem mais esse crime passar impune.

Dom Luciano falou com orgulho sobre a importância da organização do Movimento dos Atingidos por Barragens, MST, CPT, MPA, entre outros.

Dom Luciano nos deixou fisicamente, mas o seu amor, as suas idéias, convicções e o seu legado continuam vivos nos nossos corações e mentes.

Dom Luciano, repouse e viva plenamente, porque nós, homens, mulheres, crianças e especialmente jovens das organizações que compõem a Via Campesina continuaremos seus ensinamentos, seu testemunho e seu exemplo. Companheiro Dom Luciano, você não morre nunca..., sua força e eterna juventude vão nos guiar na luta rumo a uma sociedade mais justa, fraterna e igualitária.

Grande pastor

Araci Cachoeira
**Poetisa e mística, profetisa
da luta da via campesina**

1
Fúnebre lamenta o sino
Insistente a tocar
Grita, acorda, Mariana,
Vem seu guerreiro saudar
Vem dar o seu último adeus
A quem só ensinou a amar.

2

Dobre os sinos, Mariana,
Faça ao longe se ouvir
Receba o corpo do líder
Que queria o povo unir
Campo e cidade hoje juntos
Vem do bom pai despedir.

3

Nenhum militante social
Vai conseguir esquecer
As vezes em que se arriscou
Para enfrentar o poder
Ao lado dos oprimidos
Sempre esteve a defender.

4

Atingidos por barragens
Sem terra, sem emprego, sem lar
Toda luta em causa justa
Estava pronto a acompanhar
Se não podia estar presente
Tinha uma carta pra enviar.

5

Assim o povo foi conhecendo
Um homem de bom coração
De um servo que na Terra
Dedicou a sua vida
No combate à miséria
De tanta gente sofrida.

6

Hoje a dor de sua perda
É grande para toda a gente
Que luta pela transformação
De um sistema tão excludente
Agora só cabe ao povo
Tocar sua luta em frente.

7

Se outros religiosos
A sua coragem herdar
A igreja fará a sua missão
De suas ovelhas cuidar
Pois Dom Luciano era assim
Sabia o rebanho guardar.

8

Enquanto aqui na Terra
Sem saber o que fazer
O povo chora e reza
Pensando o que fazer
Há no Céu uma grande festa
Para o guerreiro receber.

9

Zumbi convoca seus negros
Irmã "Dorothy" vai chamar
Os sem-terra que morreram
Tentando terra conquistar
Sepé Tiaraju ajunta os índios
Para cortejo formar.

10

Os meninos da Candelária
E de outros massacres ocorridos
Fazem a grande alvorada
Para o anjo tão querido
Pois se dele dependesse
Nada de mal tinha ocorrido

11

O Céu hoje se alegra
Por uma missão cumprida
Que usava seu poder
Em defesa da nação
Com humildade e coragem
Combatendo a exclusão.

12

Por ser o líder que foi
Só o seu corpo vai partir
Seu ensinamento de luta
Em muitos vai persistir
Quem é lutador do povo
Seu exemplo vai seguir.

13

Dom Luciano Mendes
Jamais será esquecido
Viverá eternamente
Terá seu sonho definido
Em espírito zelai por nós,
Grande pastor querido.

Mariana, 29 de agosto de 2006.

XIII

Arsenal da esperança
Dom Luciano Mendes de Almeida

Fraternidade da Esperança
Associação Assindes-Sermig
Arsenal da Esperança

Ernesto Olivero é o fundador do Serviço Missionário de Jovens (Sermig), Fraternidade da Esperança, grupo italiano que tem a própria sede no ex-arsenal militar de Turim, há mais de 23 anos rebatizado Arsenal da Paz.

Chamado para fundar um Arsenal no Brasil pelo amigo Dom Luciano Mendes de Almeida, em 1996, Ernesto Olivero, com a bênção do, naquela época, cardeal de São Paulo, Dom Paulo Evaristo Arns, e com a colaboração do governo do estado, fundou em São Paulo o Arsenal da Esperança, um projeto de caráter humanitário que acolhe todas as noites 1.150 homens, pessoas que têm a rua como única alternativa.

São acolhidos no mesmo complexo da antiga Hospedaria dos Imigrantes, onde, nos anos da migração proveniente do exterior, foram hospedados cerca de 5 milhões de migrantes de todo o mundo.

Dom Luciano tinha conhecido Ernesto em 1988, convidado a dar um testemunho sobre a realidade brasileira. Naquela ocasião, tinha falado aos jovens do Sermig, principalmente da guerra no Líbano. A partir daquele encontro, nasceu uma grande amizade com Ernesto e, desde então, frutificou um grande bem, seja pelo Líbano e pelas várias missões

DEUS É BOM

de paz e projetos de desenvolvimentos, seja pelo Brasil, onde o Sermig, além do Arsenal, apóia muitos projetos em favor dos mais pobres e abandonados, sobretudo crianças.

Pela grande amizade com o Sermig e pelo amor que Dom Luciano tinha pelo Arsenal, o Sermig decidiu intitular o Arsenal de Arsenal da Esperança Dom Luciano Mendes de Almeida, com a motivação: "Bispo bom e amado de todos, sobretudo pelos mais pobres". Com isso, queremos declarar a nossa disponibilidade para nos tornar homens e mulheres de Deus, bons como pedaços de pão que todos podem comer, como era Dom Luciano.

O cardeal de São Paulo, Dom Cláudio Hummes, que sempre apóia as iniciativas do Arsenal e que o define como "uma das iniciativas mais extraordinárias de leigos católicos na cidade de São Paulo", sustenta e bendiz essa iniciativa. O mesmo cardeal, no dia 24 de setembro, estará em Turim para visitar o Arsenal da Paz e conhecer a Fraternidade da Esperança.

Nessa ocasião, a Igreja do Arsenal será dedicada a Maria, Mãe dos Jovens, em lembrança de Dom Luciano Mendes de Almeida, "homem de Deus, homem bom, amigo da paz e dos pobres".

A Fraternidade da Esperança está se preparando para um grande encontro para lembrar Dom Luciano, dedicar-lhe o Arsenal e definir um ponto de partida para uma revolução de caridade, partindo pelos mais jovens. Todos estão convidados para colaborar conosco nesse grande compromisso mundial.

Depoimento

Antonia Accarino Muciollo (Toninha)

Deus me deu a graça de durante trinta anos trabalhar ao lado de um santo!

Era março de 1976, após seis meses de preparação, inauguraríamos a primeira Escola da Fé da Região Leste 1, da Arquidiocese de São Paulo. Naquela época, além de mim, estava à frente da escola o pe. Hermínio Torices. Exatamente no dia da inauguração ficamos sabendo que a Arquidiocese de São Paulo receberia um novo bispo auxiliar, o pe. Luciano Pedro Mendes de Almeida, jesuíta, conhecido de alguns poucos padres e religiosas.

Confesso que a princípio ficamos preocupados: "E agora o que será desta Escola?!".

Após ser sagrado bispo, em 2 de maio de 1976, sua primeira visita foi a Escola da Fé, e para nossa alegria vimos Dom Luciano feliz com a iniciativa da catequese para adultos. Passamos a perceber como para ele, também, era importante essa escola. Tanto que em seguida criou uma sala de atualização para o clero. Para nós começou a se revelar um dos seus muitos dons, o de educador, um verdadeiro mestre, falava com clareza, autoridade e realmente vivia o que pregava.

Outra oportunidade que me foi dada por Deus, foi aprender com Dom Luciano o valor inestimável da comunicação. Escrevia artigos semanalmente para o Jornal *O São Paulo* falando sobre a Escola da Fé e sobre a já instituída Região Episcopal Belém. Eu os levava até a redação do jornal e nessas ocasiões comentava comigo a importância da comunicação, da informação na vida das pessoas. Que a região, a Igreja deve sempre noticiar seus eventos e atividades. Muitas vezes chegamos a fazer juntos algumas matérias, ou então me falava o tópico da notícia e eu procurava descrever e expressar a vida da região. Vivíamos um período de ditadura, de repressão militar e o jornal *O São Paulo* passava por censura constantemente. Muitos artigos eram cortados ou nem publicados, no lugar colocavam a frase: Leia e divulgue *O São Paulo*. Quando essa frase aparecia, todos já sabíamos que ali tinha sido censurada uma matéria ou frase.

Essa censura incomodava muito Dom Luciano; as notícias da situação da periferia chegavam, mas não era possível publicar na íntegra e ele tomava o cuidado de amenizar para não irritar os militares e o povo sofrer as conseqüências.

Nessa época era secretário da CNBB, freqüentava semanalmente Brasília e conhecia bem de perto a irritação e muitas vezes a fúria dos militares quando eles mesmos viam a frase: Leia e divulgue *O São Paulo*. Para eles era claro que lá alguém teria escrito algo que "não devia".

Seu reconhecimento como comunicador foi tanto que entre muitos artigos escritos ao longo de sua vida, durante 22 anos teve uma coluna no jornal *Folha de S. Paulo*, interrompida apenas duas vezes. Uma vez, quando em viagem à Rússia, não havendo fax ou meios eletrônicos de rápida comunicação, passava sua mensagem por telefone; mas o governo russo controlava tudo e acabou proibindo. E, na segunda vez, quando sofreu um acidente de carro voltando para Mariana. Hospitalizado e com ferimentos por todo o corpo, membros comprometidos e mandíbula fraturada – por algum tempo esteve até com a boca costurada –, seu irmão Dr. Candido Mendes de Almeida escreveu em seu lugar, contando sobre o acidente e seu estado de saúde, dizendo ainda que, mesmo com toda dificuldade, Dom Luciano escreveu num pedaço de papel: "Deus é bom!".

Dom Luciano tinha, entre tantas habilidades, a de escrever com a mão esquerda, e assim, na semana seguinte, já começou a sair um artigo dele escrito com a mão esquerda. Incentivava tanto a comunicação e acreditava no seu poder e valor que, entre as suas inúmeras viagens indo ou voltando para algum lugar, estava sempre escrevendo, muitas vezes dentro de um ônibus.

Anos depois integrou a equipe de fundadores da Rede Vida de Televisão. Mesmo com tantos afazeres como bispo e pastor, vinha às reuniões da Rede Vida e voltava de ônibus no mesmo dia para Mariana.

Ainda na Região Episcopal Belém, Dom Luciano me convidou para participar da equipe de finanças da região. No começo achei melhor não, também porque já coordenava a Escola da Fé. Mas com seu jeito carinhoso acabou me convencendo. Nessa ocasião pude conhecê-lo um pouco mais. Uma das lições mais belas que aprendi com ele foi que gerenciar finanças, o dinheiro propriamente dito, deve ser um objeto a serviço dos outros, que a partilha e a grandeza do significado da palavra solidariedade devem estar sempre à frente na vida do cristão. Partilhar com os irmãos, principalmente os mais empobrecidos e em situação de dificuldade sempre foi sua prioridade, isso se estendia aos padres e paróquias da periferia.

Depois de 12 anos estando à frente da região do Belém, Dom Luciano, foi nomeado Arcebispo de Mariana. Já havia sido eleito por duas vezes secretário da CNBB e assim que foi eleito presidente não poderia continuar como bispo auxiliar. Lembro-me no dia que foi eleito, Dom Paulo Evaristo Arns fez um comentário comigo: "Perderemos Dom Luciano, logo será nomeado para uma diocese".

Quando foi para Mariana, achei que não tinha mais oportunidades de trabalhar com ele. Mas Deus, mais uma vez, foi generoso comigo. Sendo presidente da CNBB, vinha muito a São Paulo, onde na época se concentravam trabalhos, campanhas, gravações e diversas atividades. Isso me possibilitou estar com ele; pois inúmeras vezes eu o levava de carro a seus compromissos aqui em São Paulo.

Depois vieram dois grandes projetos, a Rede Vida e o Arsenal da Esperança. Fui convidada por João Monteiro de Barros Filho para fazer parte da Rede Vida, uma vez que acompanhava Dom Luciano e se em algum momento ele não pudesse estar presente às reuniões eu estaria incumbida de transmitir o que se havia passado nas mesmas. Mas isso não foi preciso, pois raríssimas foram às vezes, em 11 anos, que Dom Luciano faltou.

Na mesma época surgiu o projeto do Arsenal da Esperança, aonde, aí também, continuamos trabalhando juntos em favor da população em situação de rua. Realmente foram trinta anos nos quais pude trabalhar com Dom Luciano e a cada dia aprender e colocar em prática seus ensinamentos que muitas vezes, comigo, eram em forma de bate-papos a caminho de algum compromisso.

Dom Luciano sempre teve uma preocupação explícita e demasiada com os mais pobres, humildes e necessitados. Lembro-me dele colocando a Dom Paulo Evaristo sua preocupação especial com as crianças, e que a arquidiocese deveria ter uma pastoral voltada para essa questão. Foi então que Dom Paulo sugeriu: "implantemos a Pastoral da Criança e você será o coordenador".

Como já articulava a Pastoral do Menor e tendo participação direta na elaboração do Estatuto da Criança e do Adolescente (ECA), hoje modelo de defesa dos diretos das crianças, reconhecido mundialmente, Dom Luciano partiu para a efetivação da Pastoral da Criança em São Paulo.

A Pastoral da Criança nasceu por motivação da Dra. Zilda Arns, irmã de Dom Paulo. Na arquidiocese foi articulada e coordenada por Dom Luciano e, como não poderia deixar de ser, seu laboratório foi a região Belém. Estimulou sua criação nas paróquias, comunidades eclesiais de base, nas obras sociais, por onde passava levava o compromisso que todos nós deveríamos ter com as crianças e adolescentes. E claro, toda a arquidiocese acabou participando. Hoje as duas pastorais são amplamente trabalhadas e reconhecidas em todo o Brasil.

Gostaria de ressaltar o que sempre me impressionou em Dom Luciano: era uma pessoa de profunda oração. Arrisco-me a dizer que literalmente se alimentava de oração.

Lembro-me de algumas vezes ir buscá-lo em casa, por volta das seis da manhã, para algum compromisso, e ele me dizia que havia dormido apenas meia hora naquela noite, pois havia passado a noite toda atendendo uma mãe desesperada com o desaparecimento de um filho, um pai aflito sem trabalho, uma pessoa que em situação de rua não tinha para onde ir, um amigo precisando de uma palavra de conforto. Ligava para quem pudesse, mesmo tarde da noite, para tentar resolver; se não conseguia, continuava sua empreitada durante o dia. Ele me pedia licença e dizia: "Passei a madrugada inteira tentando ajudar, quando a pessoa foi embora, cochilei apenas meia hora na cadeira, porque se deitasse não iria levantar, daí tomei um banho e estou saindo, você me dá licença que eu preciso rezar, porque se não o fizer, não vou conseguir passar o dia de hoje". Até parece que ele precisava pedir licença para rezar, mas era uma forma delicada de estar ao lado de uma pessoa e não conversar por algum momento, e para isso pedia licença. Quem estivesse a seu lado era convidado a rezar também, caso já tivesse feito suas orações, rezava em voz baixa. Quando terminava, ajeitava-se no banco do carro com a sensação de que ali estava um homem novo, um homem que havia descansado oito horas e que estava pronto para enfrentar mais um dia de trabalho. Esse era Dom Luciano, que realmente se apoiava na oração para se fortalecer e estar sempre disponível, para os mais fracos, os mais pobres, mais necessitados e, de modo particular, para as crianças.

A oração sempre foi um apelo muito grande em seu coração. Com certeza era o meio de estar conectado com Deus, que o fortalecia para seu trabalho como ser humano.

Dom Luciano sempre foi considerado o bispo dos pobres e isso me faz lembrar um fato, de tantos em sua vida, junto aos mais necessitados. Sempre chegava atrasado em seus compromissos porque havia pelo menos uma meia dúzia de pessoas à sua porta esperando por uma palavra ou por um auxílio, ou mesmo os que o interpelavam onde quer que ele estivesse, e ele solicitamente atendia todos. Criou-se até um departamento para atender essas pessoas; esse trabalho era feito pelo sr. Batina e pelo sr. Haroldo, mas as pessoas queriam estar com Dom Luciano. Eram atendidas, davam meia volta e iam à procura de Dom Luciano. Mesmo assim, pela manhã, à tarde ou à noite, não era raro ver as pessoas de "plantão" na porta da casa de Dom Luciano à espera de uma palavra, uma ajuda. Alguns acabavam por receber ajuda duas vezes.

Certa vez, pediram-me que falasse com ele, pois talvez eu pudesse convencê-lo a não mais atender dessa maneira.

Numa ocasião fui buscá-lo no aeroporto e tomei a liberdade de colocar-lhe a situação. Ele respondeu: "Eu entendi!", e quando ele dizia "eu já entendi", era para que parássemos, pois ele já tinha entendido perfeitamente o que havia sido dito. Dias depois, fui buscá-lo novamente e havia umas três pessoas em sua porta; ele me disse: "dá pra você esperar um pouco, vai ser rápido... eu não tenho mais dinheiro", referindo-se à nossa conversa anterior. Apontou-me um casal que estava do outro lado da rua e perguntou: "Você conhece aquele casal?". Eu disse: "Não, não conheço". Então ele disse: "Oxalá que este casal não precise de dinheiro, porque eu não tenho mais". Continuou atendendo as pessoas que estavam à sua porta e depois, vendo o casal ali parado, olhando para ele, atravessou a rua e foi conversar com os dois, voltando com um envelope nas mãos. Entrou no carro e me disse: "Toninha, você sabe o que tem neste envelope? Sabe o que aquele casal queria de mim?'". Respondi que não sabia e que não estava entendendo o que se passava. E ele me disse: "Aquele casal me deu este envelope contendo todas as suas economias e pediu que eu as distribuísse aos meus pobres. Na sexta-feira, quando você conversou comigo, eu cheguei em casa, me ajoelhei e disse a Deus: "Senhor, sabes que eu nunca tive nada, sempre fui desprendido em relação a dinheiro ou bens, e quando eu vim para a Região como bispo eu passei a ter um salário por essa função; prometi doar esse valor aos pobres, mas eu estou percebendo que isso incomoda muita gente. Mostre-me através de um sinal se devo ou não continuar com minha promessa". E ele balançando o envelope me dizia: "Toninha este é o sinal, por favor, nunca mais me faça esse tipo de pedido. Você é capaz de entender que eu amo os meus pobres, como eu amo os meus padres!". Esse era Dom Luciano.

Essas e tantas lembranças consolam minha tristeza quando lembro que ele não está mais entre nós! Ter vivido e aprendido na prática com ele o que é ser cristão verdadeiramente foi uma experiência tão inesquecível quanto esse santo homem!

Penso que nós que pudemos conviver com Dom Luciano, tendo a graça de conhecê-lo e amá-lo, temos que agradecer imensamente a Deus por isso, principalmente por nos ter permitido conviver com um santo!

São Paulo, Região Episcopal Belém,
outubro de 2006.

HOMENAGEM A DOM LUCIANO

Dom Luciano Mendes:
o lutar paciente dos não-violentos

Cléa Carpi da Rocha
**Presidente da Associação Americana
de Juristas Continental (AAJ)**

Beinusz Szmukler
Presidente do Conselho Consultivo da AAJ

João Luiz Duboc Pinaud
Presidente da Rama da AAJ do estado do Rio de Janeiro

João Pedro Ferraz dos Passos
Presidente da Rama da AAJ do Distrito Federal

Herilda Balduino de Souza e Nilton Correia
Vice-presidentes da AAJ do Distrito Federal

Claudio Hiran Alves Duarte
Presidente da Rama da AAJ do Rio Grande do Sul

A notícia é sempre lacônica e uma frase, nela embutida, fica na lembrança. Notícia de óbito é sempre redução. Portanto, não diz muito. E apenas informa: "Dom Luciano morre em São Paulo aos 75". Nem mesmo os desdobramentos, com informações biográficas, rompem o limite. Se nenhuma vida é redutível ao noticiamento de seu término físico, o que se pode dizer de existências especiais? De fato, Dom Luciano morreu em São Paulo aos 75. Entristecidos, soubemos disso. Entretanto, na notícia a pergunta: o que morreu com ele? E a invisível e antiga rede de tarefas, entregas, sacrifícios? Morreu? Não, naturalmente ela prossegue pelo todo social, posto que foi fiel à luta o lutador, e por causa do seu sempre lutar em favor do amor aos desvalidos apenas a presença morreu com a partida.

253

Dom Luciano buscou, segundo suas palavras, "sem a impaciência dos não-violentos", mas enquanto agir sem transações de princípios éticos, de modo inflexível, a efetivação da solidariedade. Vivenciou, em tempos caóticos, o que se poderia chamar de mansuetude do Cristo. Atento ao sofrer alheio, foi capaz de sentir as queixas mudas dos oprimidos. Por isso, resistiu à opressão militar (após 1964), lutou contra todas as formas de silêncios murados, a violência do latifúndio, em favor da reforma agrária. Quem pesquisar genealogias verá as linhas numa constelação de parentela com semelhantes escolhas e, para não enumerar, dizer que ele se construiu como ícone de direitos humanos, se entendermos como ícone aquele que sinaliza para um valor maior. No caso de Dom Luciano, foi o encarnar os próprios símbolos de sua luta contra a barbárie, notadamente ante poderes que não escutam ninguém e assim brutalizam mais as vítimas de sua exclusão que seus próprios opositores.

Evidentemente, a luta e o exemplo de Dom Luciano não partiram com ele. Seus inúmeros e esquecidos beneficiários não falarão de seus reconhecimentos, pois ainda estão amassados e mutilados. Entretanto, o que plantou germina e palpita em novas esperanças. Algo valioso e especial denominável em palavras irmãs, a saber: solidariedade, ética, alteridade. São valores que a vida de Dom Luciano concretizou e que obrigam ao reconhecimento de crentes de todas as religiões e, inclusive, aos não-crentes comprometidos com seus mesmos ideais.

Rio de Janeiro, 28 de agosto de 2006.

❧ Anunciar o Reino e fazê-lo entre nós

Centro de Educação Popular do
Instituto Sedes Sapientiae (Cepis)

O Cepis se solidariza com os familiares de Dom Luciano Mendes de Almeida, da mesma forma que com a Arquidiocese de Mariana e todas as pessoas de boa vontade que se sentem mergulhadas neste pesar, mas cheias de esperança no triunfo da vida sobre a morte.

Dom Luciano testemunhou, com sua vida e ação frente à Igreja do Brasil, que o Evangelho é compromisso com o claro objetivo de se anunciar o Reino e fazê-lo entre nós, a partir dos empobrecidos, crianças de rua, marginalizados.

Sentiremos sua falta enquanto pessoa humilde e alegre, compreensiva e acolhedora, mas teremos sempre sua presença nos frutos de suas ações pastorais.

É a expressão da equipe do Cepis no passamento de Dom Luciano Mendes de Almeida.

❧ Surge nova estrela no céu

João Monteiro de Barros Filho
Jornalista que teve o
apoio de Dom Luciano na
fundação da Rede Vida

E estrela da Rede Vida apareceu nos céus do Brasil, graças a Dom Luciano Mendes de Almeida, que, na presidência da CNBB foi procurado por Dom Antonio Maria Mucciolo e Monteiro Filho.

Quando ouviu o convite para a CNBB participar do Projeto Rede Vida, Dom Luciano foi categórico: "A Conferência Nacional dos Bispos do Brasil não pode dirigir uma rede de Televisão, porém, encontrem o caminho da nova TV, que nós apoiamos".

Foi o que aconteceu. Com ajuda de Dom Luciano, Dom Antonio e Dioceses Brasileiras, nasceu o Instituto Brasileiro de Comunicação Cristã (Inbrac), que viabilizou o projeto da televisão independente, nascendo assim a Rede Vida.

Durante os 11 anos da Rede Vida/Inbrac, Dom Luciano sempre participou de todas as assembléias e reuniões mensais, tornando-se um grande incentivador do *canal da família*.

Quando dona Inês, nossa mãe, faleceu, nós transcrevemos no jornal *O Diário de Barretos* um texto do poeta espanhol Amado Nervo, que diz:

NÃO MORRERAM, PARTIRAM ANTES
Choras teus mortos com tamanho
desconsolo, que, dir-se-ia, és imortal.
Não morreram, partiram antes.
Deixa que eles sacudam o pó do caminho,
que descansem no regaço do Pai e ali curem as
feridas de seus pés andarilhos; deixa que ponham
seus olhos nos verdes prados da paz.

Honestamente, não choramos, na partida de dona Inês, para a Casa do Pai.

Também não choramos a partida de Dom Luciano, para o Céu. Por quê?

No velório de Dom Luciano, na Catedral da Sé, nós trocamos a tristeza humana, pela alegria de um cristão que tem fé no Todo-Poderoso.

Aproximamos de Dom Luciano no seu leito e conversamos com ele: "Amigo, nós não o temos mais presente na terra, mas, o temos agora como santo de Deus no Céu. Seja nosso represente junto a nossa Mãe Maria e conte a ela o milagre da Rede Vida".

Somos dos brasileiros que aguardam iniciativas da Igreja, para que, no menor espaço de tempo possível, Dom Luciano seja reconhecido por Sua Santidade o Papa, como santo do Brasil.

Por que chorar, quem partiu antes para Deus?

Por que chorar, quem brevemente será o santo que iluminará nos céus das famílias brasileiras a estrela da Rede Vida?

Vamos todos nos preparar para a grande festa que virá: a confirmação de que Dom Luciano Mendes de Almeida é santo da terra que ele tanto amou, no seu verdadeiro amor aos seus pobrezinhos.

Nossa homenagem a um bispo de muitas causas

Conselho Indigenista Missionário (Cimi)
Órgão da CNBB

Foi com profunda tristeza que o Cimi recebeu, na manhã desta segunda-feira, a notícia do falecimento de Dom Luciano Mendes de Almeida, aos 75 anos, de falência múltipla dos órgãos, após mais de duas semanas de internação. Nascido no Rio de Janeiro, ordenado em Roma, Dom Luciano teve intensa atuação com moradores em situação de rua e na Pastoral do Menor, da qual foi fundador. Lembramos com carinho especial de quando foi bispo auxiliar da Diocese de São Paulo.

Dom Luciano tinha as portas abertas de sua residência aos moradores de rua da Zona Leste da cidade, tanto que saía para conversar com eles madrugada adentro, caminhando na praça, escutando suas dores e esperanças, como um verdadeiro e fiel amigo. Esses homens e mulheres, que sofriam da exclusão extrema, sabiam que podiam contar com ele a qualquer hora do dia ou da noite.

Cidadão do mundo, Dom Luciano sofreu muito com o assassinato de Dom Oscar Arnulfo Romero, arcebispo de San Salvador, El Salvador, pelo esquadrão da morte desse país. Presente em seus funerais, em março de 1980, Dom Luciano foi testemunha do massacre que esse mesmo esquadrão fez, matando pessoas do povo, incluindo mulheres e idosos, que ali estavam. Essa terrível experiência o marcaria por toda a vida, fazendo dele um aliado incondicional das lutas pelos direitos humanos na América Latina.

Presidente da CNBB entre 1987 e 1994, Dom Luciano teve atuação decisiva em todo o processo da Constituinte, particularmente na defesa dos direitos dos povos indígenas. Também atuou na defesa do Cimi das acusações do jornal *O Estado de S. Paulo*. Em 1987, para influenciar contra os direitos indígenas na Constituinte, o jornal publicou "reportagens" eivadas de calúnias e mentiras sobre a suposta atuação de missões religiosas como fachada de interesses de mineradoras estrangeiras. Após seis dias de matérias que acusavam diretamente o Cimi, e através da atuação da CNBB, o jornal foi obrigado pela Justiça a publicar o direito de resposta da entidade.

Durante homenagem que recebeu na Câmara dos Deputados, em 2005, com uma fala tranqüila e pausada, Dom Luciano afirmou que encontrou nas causas populares o sentido para essa solenidade. "Estava pensando no sentido do que estamos aqui fazendo. E eu vi, são as causas que importam: terra, trabalho, as populações indígenas, os quilombolas", disse o bispo. "Neste momento, sou alguém que ajuda para que essas causas estejam presentes nesta casa."

Dom Luciano Mendes de Almeida ajudou, sim. Mas, muito além disso, ajudou para que todas as causas populares estivessem presentes na história do Brasil, com o merecido reconhecimento e dignidade. Se o tempo em que vivemos possui sinais alentadores, de conquistas e esperanças, muito devemos a ele, com seu infinito amor e paciência de escutar as dores e esperanças do povo madrugada adentro – e de ser seu mais fiel amigo.

 "Dom Luciano Mendes foi ao encontro..."

Jornal Igreja Nova
Um espaço para os leigos
católicos de Olinda e Recife

Dom Luciano Mendes foi ao encontro do Pai e dos irmãos bispos que, como ele, foram fiéis à Igreja Povo de Deus.

Pastor de diálogo fácil e acolhedor, coração de mãe, energia de profeta, benfeitor dos pobres, Dom Luciano não deixa um vazio com a sua partida, pelo contrário, deixa uma herança de amor evangélico. Ore por nós e pela nossa Igreja.

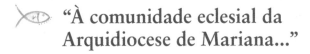 "À comunidade eclesial da Arquidiocese de Mariana..."

Membros das Comissões e Representantes dos Regionais

Comissão Episcopal Pastoral para a Animação Bíblico-Catequética

Comissão Episcopal Pastoral para a Liturgia

A vida dos justos está nas mãos de Deus.

(Sb 3,1)

À comunidade eclesial da Arquidiocese de Mariana,

Reunidos em Brasília, nós da Comissão Episcopal Pastoral para a Animação Bíblico-Catequética e Comissão Episcopal Pastoral para a Liturgia e Representantes dos Regionais (bispos, presbíteros, religiosos, leigos) sensibilizamo-nos profundamente com a páscoa do nosso querido irmão Dom Luciano Pedro Mendes de Almeida.

HOMENAGEM A DOM LUCIANO

Reconhecidos e agradecidos a Deus pelo seu testemunho de vida, pela doação total à causa do Evangelho e, particularmente, pelo seu empenho pela promoção humana: inclusão dos mais pobres e carentes do nosso povo; sua valiosa e eficiente contribuição à Igreja do Brasil e, sem dúvida, do mundo. Queremos estar presentes e unidos, na fé do Cristo Ressuscitado, à dor e aos sentimentos da sua gente, familiares e amigos.

Dom Luciano foi para todos um exemplo, um apóstolo que fez diferença. Sua vida, seus gestos, sua presença e seu trabalho foram determinantes e deixaram uma marca indelével no coração de todos nós. Sua mansidão, seu incansável trabalho, sobretudo, sua santidade de vida, sempre estarão presentes em nossa alma e na alma do nosso povo.

Por tudo isso, estamos em oração, louvando, bendizendo e agradecendo a Deus por essa dádiva à Igreja do Brasil.

Nosso Deus, rico em misericórdia, derrame sobre todos seu consolo e sua bênção.

Dom Luciano e sua dedicação aos pobres

Joël Thomas
Presidente do CCFD

Jean-Marie Fardeau
**Secretário-geral do Comitê Católico contra a Fome
e pelo Desenvolvimento (CCFD)**

O CCFD recebeu com grande tristeza a notícia do falecimento de Dom Luciano Mendes de Almeida.

Lembramos a sua memória como uma pessoa totalmente empenhada ao serviço da Igreja, mostrando uma grande dedicação aos pobres e na defesa dos direitos dos perseguidos. Ele encarnou as grandes orientações das conferências episcopais latino-americanas, dando uma dimensão universal ao seu trabalho pastoral.

É com emoção que soubemos que Deus o chamou no mesmo dia, sete anos depois, de Dom Helder Câmara.

Que o testemunho de Dom Luciano possa nos dar coragem para criar as condições de um mundo justo e fraterno.

Em nome do CCFD,

É festa no céu: lembrando Dom Luciano

Conferência dos Religiosos do Brasil (CRB-SP)

*É festa no céu
e na terra, também!*

A CNBB, a Província dos Jesuítas, a Arquidiocese de Mariana, os familiares de Dom Luciano fazem memória do irmão tão querido, doado à vida religiosa, à Igreja, ao Brasil, ao mundo!

Sim hoje a festa é de todos(as)!
É festa no Céu e na terra, também!
As portas do Reino de Deus se abrem para acolher
Dom Luciano
um *dom* e uma *luz*
que alegrou e iluminou a muitos(as), a todos(as) que o conheceram
e àqueles que dele ouviram falar...
pois, ... se calarem a voz dos profetas, as pedras falarão!

Em manos Tuas... era o seu lema.

Em tuas mãos, Senhor, colocamos sua vida.

Em tuas mãos, Senhor, está a nossa vida, que, a exemplo de Dom Luciano, queremos entregar na construção do Reino de Deus, aqui e agora!

Obrigado, Dom Luciano, por ter-nos mostrado o caminho, segurado os passos, indicado a meta.

Seus irmãos e irmãs na opção fundamental por Cristo e pela humanidade.

Homenagem a
Dom Luciano Mendes de Almeida

Irmã Olmira Bernadete Dassoler, SSpS
**Presidente da Associação de
Educação Católica (AEC) do Brasil**

Pastores e educadores, mesmo quando colhidos pela morte, continuam vivos no vigor de sua profecia. Continuam apontando para Deus, e manifestando-o no brilho e na força de seus gestos, de suas palavras, de suas obras e de suas lembranças cravadas na alma das pessoas pelo estilete da caridade. Dom Luciano permanece vivo na memória da AEC do Brasil, como poderoso estímulo e farol luminoso para prosseguir na busca de uma educação capaz de assumir a causa, a ótica e os interesses dos pobres, seus prediletos, como o foram do profeta Jesus de Nazaré.

Dom Luciano porque pastor autêntico foi também grande educador. Sua presença nos espaços da AEC sempre representava momentos de muita alegria, de muita felicidade, de muito aprendizado. Sua palavra fluente, sábia e carregada de amor a todos encantava porque sempre carregada de sinais de presença viva de Deus, na humildade e na simplicidade de sua pessoa.

A AEC do Brasil agradece a Dom Luciano tudo o que ele foi e tudo o que dele recebeu. Do Céu pede que interceda junto a Deus para que ela possa aproveitar, ao máximo, seus ensinamentos e seus exemplos de vida, para aprimorar seu serviço, em prol de uma educação de qualidade para todos os brasileiros.

 Moção de louvor

Plenário do Conselho Nacional de Segurança Alimentar e Nutricional (Consea)

O Consea, em sua reunião plenária de 29 de agosto de 2006, face ao recente passamento de Dom Luciano Pedro Mendes de Almeida, sj (1930-2006), arcebispo de Mariana, expressa publicamente um voto de louvor e reconhecimento pela liderança social e espiritual exercida por Dom Luciano, durante décadas, desde o tempo do regime militar, na luta pela ética, pelos valores cristãos e pela democracia, na defesa da vida, dos direitos humanos e no resgate da dignidade e da cidadania de todos os brasileiros e brasileiras, principalmente dos pobres e meninos(as) de rua. Ressalta, em especial, a participação decisiva de Dom Luciano, como secretário-geral (1979 a 1987) e como presidente da CNBB (de 1987 a 1994), na luta pela redemocratização do país, na defesa da vida e dos direitos humanos. Por seu exemplo de vida e seu empenho, ao lado de Betinho (Herbert de Souza), na criação da Ação da Cidadania contra a Miséria e pela Vida, seu apoio às diversas pastorais sociais, e por sua atuação frente à Comissão do Mutirão para a Superação da Miséria e da Fome, da CNBB, Dom Luciano Mendes deu uma contribuição de enorme significado e inspiração na promoção da segurança alimentar e nutricional sustentável no Brasil.

Brasília, 29 de agosto de 2006.

 **"Impossível despedir-se..."**

Padre Edson Damian
Fraternidade Sacerdotal Charles de Foucauld

Impossível despedir-se do Dom Luciano sem chorar. Deixou um grande vazio e uma imensa saudade...

O poema do pe. Alfredo consegue aproximar-se da grandeza e da beleza deste magnífico "Dom" de Deus para o seu povo.

Recordo também as comoventes palavras que Dom Serafim Fernandes pronunciou na missa de ação e graças pela saúde de Dom Luciano, que permaneceu meses em sua casa recuperando-se daquele gravíssimo acidente automobilístico: "Dom Luciano ama a cada pessoa com a mesma naturalidade com que toma um copo d'água".

 **"Choramos pela partida..."**

Hélio e Selma Amorim
Membros do Movimento Familiar Cristão

Choramos pela partida do santo e do amigo querido, mas o Céu está em festa.

Dom Luciano parte, mas o amor aos pequeninos permanece

Instituto Gabi

Dom Luciano Mendes de Almeida, símbolo de amor aos excluídos, foi um grande incentivador do Instituto Gabi. A vida do Instituto Gabi está muito ligada a Dom Luciano Mendes de Almeida. Identificamo-nos profundamente com a fé que Dom Luciano pregou e viveu, sobretudo o amor aos excluídos.

Mas dois momentos foram marcantes na vida do instituto. O primeiro, em 2001, quando Dom Luciano dedicou a coluna semanal na *Folha de S. Paulo* para falar da criação do Instituto Gabi. "Naqueles momentos difíceis, menos de seis meses após a partida da Gabi, este gesto de Dom Luciano nos deu muita força para continuarmos sobrevivendo e prosseguirmos com a missão do Instituto" (Iracema Barreto Sogari).

O segundo momento marcante foi a visita de Dom Luciano ao Instituto Gabi. Em maio de 2002, com uma agenda exprimida, ele veio até nossa casinha alugada, na Vila Santa Catarina, conversou com as crianças e os adolescentes com deficiência, com os voluntários e com a diretoria. "Dom Luciano não veio como bispo ou autoridade, mas como um irmão que compartilha a mesma fé e o mesmo amor ao próximo. Lembro que ele dizia: 'Quanta dor que vocês devem estar sentindo com a partida da Gabi, mas, acreditem, muita vida vai brotar deste gesto de vocês.' Essas palavras nos re`ergueram, de verdade" (Francisco Sogari).

O Instituto Gabi se solidariza com a família Mendes de Almeida e com todos os que acreditam no amor e na justiça.

Homenagem da Juventud Obrera Cristiana (JOC)

Juventud Obrera Cristiana Internacional
Juventud Obrera Cristiana de América
Juventude Operária Católica Brasileira

Depois disto mirei: havia uma porta aberta no
Céu e a voz que antes eu havia ouvido como
uma trombeta me dizia: Suba aqui e te mostrarei
os acontecimentos que virão em seguida. Neste
mesmo momento se apoderou de mim um
espírito e estive contemplando: No Céu havia
um trono colocado e neste trono alguém estava
sentado. Tinha um aspecto como de jaspe verde
e de ágata.
(Ap 4,1-3)

É com muito pesar que recebemos a notícia do falecimento de Dom Luciano. Infelizmente, deixou de estar conosco um grande homem, pastor e amigo. Em diversas lutas da JOC, ele esteve presente com sua força e convicção inabalável em favor dos pobres e excluídos. Contagiando nossos corações e nos fazendo seguir adiante.

Sua contribuição em diversas partes onde a JOC brasileira está presente se fez chegar para fortalecer o movimento em todas as suas instâncias (nacional e internacional). Sendo assim, não poderíamos deixar de homenageá-lo e agradecer-lhe por toda contribuição dada, não somente a JOC, mas a todas as organizações sociais, todos os movimentos religiosos e todos aqueles que foram assistidos por esse grande pastor.

Estamos tristes, mas convictos de que a porta do Céu estava aberta para a entrada dele, pois uma voz que antes ele ouvia como uma trombeta o chamou e um espírito tomou conta dele. Agora está no Céu orando e velando por aqueles que aqui na terra ficaram.

Nossas condolências e solidariedade a todos os familiares, amigos e pastores da CNBB.

Que o Espírito do Senhor e as obras de Dom Luciano Mendes de Almeida estejam nos iluminando nesta grande caminhada para a conquista do Reino do Senhor, tão proclamado por Jesus Cristo, com um trabalho justo para todos e todas.

 "Nós, da Pastoral da Juventude..."

Pastoral da Juventude Sul I
Pastoral da Juventude do Regional Sul I da CNBB

Comissão Regional de Jovens
Comissão Regional de Assessores Bispo Referencial

Quanto a nós, não podemos nos calar sobre tudo o que vimos e ouvimos.
(At 4,20)

Nós, da Pastoral da Juventude do Regional Sul I da CNBB, com os corações tomados de um sentimento de orfandade, nos dirigimos a todos os homens e mulheres da Igreja no Brasil para expressar nosso profundo pesar pela morte de Dom Luciano Mendes de Almeida, arcebispo de Mariana. Somos testemunhas vivas do compromisso de nosso pastor servindo incansavelmente os pobres, os amados com predileção, e de sua fé inabalável na juventude deste país. Nossos olhos contemplaram por inúmeras vezes sua atitude profética, encarnada no amor preferencial aos excluídos deste continente, marcado pela injustiça e morte! Traremos sempre conosco seu rosto, que traduzia ternura e sua vida que refletia o compromisso de uma Igreja libertadora e empenhada na defesa da dignidade humana, num compromisso ecumênico. Celebrar a morte de nossos profetas é mergulhar no mistério da ressurreição do Senhor e atualizar nossa luta pela verdade e pela vida. Nos unimos a todos os *pequenos* da América Latina, e de nossos corações brota um canto pascal carregado de esperança e certeza de que o testemunho de nosso pastor vai nos converter, a todos, à fidelidade do Reino de Deus.

 "A partida de Dom Luciano ..."

*Pastoral do Menor
da Arquidiocese de Manaus*

A partida de Dom Luciano causou-nos um *impacto* e uma *certeza*.

Impacto causado pela ausência física desse pastor querido, deixando em nós uma saudade imensa, com marcas de orfandade.

Certeza de que a Pastoral do Menor tem agora mais um anjo intercessor junto ao coração do Pai em favor dos nossos pequeninos.

Obrigada, Pai, pela *vida-luz* de Dom Luciano iluminando nosso caminhar.

"Ao longo de toda sua vida..."

Unicef

Ao longo de toda sua vida, Dom Luciano foi um incansável defensor dos direitos humanos e dos direitos das crianças e dos adolescentes. Com sua doçura e sua firmeza, inspirou as maciças campanhas de imunização e de promoção da vida e da saúde das crianças. A chamada revolução pela sobrevivência e pelo desenvolvimento da criança popularizou, no Brasil, a fórmula simples do soro caseiro, que ajudou a salvar milhares de vidas.

Ele também lutou, bravamente, pelos direitos dos meninos e meninas de rua, e das crianças mais vulneráveis. Na década de 1980, coordenou a criação da Pastoral do Menor.

Durante o período em que presidiu a CNBB, de 1987 a 1994, articulou lideranças da sociedade, dos governos e do Parlamento reunidas na Assembléia Constituinte, para incluir temas relacionados aos direitos da criança no artigo 227 da Constituição Federal, que estabelece as crianças e os adolescentes como prioridade absoluta no Brasil. O artigo serviu de base para a redação do Estatuto da Criança e do Adolescente, aprovado em 1990.

Logo após a aprovação do Estatuto, no início dos anos 1990, ao lado de Herbert de Souza, o Betinho, Dom Luciano coordenou o Pacto pela Infância, quando presidiu a duas reuniões com todos os 27 governadores brasileiros e o então presidente da República. O pacto foi um movimento da sociedade civil e de governos pela melhoria das condições de vida das crianças, adolescentes e suas famílias, e foi fundamental para a redução dos índices de mortalidade infantil no país.

A equipe do Unicef no Brasil e em diferentes partes do mundo sente-se profundamente comovida, mas também privilegiada por ter tido, por tantos anos, um aliado como Dom Luciano Mendes de Almeida. Temos certeza de que hoje, com a morte de Dom Luciano, todas as crianças e os adolescentes do Brasil se sentem um pouco órfãos.

 "Nós da Unicef-Brasil..."

Unicef-Brasil

Querido Dom Luciano:

Nós da Unicef estamos ligados espiritualmente à sua luta pela vida.

Reconhecemos e somos gratos pela luz que o senhor irradia na defesa dos direitos da criança.

Que Deus o abençoe.

XIV

A Deus, Dom Luciano

Alceu Amoroso Lima Filho
Engenheiro e presidente de honra do
Centro Alceu Amoroso Lima para a Liberdade

De muitos anos são as relações entre as nossas famílias. Lembro-me bem da rua Paissandu, da Marquês de Paraná, do Colégio Coração Eucarístico, de dona Clarice, de *Mademoiselle* Bourginon, *Mademoiselle* Sophie – quantas recordações nesta hora de sua partida para junto de Deus.

Emília e Alceu na missa das 8 horas da Santíssima Trindade; as primas Marília e Emília, as diversas Elisas da sua família e a da minha família.

Deus é bom mesmo, como você gostava de dizer; quanta coisa boa nos deu na vida, quantas etapas vencidas juntos – mas agora ele quer você junto dele, Luciano, Dom Luciano de tantas virtudes e de tantos sacrifícios pela vida afora –, São Paulo, Mariana, os pobres nossos irmãos.

Uma característica me impressiona na vida de Dom Luciano – aliás, virtude que se sente remonta às origens familiares, à formação que Emília deu à sua prole. "Coisa de antigamente", diriam hoje, talvez: com todos os caminhos abertos para ser um "farto", escolheu a companhia dos "escolhidos de Deus", e por isso mesmo chega ao fim de seu caminho na terra e passa ao Céu como uma coisa natural.

Lembro-me bem de sua presença junto a meu pai, doente terminal, no Hospital Santa Teresa, em Petrópolis. Quando Tuca o "descobriu" num canto do quarto, à meia-luz, perguntou se não iria embora, insistindo que ia se atrasar para pegar o avião. Então, Dom Luciano respondeu: "No momento, há coisa mais importante a fazer". E, certamente, na sua presença, meu pai pôde sentir conforto em suas últimas horas.

Obrigado, Luciano, Dom Luciano, por nossas famílias, por nossas infâncias e formações, por sua companhia na terra, pelos tantos pobres de sua predileção, pelo valor do exemplo que você nos deixa.

Diga por nós ao Pai que continuamos tentando imitá-lo, Luciano, e que estamos mandando para ele de volta o grande presente que dele recebemos.

São Paulo, 22 de setembro de 2006.

 "Não tive a alegria de conhecer..."

Alessandro Molon
Deputado estadual (PT-RJ)

Não tive a alegria de conhecer pessoalmente Dom Luciano, mas, através do que li e ouvi, sua vida também me marcou. Os felizardos que puderam conviver com ele contam que sua existência foi marcada pela fidelidade e pela generosidade. Fidelidade à sua missão, fidelidade à mensagem que portava, fidelidade a "seus pobres", como gostava de dizer, fidelidade a Cristo. Generosidade por abrir mão de tudo por causa dessa fidelidade. Seu exemplo já produziu muito fruto, dentro e fora da Igreja, e ainda servirá como um farol para a caminhada de muitos homens e mulheres de boa vontade que acreditam que uma nova humanidade solidária, fraterna e justa é mais do que possível: é necessária.

Pastor do povo de Deus

Antônio Puhl
**Diretor da Divisão de Educação
do Instituto Abel (Niterói-RJ)**

Nós fizemos uma missa, lá no Instituto Abel, não na intenção de Dom Luciano, mas sim agradecendo a Deus por sua vida.

Eu queria dar só dois pequenos depoimentos. O primeiro: um momento marcante ocorrido em 1998, quando as escolas católicas de Niterói realizaram um congresso de educação e convidaram Dom Luciano Mendes de Almeida para uma conferência. Feita a conferência, ele, muito rapidamente, porque tinha outros compromissos, pediu para se retirar do ambiente. Acompanhando-o, na saída entreguei-lhe o pró-labore a que tinha direito pela conferência que havia feito, e Dom Luciano teve um gesto que me emociona até hoje. Na hora ele disse assim: "Vocês me dão esse dinheiro, que bom! Porque logo em seguida eu tenho uma reunião com uma Comunidade de Base, em Nova Iguaçu, e eu já tenho o dinheiro para dar a eles".

O segundo depoimento: outro momento marcante para mim foi no velório do colega, seu irmão, Agostin Castejon.

Nossa belíssima lembrança de Agostin Castejon é aquela cena de Dom Luciano na capela do Colégio Santo Inácio, em horas de oração profunda, ao lado do corpo do pe. Castejon, que havia falecido, também vítima da mesma doença.

Para mim, Dom Luciano sempre foi um pastor voltado para o pobre, para o necessitado, para o povo. Dom Luciano, um pastor do povo de Deus. Em nossa atuação na Associação de Educação Católica, ele nos deu muito apoio, muita presença e muita liderança.

Finalizo com a frase que proferi na missa por Dom Luciano, lá na escola: "Quem de vocês não tiver o santo de sua devoção, a partir de hoje, por favor, invoquem são Luciano Mendes de Almeida".

O mais franciscano dos jesuítas

Benedito Prezia
Membro da Fraternidade Secular Charles de Foucauld e Coordenador da Pastoral Indigenista de São Paulo

Tive uma certa convivência com Dom Luciano, na época em que trabalhei em Brasília, no secretariado nacional do Conselho Indigenista Missionário (Cimi). Seu sorriso, sua atenção em atender cada um, mesmo quando cochilava..., e seu interesse pela causa e pela história indígena.

Porém, o que mais me chamou a atenção foi um depoimento que fez na Assembléia-Geral do Cimi, após a recuperação de seu acidente, em 1992, creio eu.

Relatou que durante os trinta dias que passou na UTI, em Belo Horizonte, não conseguiu dormir, devido aos ferros que lhe puseram no maxilar, para ajudar a consolidação óssea, já que o acidente de carro que sofrera havia atingido fortemente seu rosto. Não queria tomar sedativos fortes para não perder a consciência. E assim se manteve acordado durante todo aquele tempo. As luzes sempre acesas fizeram com que perdesse a noção de tempo, não sabendo quando era dia ou noite.

Para suportar aquela dor e a posição incômoda – já que não podia se mover –, lembrou-se dos escravos africanos, que eram trazidos para o Brasil, nos porões dos navios negreiros. Viajavam presos aos ferros e correntes, enfrentando calor, doenças, o mau cheiro dos excrementos, a fome e a sede. Aquele pensamento ajudou-o muito a suportar aquela espécie de tortura, lembrando-se de que antes dele milhares de pessoas vieram para o nosso país em condições extremamente degradantes.

Que bela teologia da comunhão dos santos, vivida na própria carne.

Falou-se que Dom Luciano foi o mais franciscano dos jesuítas. E acrescentaria eu dizendo que seu franciscanismo não se limitou à pobreza e à simplicidade de vida. Partilhou também, como o *poverello* de Assis, dos estigmas da paixão de Cristo, de forma bem mais oculta, mas não menos real.

Que surjam outros Dom Luciano na Igreja do Brasil para que ela continue dando um testemunho de amor e solidariedade junto aos pobres e excluídos.

O Céu estará mais brilhante, com essa nova luz!

Célia e Wanderley Pinto
**Casal Coordenador da Pastoral Familiar – Regional Sul I
e da Comissão Nacional Familiar da CNBB**

Lamentamos profundamente o falecimento de Dom Luciano Mendes de Almeida, nosso grande mestre e orientador.

No último congresso nacional da Pastoral Familiar, realizado em São Paulo, tivemos um fechamento de ouro com a sua palestra sobre a Eucaristia.

Todos aplaudiram de pé, e até hoje – e agora mais ainda – lembram com saudades de sua brilhante exposição.

Perdemos um homem santo, um sábio, porém ficamos com seus ensinamentos e sua simplicidade como exemplos de verdadeiro pastor para todos nós.

Que Deus, em sua infinita sabedoria, o acolha nos céus, que com certeza a partir de hoje estará mais brilhante com essa nova luz que acabou de receber.

Movidos pelo Espírito, no seguimento de Jesus Cristo, caminho, verdade e vida, que nos leva ao Pai, rogamos à Sagrada Família a intercessão por todos nós.

Os mansos herdarão a Terra

Domingos Zamagna
Jornalista e professor de Filosofia

Acaba de falecer Dom Luciano Mendes de Almeida, ex-bispo auxiliar de São Paulo (1976-1988), que dirigiu a

Região Episcopal Belém (Zona Leste), quando deu grande impulso à Pastoral do Menor. Desde 1989, é arcebispo de Mariana, a Arquidiocese Primaz de Minas Gerais.

Nunca encontramos na história da Igreja no Brasil um bispo em torno do qual haja tanta convergência de opiniões favoráveis.

Coisa raríssima, sobretudo para quem ocupou cargos de relevância eclesiástica, tais como a secretaria-geral e a presidência da CNBB (cada qual por dois mandatos), representações no Celam e no Sínodo dos Bispos, em Roma.

Raríssima também a combinação, numa só pessoa, de tantas qualidades intelectuais e morais. Intelectual finíssimo, formado de acordo com as austeras, seguras e eficientes tradições da Companhia de Jesus (jesuítas), na qual entrou com 17 anos de idade, viveu numa impressionante simplicidade. Da família de importante político, Candido Mendes de Almeida, advogado, professor e jornalista, representante do Maranhão no Senado do Império (1871-1881), preferiu seguir vocação religiosa e dedicou o melhor de sua vida ao serviço pastoral dos mais pobres.

Um dia os seus colaboradores mais próximos escreverão a sua biografia, e então serão aprofundados alguns traços de que fomos testemunha. Dom Luciano, por exemplo, era incapaz de ir dormir sem antes alimentar e encontrar colchonetes para abrigar todos os mendigos que se reuniam à porta de sua casa, fosse um, fossem três, ou vinte, ou mais.

Nunca se viu uma desatenção, uma deselegância sequer, jamais se ouviu uma palavra ríspida dirigida a pobres ou ricos, nem mesmo um gesto de impaciência. No seu afã de atender a todos, raramente era pontual; mas era sempre aguardado como um arauto da paz.

Quando, em 1990, sofreu um acidente automobilístico numa estrada do interior de Minas e ficou meses internado, entre a vida e a morte, ele contagiou o hospital inteiro com sua bondade, como se Deus lhe tivesse dado a graça de conviver mais de perto com o sofrimento humano. Sua família publicou os bilhetinhos que escrevia com dificuldade, mas que testemunham a espiritualidade dos grandes místicos da história da fé.

Diplomático, quando necessário, foi um articulador infatigável nas negociações de cúpula, especialmente nas missões que recebeu na época da ditadura militar, no Brasil e na América Central, ou nas Conferências Episcopais e no Sínodo dos Bispos, em Roma. Até quando precisou ser enérgico, como no caso da desapropriação da Vale do Rio Doce, que na sua avaliação poderia afetar, sem retorno, um patrimônio da nação brasileira, ele o fez com a doçura e o respeito próprios dos santos.

De fato, encontramos no Evangelho essa bem-aventurança: "Bem-aventurados os mansos, eles herdarão a terra" (Mt 5,4).

Dom Luciano, aos 75 anos, após prolongada enfermidade, cheio de amigos, a começar pelas crianças e os pobres das ruas, é um exemplo concreto de que a bondade e o amor não só são possíveis, mas são as virtudes mais necessárias nos dias que correm. Com a sua transparente retidão, sua constante serenidade, seu inesquecível sorriso franco, amigo e amoroso, ele possuiu a terra, herdou a todos os que passaram pelo seu caminho.

Um guerreiro no Paraíso

Egon Dionisio Heck
Membro do Conselho Indigenista Missionário (Cimi)

Os índios tinham um lugar privilegiado no grande coração de Dom Luciano. Quando os missionários foram expulsos da Missão Catrimani, em 1988, Dom Luciano não hesitou em tomar o avião e ir a Roraima para prestar pessoalmente sua solidariedade aos missionários e ao bispo daquela diocese, Dom Aldo. Mas de maneira especial ele assumiu a causa, a luta e os direitos do povo ianomâmi. Em função disso, retornou à área em outros momentos.

Quando o Cimi foi caluniado e difamado, em 1987, Dom Luciano, desde o primeiro momento, denunciou a armação, que na verdade era contra os direitos dos povos indígenas que estavam sendo inscritos na nova Constituição. A sórdida campanha fora tramada e urdira pelas empresas mineradoras e outros interesses antiindígenas, numa das mais amplas campanhas de difamação já ocorridas na história deste país. Quando, a partir das denúncias, se forjou a Comissão Parlamentar Mista de Inquérito contra o Cimi, vi Dom Luciano, de dedo em riste, desafiando os parlamentares a provar qualquer ação dos povos indígenas ou dos missionários do Cimi contra a soberania nacional e outras acusações de que estavam sendo vítimas. Mostrou com firmeza e indignação que o que se estava fazendo, na verdade, era uma vergonhosa campanha para impedir o reconhecimento dos direitos mais elementares dos povos indígenas à vida e à dignidade.

Dom Luciano se envolvia tão profundamente com as causas dos pobres e com a vida e o compromisso da Igreja, que pouco tempo tinha para dormir. Contavam que não dormia mais do que cinco horas por noite. Como secretários do Cimi, Antonio Brand e eu fomos inúmeras vezes conversar com Dom Luciano para lhe relatar as principais lutas e desafios do trabalho dos missionários do Cimi com os povos indígenas. Como sua agenda sempre estava muito cheia, normalmente nos convidava para conversar já no início da noite, depois de exaustivos dias de atividade na CNBB. Sempre nos tratou com muito carinho, pois esta era uma causa privilegiada de seu compromisso.

Também havia conseguido um pequeno recurso financeiro de uma herança, que destinou integralmente aos povos indígenas. Esse fundo era liberado para as lutas desses povos pelos seus direitos, sendo o Cimi a entidade através da qual eram discutidas as destinações desses recursos. Quando conversávamos, normalmente estávamos em frente a uma pessoa exausta, visivelmente cansada. Inúmeras vezes, enquanto expúnhamos a realidade e lutas dos povos indígenas, percebíamos Dom Luciano ir fechando os olhos, cochilando. Porém, em meio a nossas exposições, repentinamente ela abria os olhos e fazia perguntas sempre pertinentes às questões que estavam sendo expostas. Era um santo homem de ferro e mel, onde a humanidade se abrigava e era acolhida com imenso carinho, ousadia e indignação, quando necessário.

Os povos indígenas e nós missionários sentimos muito a partida desse nosso companheiro, mas temos a certeza de ter um guerreiro da causa no Paraíso. Nossa eterna gratidão ao santo testemunho de Dom Luciano Pedro Mendes de Almeida.

Dourados, 28 de agosto de 2006.

Lembrança de Dom Luciano

Ernesto Olivero
Coordenador do Arsenal da Esperança em Turim-Itália

Esperávamos que Dom Luciano pudesse viver ainda muitos anos. Esperamos até o último momento. Depois das lágrimas, a dor se tornou oração, se tornou agradecimento.

Luciano,
A vida não te poupou nada.
A dor te quebrou os ossos, um a um,
e agora o teu rosto quase não se reconhece.
Tiveste a mesma sorte de Jesus.
Foste tratado como ele.
Feito em pedaços, mas vivo,
humilhado, mas amado por todos,
morto no corpo, mas ressuscitado.
Tu és um ressuscitado, já o era antes.
Andavas como ressuscitado,
Falavas como ressuscitado.
Amavas, amavas sempre,
amavas incansavelmente.
Nunca te vi dobrado.
Mesmo cansado, amavas.
Mesmo sonolento, amavas.
Agora continuarás a amar,
sem limites, sem medida.

Conhecemos, amando-o, um homem grande que nunca cessou de ser pequeno, o maior homem que o Senhor nos fez conhecer, mas também o menor que encontramos.

A morte não pode mudar a vida de um homem como Dom Luciano. O amor continuará a ser amor. Nos conhecemos no dia 15 de julho de 1988 e a partir desse momento as nossas vidas se entrelaçaram. Nos encontramos inúmeras vezes. Ele nos mandou ao Líbano, ao Iraque, depois ao Brasil.... Quantos pobres puderam se beneficiar dessa amizade verdadeira!

Em julho deste ano, entreguei ao Santo Padre o meu último livro, que tem por título *O sonho de Deus*. Espero que o Santo Padre tenha podido lê-lo, porque tem um capítulo intitulado "Santo é". Falo de Dom Luciano, que foi e continuará sendo, para nós e para aqueles que o conheceram, o maior santo da face da terra. Nesse capítulo, escrevi:

Querido amigo,
Conheci um homem que me parece irreal. Se o procuro à meianoite, me responde; se quero ter uma opinião simplesmente cristã ou fazer um raciocínio sobre alguns dos desafios do nosso tempo, é suficiente questioná-lo. Se quero ver uma expressão sempre serena, absorto no seu Senhor, mas com um fundo de tristeza para os males do mundo, é suficiente que o imagine ou que o encontre. Se quero participar de uma celebração Eucarística, uma santa missa, é suficiente ir a ele. Se quero ter um exemplo de vida essencial, de caridade cristã cotidiana e autêntica, é suficiente estar perto dele e descubro que para mim também é possível. E é o mesmo padre que vi assumir responsabilidades enormes na Igreja, sem perder nunca a própria simplicidade e a familiaridade com os pobres.
O sofrimento entrou mais vezes na vida dele, o fez em pedaços, quebrou verdadeiramente todos os seus ossos, mas nunca dobrou a sua alma e a cada vez eu o ouvi dizer: "Deus é Bom". Esse

homem é um padre, é um bispo, chama-se Luciano. Segundo o povo, e também segundo eu, é um santo. Falo dele também a você, querido irmão: se queres conhecer um homem verdadeiramente disponível, realmente pronto a escutar-te, eu sei como fazer-te encontrar com ele. A partir de hoje, a Igreja do Arsenal da Paz em Turim, a nossa casa, será dedicada a Dom Luciano Mendes de Almeida, homem de Deus, homem bom, amigo da paz e dos pobres.

Eu não pude estar em Mariana, não consegui encontrar uma passagem para o Brasil em cima da hora, então fiquei com uma grande dor. Depois pensei em ir até o Papa e lhe dizer as últimas palavras que Dom Luciano tinha me dito no último encontro que tivemos. Dom Luciano tinha me dito: "Caríssimo Ernesto, estou cansado, mas me entrego a Deus e ofereço tudo para o Papa, que amo muito e rezo por ele". Então fui a Roma e tive assim a oportunidade de ser recebido pelo Santo Padre, levei as palavras de Dom Luciano e uma foto sua. Assim que o Papa viu a foto de Dom Luciano, teve um frêmito de alegria e disse: "Este é um santo bispo". Depois, entrou numa grande comoção e escreveu na foto: "Agradecemos o Senhor por este pastor". Agora entendo o porquê de não poder estar em Mariana, o porquê de tanta dor e sacrifício, o Senhor queria que ficasse em Roma e dissesse com o Papa que verdadeiramente conhecemos um bispo que todos consideram santo, um santo que foi meu amigo, que viveu no meio de nós, que viveu aqui, nesta terra de hoje, e que nos estimula a ser sempre mais disponíveis, sempre mais atentos aos outros, sempre mais bons. Como ele foi.

Dom Luciano: visão de futuro

Fábio França
Professor da Universidade Metodista de São Paulo

Conheci Dom Luciano e sempre o respeitei com veneração. Não convivi com ele, mas mantive com ele vários contatos nos quais demonstrou sempre grande receptividade, cordialidade, fineza no trato, amor à Igreja, visão de futuro e preocupação com os fiéis. Certa vez, ao dar a sua aprovação ao *Manual do romeiro*, de minha autoria, feito para a Basílica do Senhor Bom Jesus de Congonhas, observou: "É preciso falar mais de Nossa Senhora, os protestantes se dispersam porque não a cultuam, mas ela é a força que reúne os fiéis em torno da fé e os mantém leais à Igreja, fale mais sobre ela". Fiz o que delicadamente me sugeriu, alertando-me sobre a falha cometida.

Entre todas as figuras do episcopado brasileiro, considero Dom Luciano um representante de grandeza maior, que, mesmo injustiçado pelo Papa e pelo conluio de alguns de seus colegas de episcopado, continuou a iluminar com luz própria, de sua minúscula Arquidiocese de Mariana, a Igreja brasileira, pela grandeza de sua alma, de sua personalidade, cultura, visão ecumênica e dedicação pastoral. Demonstrou, pela excelência de suas virtudes, de sua profunda humildade, que, para além das honrarias buscadas avidamente por outros, existem valores cristãos superiores que só os possuem homens da têmpera e de fidelidade a seus princípios, como ele o foi.

HOMENAGEM A DOM LUCIANO

Dom Luciano: um testemunho de profecia e coragem

Faustino Teixeira
**Professor de pós-graduação em Ciência da Religião da
Universidade de Juiz de Fora-MG**

Com a morte de Dom Luciano Mendes de Almeida, a Igreja Católica no Brasil perde uma de suas figuras mais nobres, ternas, corajosas e proféticas. E parte num momento difícil, em que nosso país precisa mais do que nunca de personalidades que confirmem o valor e o exemplo de uma vida reta e digna. Há um sentimento comum de orfandade com a sua perda, mas é também uma ocasião importante para resgatar alguns traços fundamentais de sua trajetória ética, radicalmente voltada para o compromisso e a solidariedade com os excluídos e com os grandes projetos de afirmação de um novo rosto profético de igreja.

Vale lembrar, de modo particular, sua atuação singular na CNBB, em tempos difíceis e sombrios. Foi secretário-geral da CNBB de 1979 a 1987 e seu presidente de 1987 a 1995. Foram, talvez, os anos mais ricos desse importante organismo, quando a Igreja Católica brasileira afirmou-se como uma das mais dinâmicas de todo o mundo, com marcado e decisivo compromisso com as causas sociais mais nobres: a pastoral da terra, a defesa dos índios, negros, mulheres, operários, a luta contra a violência, a defesa do solo urbano e o direito ao trabalho.

Foram anos fundamentais de testemunho, visibilidade e presença pública decisiva, em que se plasmou um perfil eclesial alternativo e de credibilidade. Em cada passo dessa

DEUS É BOM

caminhada estava Dom Luciano, com sua serenidade e tenacidade, com sua paixão, fé e vigor. A mesma Igreja Católica que havia sofrido antes os sombrios rigores da repressão do regime militar enfrentava, a partir dos anos 1980, as restrições da centralização eclesiástica romana. As incompreensões e dificuldades nas relações da CNBB com Roma foram crescendo na medida em que a linha de governo da Igreja caminhou para a centralização e uniformidade.

A CNBB passa a ser sistematicamente preterida no encaminhamento de questões fundamentais da vida eclesial, e importantes figuras do episcopado brasileiro foram mantidas em lamentável ostracismo. Dom Luciano também viveu momentos difíceis, de solidão e dor. Era para ele difícil entender as razões de tais restrições. O caminho perseguido era o mais evangélico possível: de trabalho em favor dos pobres, das Comunidades Eclesiais de Base (CEB), de defesa dos famintos, abandonados e excluídos.

Não há como esquecer o apoio fundamental dado pela CNBB às CEB num momento em que sofriam pesadas incompreensões, no início dos anos 1980. Na ocasião, em importante documento do conselho permanente da CNBB, se dizia: "Na realidade, o que está em discussão é a missão mesma da Igreja. O que é repudiado não são as CEB em si mesmas, e sim todo o processo de evangelização voltado para a crítica profética das injustiças e empenhado na construção de uma sociedade mais fraterna".

Foram tempos de coragem e ousadia... Num importante momento da atuação de Dom Luciano na CNBB e na Igreja de São Paulo, onde era bispo auxiliar, ele é transferido para a distante cidade de Mariana, em Minas Gerais. Chegou-se a falar na época de um "exílio". Mas manteve firme o seu pulso e sua atuação evangelizadora e profética. Acolheu com humildade a nova realidade e imprimiu sua marca pastoral também em Minas. Sua voz continuou ecoando firme em favor dos projetos que sempre acreditou. Os sinos que hoje repicam em Ouro Preto e Mariana são os fiéis portadores de uma memória que não se pode apagar; trazem o sinal de uma esperança que é de todos nós: de uma sociedade mais fraterna e de uma Igreja mais fiel ao testemunho de Jesus.

Luciano Mendes de Almeida, dom e luz de Deus

Fernando Altemeyer Júnior
Jornalista e ouvidor da PUC-SP

Ainda dói em minha alma a perda de Dom Luciano. Sinto-me novamente órfão. Ano passado perdi meu pai, Fernando. Este ano perdi meu pastor amado: Dom Luciano.

Encontrei-o por primeiro no dia 9 de maio de 1976, na posse como bispo auxiliar na igreja do Belenzinho. Pediu-me que pudesse portar durante a missa seu cajado de pastor.

Reencontrei-o quase semanalmente por 12 anos, em reuniões, missas, ordenações, festas, lutas, manifestações e, sobretudo, em retiros espirituais, vendo-o brilhar em sua humildade. Pude ver Cristo vendo Luciano. Pude amar Cristo mais e mais pelo carinho e pelas palavras teologais de Luciano. Isso confirma Santo Agostinho: "seja Cristo para os outros".

Ficava feliz e contente de vê-lo passar sua mitra entre as crianças, como que a dizer de forma ativa e concreta que o poder é serviço e que o pequenino no Reino é o maior perto de Deus.

Ficava feliz de vê-lo rezar. Feliz de acompanhar suas sínteses precisas e transparentes de documentos da Igreja e de textos da palavra sagrada. Lembro como hoje de sua fala sobre a Eucaristia como sinal de amor de Deus em favor do mundo. Vi que escrevia na lousa com as duas mãos com habilidade e destreza.

Tantas vezes vi que dormia, mas que ouvia. Vi que se cansava, mas não arredava pé do meio do povo. Vi e sofri que se atrasasse para compromissos importantes, pois se detivera diante de gente ainda mais importante, que eram os moradores das ruas.

Aprendi a arte da filantropia e do despojamento. Valorizei a partilha e o desprendimento. Conheci a contemplação e a misericórdia possível de ser tocada aqui na terra por alguém que parecia sempre ter canal direto com o Céu.

Falei, briguei, discuti e contestei suas opiniões como moleque levado, e Dom Luciano, como pai compreensivo, perdoava e ouvia. Sinto falta dele.

O vi já padecente no dia de Santo Inácio, em um quarto do Hospital das Clínicas. Vi a fragilidade do caniço pensante, tal qual o descreve Blaise Pascal ou o profeta Isaías ao falar do servo sofredor. Vi o homem que sempre se curvou diante de todos não como alguém submisso ou reduzido em sua dignidade. Ao contrário, como um gigante que é capaz de uma curvatura antropológica que respeita a estatura do outro, que assume suas dores e suas alegrias. Como um santo. Como um irmão. Como luz. Como dádiva e presente de Deus.

Dom Luciano, agradeço-lhe pela amizade, pela paternidade espiritual, pelas delicadezas tremendas para comigo e meus familiares.

Estou com saudades. Muita. Tenho muito que falar de você e sobre nossa amizade. Irei contar cada detalhe para meus filhos: Gabriel e Ana Clara. Saberão que conheci e vivi com um santo. Que acreditou e fez tudo o que fez em nome de Jesus. Fique com Deus.

 Meu santo brasileiro

Frei Betto
Teólogo e escritor

Dom Luciano Mendes de Almeida é santo. Não importa se Roma jamais o admita. Há quem viva em santidade – e conheço uns tantos – não por operarem milagres que mais parecem mágicas, e sim por cumprirem dedicadamente o preceito maior de Jesus: amar o próximo.

A função de padre ou bispo nunca funcionou como superego para Dom Luciano. Graças a Deus, porque funções costumam despersonalizar, induzem pessoas com baixa auto-estima a se apegarem a elas como o rei à sua coroa... Passam a ser, socialmente, mais função que pessoa. Adotam assim, no raciocínio e nas decisões, a primazia da lógica do jogo do poder sobre o preceito evangélico de amar, pois temem serem tidas como loucas pelos gregos e escandalosas pelos judeus...

Como dirigente da CNBB, nas conferências episcopais, Dom Luciano tudo alcançava com aquele seu jeitinho mineiro (embora nascido carioca): fala mansa, voz suave, gestos comedidos. Fincava o pé em seus argumentos centrados na opção pelos pobres e na abertura ecumênica. Aos poucos, derruía a lógica dos interlocutores mais preocupados com as suscetibilidades do poder do que com as exigências do Evangelho.

Certa vez, viajei em sua companhia no vôo de Belo Horizonte para São Paulo. Houve atraso, chegamos ao aeroporto de Congonhas tarde da noite, chovia e fazia frio. Indaguei se iria se hospedar com os jesuítas, seus irmãos. Convidei-o aos dominicanos. Com muita simplicidade, disse que iria para um abrigo do povo da rua no bairro do Glicério, onde com certeza encontraria uma sopa quente e seria bem acolhido.

De outra feita, dom Luciano fazia de ônibus o trajeto entre Mariana e Belo Horizonte. O motorista ignorou quando um sujeito fez sinal na estrada. O bispo, intrigado, perguntou por que não parara. "Porque o ônibus está cheio; é proibido viajar em pé." Pouco adiante, Dom Luciano avistou o braço estendido de uma mulher grávida. Avisou ao motorista: "Pode parar porque vou descer aqui". Embarcada a mulher, ele passou a pedir carona e teve a sorte de completar a viagem num caminhão.

Consta que santas são pessoas que se destacam por suas virtudes. Pode ser. Mas se há uma virtude que o bispo de Mariana não cultivava é a pontualidade. Porém, jamais deixava de cumprir seus compromissos. Atitude que obrigou um casal da Zona Leste de São Paulo a levantar da cama a uma da madrugada, assustado porque alguém batia à porta. Era Dom Luciano, que prometera visitá-los àquela noite...

As Comunidades Eclesiais de Base, as pastorais populares, a Teologia da Libertação, sempre tiveram em Dom Luciano um aliado e defensor. Tornou-se presidente da CNBB quando ainda era bispo auxiliar de São Paulo. Logo, trataram de modificar os estatutos da entidade; doravante apenas arcebispos poderiam assumir o importante cargo. João Paulo II não se fez de rogado: nomeou Dom Luciano arcebispo de Mariana.

Devoto de Frei Tito, Dom Helder, pe. Alfredinho e outros menos conhecidos, incluo Dom Luciano entre os meus intercessores junto ao Pai de Amor. Mesmo porque, como dizia Hélio Pellegrino, nem no Céu mineiro dispensa um pistolão.

 Dom Luciano Mendes de Almeida: fragmentos da memória – raízes de uma vida

Francisco José Andrade Ramalho
Assessor para assuntos culturais da
Universidade Candido Mendes (Ucam) do Rio de Janeiro

Pouco conheci o notável prelado de Mariana, mas esse pouco muito me impressionou em dois momentos anedóticos.

Quando o vi pela primeira vez, estava ele sentado na ante-sala da sede da reitoria da Ucam, à qual integrava como sócio de sua mantenedora, a Sociedade Brasileira de Instrução (SBI), à espera de seu irmão, o reitor da Ucam e presidente da SBI, Candido Mendes de Almeida.

Nesse encontro fortuito, percebi a veneração das senhoras que compunham, algumas até hoje, o secretariado do gabinete, ao qual estou diretamente afeto. Em face daquela polvorosa santa, a reduzir a animação daquele local de trabalho num silêncio próximo ao que se percebe nos santuários, senti que aquele homem vestido de *clergyman* produzia um sentimento que transpunha o simples respeito humano.

Perguntei a uma das secretárias quem era aquele clérigo, sem lhe reportar a sensação de que não me era estranha essa fisionomia peculiar, ornada de grandes óculos, de simpatia atávica e de rosto marcado, sem que tal lhe afetasse a figura. Respondeu-me ela, quase sussurrando: "É Dom Luciano, irmão do Dr. Candido...". Num átimo, veiome à mente de onde recordava aquela imagem: das velhas fotos de família que começara a organizar e de algumas presenças televisivas daquele que fora, sucessivamente, secretário-geral e presidente da CNBB, como também vítima de um acidente que causara comoção em boa parte dos fiéis católicos, pois o deixara, dramaticamente, entre a vida e a morte. Cumprimentei-o, sentindo um calor de cordialidade e de empatia natural nada comum entre estranhos, ainda que da Igreja.

O segundo (infelizmente, o último) episódio do nosso entrecruzar se deu na pequena galeria que serve de *foyer* ao Teatro João Theotonio (no *campus* da praça XV de Novembro da nossa universidade), cujo nome homenageia o irmão de Dom Luciano, o professor Candido, que partira no fulgor da existência, sendo o primeiro dos irmãos Mendes de Almeida a falecer, e cujo pendor para as artes e cultura e incisiva ação na defesa do velho convento, sede do que é hoje a Ucam, desde 1910, justificam essa denominação.

Pois bem, seguia nesse caminho Dom Luciano para reunião da mantenedora, quando, por respeito, dele me acer-

HOMENAGEM A DOM LUCIANO

quei e fiz gesto de beijar-lhe a mão onde portava seu anel episcopal, num ato trivial e tão comum a alguém que, como eu, fora seminarista beneditino e acólito desde os tempos do terceiro ano do ensino fundamental em colégio barnabita e que, já com os 13 anos, convivia com o episcopado, quando tive a honra de ser o coroinha de Dom José de Castro Pinto, então bispo auxiliar da arquidiocese carioca. Entre sorrisos, impôs-me Dom Luciano a transformação do gesto filial em fraternal, num beija-mão mudado em abraço dos mais sinceros. Envergonhado do que poderia ter-lhe parecido patético, identifiquei-me e ele me respondeu, candidamente, saber quem eu era; nos despedimos de uma forma que eu só posso referir como a de estranho júbilo. Não recordo bem o que mais lhe disse, mas acho que palavras não foram necessárias, pois Dom Luciano era daquelas pessoas que parecem captar mais pelo sentimento do que pelo verbalizar, como que telepaticamente...

Pelo que sei, do ouvir dizer, posso relatar duas situações que demonstram o seu compromisso com o próximo. Um, relatado por um querido ex-colega de seminário – quando estive no mosteiro beneditino de Olinda, pelos idos de 1981 –, ao reproduzir, em homilia, quando do falecimento de Dom Luciano, o testemunho de um outro padre que, saído da Arquidiocese de Mariana, buscando novidades na sua vida presbiteral, encontrou a necessidade, ao contrário do porvir almejado. Em vez de recorrer a quem de direito, tal como um filho pródigo, recordou-se de seu antigo arcebispo e pediu-lhe dinheiro por telefone, ainda que de forma muito acanhada e constrangida. Qual não foi a sua surpresa ao ser de pronto atendido sem quaisquer recriminações, chegandolhe o valor pretendido em sua conta bancária celeremente. O que resultou na frase alardeada pelo sacerdote desgarrado das alterosas: "Dom Luciano não é um pai, é uma mãe para o seu clero!".

Também era notório o engajamento de Dom Luciano na opção preferencial pelos pobres, nele tornada em vocação pelos desafortunados, num mergulhar na problemática da pobreza de forma intensa em prol daqueles que hoje são chamados eufemisticamente de carentes, mas que em português cru são o que são: miseráveis!

Não quis ele ser o consolador da miséria, mas um agente eficaz da erradicação desse estado abjeto da existência (melhor dizendo, da não-existência) do ser humano. Enquanto tantos fazem ONGs para se fazerem por sobre a desgraça alheia, ou se condoem, melodramaticamente, da triste sorte de cães e gatos abandonados e até de cobaias de laboratório, Dom Luciano ia ao "x" da questão, na busca de quaisquer soluções cristãs admissíveis para esse escândalo inominável em nosso país. Daí todo seu modo de proceder enquanto bispo auxiliar de São Paulo e, depois, arcebispo de Mariana, bem como membro dos mais destacados da CNBB.

Até mesmo a sua crença na transformação socioeconômica oriunda da mudança do paradigma representado pelo operário no poder e pela "esperança que venceu o medo", numa possível ruptura do ciclo vicioso representado pela seqüência histórica mandonismo, coronelismo e clientelismo, foi uma marca dessa preocupação em buscar uma saída que não fosse só a salvação das almas, mas a salvação de corpo e alma do povo cristão e até mesmo não-cristão, dos reduzidos à condição de párias por mais de quinhentos anos de exclusão. Se as suas expectativas se materializarem, como ele augurava com convicção, foi-se Dom Luciano, mas no consolo de um Moisés, que pode ver ao longe Canaã, a terra prometida.

Outro aspecto que tomo a liberdade de mencionar sobre esse homem ímpar é o fato que o é entre os cidadãos brasileiros e, até mesmo, o clero, mas não no contexto de sua história familiar. Não foi Dom Luciano um florescer em vara seca, tal como na história apócrifa da escolha de José para noivo de Maria, mas a florada natural do saber engajado no viver a catolicidade em parâmetros absolutamente atípicos entre o laicato. Situação que remonta ao senador Candido Mendes de Almeida, seu bisavô, um homem que subordinou toda a sua ciência e ação política à execução dos postulados católicos de justiça em todos os seus sentidos, mormente perante as magnas questões da escravidão, da subordinação da vida religiosa aos interesses do Estado e da repressão sociopolítica. Obra de uma vida continuada por ambos os filhos deste, Fernando e Candido (o último, avô de Dom Luciano), na militância nos círculos católicos, no ensino, na imprensa, nas reformas penais e penitenciárias, na defesa e promoção dos humildes em suas mais variadas formas...

Se a empatia de Dom Luciano com o sofrer dos despossuídos teve nisso raiz, a sua própria oblação para a vida religiosa possui o antecedente da Hannitah, a senhorita Hannah Andrew Mendes de Almeida. Filha de seu tio-avô Fernando, quando no apogeu da sua beleza e mais requisitada pelos salões da *belle époque* carioca, tudo abandonou para ser dorotéia em Roma. Essa oblação de Dom Luciano também foi construída a partir do exemplo de sua própria mãe, Emília de Mello Vieira Mendes de Almeida, Condessa Candido Mendes Júnior, a Emilinha do movimento noelista (cujo propósito era fazer durante todo o ano uma permanência do carisma do Menino-Deus entre os fiéis); a redatora da revista desse movimento, a *Natal* (conjugando a chamada boa imprensa infanto-juvenil a uma catequese permanente); uma das promotoras da construção do único templo nesta cidade do Rio de Janeiro totalmente dedicado ao próprio Deus, a Igreja Matriz da Santíssima Trindade, em estilo *art déco*, estruturado como arquitetura neogótica; a senhora da elite que fazia questão de recusar carro com motorista, preferindo trafegar em bonde ou lotação; a catequista que, já carregada em anos, desfalece em plena aula e, daí mais algum tempo, entrega sua alma ao Criador após enfermidade paralisante que se constituiu em verdadeiro martírio para quem era tão ativa, especialmente em prol da sua Igreja e de todos aqueles aos quais a sua caridade era inesgotável.

Creio que este texto estaria incompleto sem a menção de quem dele foi muitíssimo amiga, a alma que lhe foi mais gêmea, sua irmã Elisa, que de pouco o precedeu na partida, a qual, na sua simplicidade ímpar, refletia, simbioticamente, o despojamento que lhes era comum. Uma luz interior a ambos ornava e complementava, recordando no brilho do olhar de Elisa o de Luciano, num sorriso que lhes era comum.

Foram-se, mas se em mim deixaram marca indelével, apesar dos contatos episódicos, que dirá nos que com eles conviveram...

Homem extraordinário, santo!

Francisco Paes de Barros
**Radialista e publicitário, conselheiro da Rádio 9 de Julho
e Diretor da Rádio Capital-SP**

Hoje quero discorrer sobre alguém que considero extraordinário: Dom Luciano Mendes de Almeida. Eu o conhecia apenas de nome e tinha ouvido falar sobre sua fama como grande intelectual, homem corajoso, atuante, atualizado e grande comunicador. Os que o conheciam diziam que ele falava aquilo que o pobre precisava e gostava de ouvir. Meu saudoso amigo, pe. Gambi, que foi pároco da minha comunidade há muitos anos, disse a respeito dele: "É um homem especial, é um santo!". Foi essa a primeira vez que ouvi falar sobre Dom Luciano.

Os anos passaram, fui trabalhar na Cúria, para ajudar a planejar a volta da Rádio 9 de Julho, sob o comando do monsenhor Dario Bevilacqua, e nela fiquei conhecendo muitos padres, religiosas, bispos, leigos e leigas ligados aos movimentos sociais, às pastorais etc. E todos, sem exceção, ao se referirem a Dom Luciano tinham a mesma opinião: é um homem boníssimo. Eu passei então a conhecê-lo melhor.

Ele é um homem de fé. É um homem de Jesus Cristo; daí o seu amor especial pelos pobres e pelos que sofrem. Se alguém me perguntasse como eu o definiria, responderia prontamente com quatro letras: amor. Ele é amor. Uma queridíssima amiga freira disse-me: "Quantas vezes o vi cumprimentando com profundo respeito um mendigo, tal como se cumprimentasse alguém da alta sociedade. Que respeito, que amor e fraternidade ele irradiava no seu gesto acolhedor!

A mim mesma, ele dispensava aquela atenção que nem todo padre dispensa a uma mulher, a uma simples freira".

Foi curioso o nosso encontro. Participei da assembléia-geral do Conselho Superior de Orientação e Administração do Instituto Brasileiro de Comunicação Cristã (Consup-Inbrac), entidade mantenedora da Rede Vida de Televisão, em 14 de maio de 2002. Estavam presentes várias pessoas, inclusive Dom Luciano. Não preciso dizer que fiquei deslumbrado ao deparar-me com essa figura já tão querida e admirada. Quase não participei das discussões da assembléia, pois não tirei os olhos dele o tempo todo. Afinal, foi uma feliz ocasião de encontrar alguém como ele.

Impressionou-me a simplicidade com que se manteve durante toda a reunião. A discussão prosseguia com acalorados debates e propostas muito pertinentes na área da comunicação. Confesso que em determinado momento acabei sentindo-me frustrado, ao constatar que Dom Luciano parecia distante. No auge da discussão, ele parecia cochilar. Sim, de braços cruzados ele dava uma boa cochilada. Mas aconteceu o que jamais imaginei: em meio a tudo o que se discutia na assembléia, de repente ele interveio. Levei um susto!

Diante de um silêncio profundo da assembléia, Dom Luciano dirigiu a palavra aos participantes. Comentou cada uma das opiniões expostas até ali. Suas palavras, com a competência que lhe é peculiar, exalavam amor e respeito pelas opiniões emitidas. Com toda bondade e delicadeza, expôs de maneira firme e brilhante o seu pensamento a respeito do assunto. Fiquei encantado com o que estava vendo e ouvindo. Perguntei a mim mesmo se não era eu quem tinha cochilado. Ou se teria sido um sonho.

A minha amiga freira contou-me que Dom Luciano "dorme pouquíssimo e trabalha muito. Ele de fato parece dormir durante as conferências e debates – como eu mesma presenciara no tempo em que trabalhei na arquidiocese – e ao final ele faz uma síntese esplêndida sobre tudo o que se passou enquanto dormia. Há algo inexplicável nele que o faz tão dinâmico e profundo".

Conhecer Dom Luciano, inteligência brilhante, exemplo de vida santa, dedicada aos pobres e aos que sofrem, foi para mim um privilégio, um estímulo de vida cristã.

Dom Luciano, Deus lhe pague por tudo o que o senhor foi! Por tudo o que tem feito pelos pobres, para a nossa Igreja e por todas as pessoas de boa vontade. Concordo plenamente com todos aqueles que dizem que Dom Luciano foi um bispo santo.

Dom Luciano: identidade com Cristo e Francisco de Assis

Geraldo Jordão Pereira
Editor da Editora Sextante

Para grande tristeza minha, não tive o privilégio de conviver com a pessoa extraordinária que foi Dom Luciano Mendes de Almeida. Mas sempre acompanhei de perto sua trajetória, e o conheci através de próximos e queridos amigos, como Dom Paulo Evaristo Arns. Raramente alguém soube conciliar de maneira tão esplêndida a dimensão político-religiosa – na presidência da CNBB, em Puebla e Santo Domingo – e a dimensão humana, exercida numa total disponibilidade para responder às necessidades dos desfavorecidos. Para mim, sua figura santa o aproxima de Cristo e Francisco de Assis, pela forma com que enfrentou e ofereceu seu sofrimento.

Dom Luciano foi, a meu ver, o exemplo mais expressivo de alguém que colocou o poder a serviço do bem comum. Parafraseando-o, na missa de sétimo dia de sua irmã Elisa, sinto vontade de dizer: O Céu ficou mais bonito com a sua presença. E a terra, mais pobre em esperança e caridade. Que ele seja inspiração, modelo e estímulo para nossa ação na construção do reino de justiça e fraternidade.

Dom Luciano é um homem santo

Guilherme C. Delgado
Economista, pesquisador do Instituto de Pesquisas Econômico Aplicada (IPEA) e membro da Comissão Brasileira de Justiça e Paz

É com muita alegria que presto este depoimento sobre Dom Luciano Mendes de Almeida. Mesmo sem ter sido íntimo colaborador, como outros depoentes desta edição, convivi e trabalhei com Dom Luciano na CNBB, desde 1987, e percebi desde cedo algo que o passar do tempo e das adversidades somente confirmou cada vez mais profundamente – Dom Luciano é um homem santo. Eu creio que disse algo parecido ao Candido Mendes em Porto Alegre (Fórum Social Mundial de 2001).

Acho que é tempo de renovar e complementar o testemunho. Trabalhar com Dom Luciano, para mim, foi uma graça de Deus. Ajudou-me a perceber em movimento uma profunda unidade de fé e do testemunho de vida. Lucidez, sabedoria, humildade e profunda doação a serviço dos pobres são combinados numa pessoa pública, convivendo na dura realidade do Brasil contemporâneo.

Para minha geração, Dom Luciano dá testemunho de santidade militante, na adversidade da moderna sociedade, em crise social e política. Por tudo isso, é um testemunho que precisa ser disseminado e reconhecido pela Igreja como exemplo a orientar novas gerações sobre o que significa "fazer-ser" santo nesta nossa América Latina de tantas cicatrizes civilizatórias.

 "Perdemos, por uns tempos..."

Hélio Saboya
Advogado. Desde garoto, admirava, reverenciava e, sobretudo, amava Dom Luciano

Perdemos, por uns tempos, o nosso Dom Luciano. Ele nos fará muita falta. A nós e ao Brasil. Mas estamos certos de que voltaremos a nos encontrar. Se em breve ou mais adiante, pouco importa. O que interessa é que estejamos com ele novamente, não apenas na nossa permanente e saudosa lembrança. Dom Luciano faz questão que voltemos a estar juntos.

Dom Luciano – viveu com amor e profundidade a fé cristã

Jether Pereira Ramalho
Evangélico e sociólogo

Combati o bom combate, completei a carreira, guardei a fé, já agora a coroa da justiça me está reservada, a qual o Senhor, reto juiz, me dará naquele Dia; e não somente a mim, mas também a todos quantos amam a sua vinda.
(2Tm 4,7-8)

Com voz suave, o espírito acolhedor e a visibilidade de um radical compromisso com a justiça marcaram a vida de um servidor fiel aos ensinos do Cristo, a quem amava e servia.

Praticava com radicalidade as diversas facetas da fé cristã. Respeitoso às diferentes compreensões do Evangelho, sem entretanto perder a sua própria identidade religiosa, viveu intensamente sua fé, respeitando as diversas facetas do rico mosaico religioso do Brasil.

A CNBB ganhou uma nova e forte identidade de 1979 a 1995, quando Dom Luciano exerceu a secretaria-geral e a presidência. Passou a ser uma forte e ousada referência nacional, significativa, corajosa e atuante na luta pela paz e pela justiça, na defesa intransigente da dignidade e do respeito à vida dos brasileiros. Foi um marcante momento em que a Igreja Católica corajosamente e sem dubiedades mostrou seu compromisso com a justiça e com o direito dos pobres e excluídos. Dom Luciano aliava na sua vida paixão e serenidade para mostrar suas convicções e compromissos.

Em muitos momentos de sua vida de pastor, expressou seu espírito ecumênico. Trabalhou intensamente na formação do Conselho Nacional de Igrejas Cristãs (Conic), atraindo outras igrejas para, juntas, sem a perda de suas particularidades, expressarem seu compromisso profundo e inquestionável com o Evangelho e com o povo brasileiro.

Na rica vida eclesial das CEB, mostrou compreensão e solidariedade com o povo humilde e os pobres na busca de uma nova forma de a Igreja ser. Apoiava as pastorais sociais e admirava seu dinamismo testemunhal de compromisso com os excluídos. Desde 1992 foi membro da Comissão Justiça e Paz. Quando presidente da Pastoral da Criança e do Adolescente, solicitou assessoria ao biblista evangélico Milton Schwantes, dando provas concretas e conseqüentes de seu espírito ecumênico.

As Igrejas do Brasil vão sentir muito a falta de Dom Luciano e os mais pobres e sofridos vão também agradecer a Deus pela vida daquele que foi fiel, até a morte, ao chamamento de Cristo.

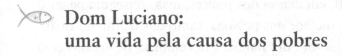

Dom Luciano: uma vida pela causa dos pobres

João Alexandre Peschanski
Membro da redação do periódico *Brasil de Fato*

"Não esqueçam os pobres." A frase, a última de Dom Luciano Mendes de Almeida, arcebispo de Mariana, falecido em 27 de agosto, foi repetida por diversos veículos de imprensa. No entanto, não foi contextualizada. "Não foi simplesmente uma frase de efeito, mas a síntese de um trabalho por uma causa", afirma o pe. comboniano Giampietro Baresi. Dom Luciano morreu no Hospital das Clínicas de São Paulo, em decorrência de falência renal, causada pelo tratamento químico usado para combater um câncer no fígado.

Dom Luciano é um dos raros representantes de um episcopado profundamente evangélico e identificado com a causa dos pobres no Brasil. A CNBB continua defendendo o direito dos pobres, mas são raros os bispos, como Dom Paulo (Evaristo Arns), Dom Helder (Câmara), Dom Tomás (Balduíno), que realmente participam e têm interlocução permanente com os movimentos populares. Dom Luciano estava nesse grupo.

Esse é o comentário do frade dominicano Carlos Alberto Libânio Christo, o frei Betto. Dom Luciano foi secretário-geral da CNBB de 1979 a 1987 e presidiu a entidade de 1987 a 1995.

Compromisso e diálogo

O arcebispo de Mariana sempre foi comprometido com a linha social, em defesa dos pobres, mas conseguia pegar o que havia de melhor das pessoas, tanto das de direita quanto das de esquerda, diz Baresi. Era também, de acordo com o padre comboniano, humilde e autêntico: "Não procurava sucesso pessoal, mas lutava por uma causa na qual realmente acreditava, a dos pobres". Os valores que encarnava, nas palavras de Baresi, são fidelidade, solidariedade, otimismo e autenticidade.

Um dia, relata, alguém reclamou que Dom Luciano se atrasava em encontros oficiais porque ficava ouvindo o problema das pessoas. Respondeu: "Se você não os escuta, eu devo escutá-los".

Em 28 de agosto, Dom Luciano foi homenageado em Belo Horizonte por integrantes dos movimentos sociais ligados à Via Campesina. Afirma a declaração das organizações, lida na presença de Candido, irmão do arcebispo: "Dom Luciano esteve sempre presente ao nosso lado, junto dos movimentos sociais, nas mobilizações".

Temido pelo Vaticano

"Uma pessoa de uma coerência evangélica profunda, de uma dedicação e coragem surpreendente", afirma frei Betto sobre Dom Luciano. Diz mais: "Infelizmente, não recebeu do Vaticano o reconhecimento que mereceria. Ficou exilado em Mariana, enquanto deveria estar encabeçando uma arquidiocese das capitais do Brasil. O profetismo que ele encarnava foi temido pelo Vaticano".

Dom Luciano não se abalou pela falta de reconhecimento. Não era isso que procurava, comenta Baresi. Guardou em si, conta o padre comboniano, algumas mágoas, uma delas em relação à revista *Veja*, que nunca mais leu, após a publicação ironizar a morte de um religioso, cujo corpo foi encontrado num motel, no Maranhão. "Após investigar o caso, Dom Luciano disse que era um seqüestro. A *Veja* tirou suas conclusões e manipulou informações. Por isso, Dom Luciano nunca mais leu a publicação", conta Baresi.

Exemplo de luz

José de Sá
**Jornalista e professor titular da
Universidade Metodista de São Paulo; trabalhou com
Dom Luciano na Região Episcopal Belém**

Falar de Dom Luciano é quase impossível diante da infinitude de sua generosidade, sabedoria e iluminação.

Sou testemunha de sua dedicação aos mais pobres, da valorização do trabalho dos leigos, dos jovens e das crianças. Do quanto ele investiu na comunicação, nos sonhos e na realidade (Rede Vida, artigos semanais na *Folha de S. Paulo* etc.).

Aprendi muito com seu olhar, seu carinho e suas palavras inspiradas pela força do Espírito Santo.

Mesmo sabendo ser efêmera a vida terrena, poderemos sempre nos lembrar de seus ensinamentos e dinamismo. Dom Luciano vai continuar a nos dar muito ânimo para enfrentar as dificuldades. Nossa fé e ação estarão fortalecidas nos exemplos e na luz de Dom Luciano.

Eu conheço um santo

José Gabriel Guimarães
**Médico, coordenador da Pastoral da Criança
e do Menor de Barbacena-MG**

"Em que posso servi-lo?" Essas eram as primeiras palavras que Dom Luciano Mendes de Almeida sempre pronunciava quando se dirigia às pessoas que o procuravam, ao mesmo tempo em que entrelaçava suas mãos, num significativo gesto de que estava realmente em comunhão com aquela pessoa que estava ali na sua frente, pronto para ajudá-la no que fosse preciso. Essa é uma lembrança forte de todos aqueles que conviveram de perto com Dom Luciano nesses 18 anos em que esteve à frente de nossa Arquidiocese de Mariana. Dom Luciano jamais deixava de atender a todos que o procuravam.

Tive a felicidade e o privilégio de poder desfrutar de sua amizade ao longo desse tempo.

Dom Luciano não tinha uma rotina a cumprir, como praticamente todos nós a temos: hora para acordar, tomar café da manhã, almoçar, lanchar, jantar, dormir etc. Isso não fazia parte de sua vida, não porque ele não o quisesse, mas por pura falta de tempo. Aliás, tempo para ele não fazia a menor diferença, não importava se era dia ou noite, se era de madrugada, se fazia calor ou frio, se estava com fome ou com sede. Isso podia esperar, como dizia muitas vezes. Estava sempre disponível para o outro.

Toda sua preocupação e seu tempo eram voltados para ajudar o próximo, especialmente aqueles mais necessitados, os desempregados, os presos, as pessoas sem casa, sem teto, sem terra, os índios e especialmente as crianças e os menores abandonados, entregues à própria sorte. Dedicava atenção especial também à formação dos sacerdotes.

Dom Luciano também era uma pessoa muito feliz, que irradiava muita luz e, conseqüentemente, era muito alegre.

"Ele encherá de riso a sua boca e de brados de alegria os seus lábios. Seus inimigos se vestirão de vergonha e as tendas dos ímpios não mais existirão", nos fala o Livro de Jó sobre

DEUS É BOM

as promessas de Deus para aquele que tem sua vida marcada pela santidade e pela fidelidade a Deus (Jó, 8-21s).

Certa vez, durante um retiro, me pareceu que sentia frio. Ao sair dali, pedi à minha esposa que comprasse um suéter de lã para presenteá-lo, e assim o fiz. Ele agradeceu a minha preocupação com ele e que não me esquecesse de agradecer à minha esposa, Vânia, e assim que o vestiu abriu seu marcante sorriso e me perguntou se estava bonito, e eu disse que estava muito bonito e protegido contra o frio daqueles dias. O vi vestindo o suéter uma vez mais somente. Certo dia, em tom jocoso, disse à irmã Francisca, que também tinha com Dom Luciano uma convivência diária, que achava que ele não tinha gostado do suéter, e ela também com um largo sorriso disse para não me preocupar, porque ele o tinha dado para o primeiro pobre que viu sentindo frio.

Participei das homenagens e da despedida a Dom Luciano durante dois dias e pude constatar o que já sabia, a sua predileção especial pelos desvalidos, pelos mais sofridos e mais necessitados. Foram dias de manifestação de muita fé, de muita oração, de muita emoção, de muitas lágrimas, mas também de demonstração de muito amor ao próximo e, sobretudo, dias de muito amor, de muita confiança e esperança em Deus.

Ao retornar, recebo um telefonema de minha filha adolescente dizendo que eu não ficasse muito triste, porque eu sempre dizia em casa que Dom Luciano era o único santo que eu conhecia e, já que ele era tão bom e santo, então eu devia estar feliz porque ele não estava sofrendo mais, e os santos não podem sofrer.

Veio-me então a interrogação: o que é ser santo?

Ser santo é ter um coração puro e solidário, é ser companheiro e amigo, promovendo a partilha de tudo o que somos e o que temos?

Ser santo é indignar-se e ser um incansável e corajoso guerreiro contra as injustiças sociais?

Ser santo é acolher e perdoar a todos, sem discriminações?

Ser santo é amar o próximo como a si mesmo, e até dar a própria vida, como nos ensina o Evangelho?

Ser santo é ser totalmente desprendido e desapegado das coisas materiais e ser desprovido de vaidades?

Ser santo é ser, muitas vezes, incompreendido em suas palavras e ações?

Ser santo é ter permanentemente o reflexo de Deus espelhado em sua face?

Ser santo é realizar milagres, aliviar o sofrimento e transformar a vida das pessoas?

Se ser santo é tudo isso, então *eu conheço um santo* que se chama *Luciano Pedro Mendes de Almeida*.

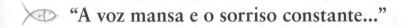 **"A voz mansa e o sorriso constante..."**

José Maria Mayrink
Jornalista que acompanhou, por longo tempo, as atividades da Igreja

A voz mansa e o sorriso constante disfarçavam o cansaço e a fraqueza física de Dom Luciano, um homem de corpo franzino e ombros curvados que, aos 75 anos, carregava o peso de noites mal dormidas e de viagens contínuas. De saúde frágil e agenda cheia, jamais se rendeu. Bispo em São

Paulo, secretário-geral e presidente da CNBB e arcebispo de Mariana, seus principais cargos ao longo de trinta anos de episcopado, esse jesuíta, que trocou o conforto e o luxo de uma família nobre e rica por uma vida de privações, foi um religioso fiel à sua vocação e à Igreja.

Foi contundente e firme sobretudo na defesa dos direitos dos perseguidos, como, por exemplo, no caso de padres presos e torturados durante a ditadura. Teólogo formado pela Pontifícia Universidade Gregoriana de Roma, onde também defendeu sua tese de doutorado em Filosofia, Dom Luciano teve papel de destaque em comissões do Vaticano e em reuniões do episcopado latino-americano.

Dom Luciano

José Rosa Abreu Vale
Membro da Comissão Justiça e Paz do Ceará

Anos 1980, em Brasília. Contatos freqüentes com Dom Luciano Mendes de Almeida, secretário-geral e, mais tarde, presidente da CNBB. A cada encontro, como não se deixar mover pela leveza de sua palavra, a inteligência de suas análises, a coerência de seus compromissos? Como não fazer retroagir os dias ao tempo de um saudável convívio – intelectual e espiritual – no espaço operoso do Colégio Pio Brasileiro, em Roma?

Em Brasília, só muito raramente e quando indispensável, me solicitava uma intermediação no Ministério da Justiça, o que fazia sempre em favor de uma pessoa sofrida ou de uma causa social ferida. Certo dia, surgiu uma questão bastante delicada envolvendo direitos humanos. Impunha-se a urgência ética de uma conversa direta com alta autoridade do Ministério da Justiça. Entendeu-se que o contato não se desse no ministério nem na CNBB. Minha casa foi escolhida como lugar para o encontro.

Foi uma aula de superior diplomacia. A exposição inicial, feita por Dom Luciano, com firmeza e serenidade, retirou ao jantar o clima que se prenunciara tenso. A sua foi a voz de um estadista que conhecia os meandros do Estado e de sua difícil interlocução com a sociedade civil. Com palavras precisas e diretas, pautou todo o roteiro de um diálogo construtivo que terminou por possibilitar um encaminhamento razoável ao problema. No dia seguinte, tudo se fez no ministério para tornar concreta a alternativa por ele e nele inspirada.

Agora chega a notícia de sua morte. Com a notícia, ressurge em mim a compreensão de como Dom Luciano sabia enfrentar graves adversidades sem se deixar dominar pelo desejo de vitória. Era movido pela busca da paz. A paz que, como a esperança, está além da vitória e da derrota. Ao recolher-me à sombra de sua memória, vem-me à mente a prece inscrita em belo poema de Sophia Breitner, poetisa portuguesa recentemente falecida: "Dai-nos, Senhor, a paz que vos pedimos: A paz sem vencedor e sem vencidos".

 Dom Luciano Mendes de Almeida, obrigado pelo seu exemplo!

José Comblin
Teólogo

Com a morte de Dom Luciano, a Igreja Católica perde um homem insubstituível. A vida é assim: todos passam um tempo nesta terra e têm que deixá-la. Há mortes que nos deixam um grande vazio. O desaparecimento de Dom Luciano cria um vazio que vamos experimentar durante muitos anos: se Dom Luciano estivesse aqui!... Por exemplo, em Aparecida, na V Assembléia do Celam, a sua ausência será sentida cruelmente. Ele foi o organizador verdadeiro de Puebla, que nos deixou o que nos deixou graças a ele. Conseguiu fazer, de uma reunião cheia de incertezas, a luz que nos ilumina até hoje e nos iluminará durante muitos anos ainda. Em Santo Domingo, ele salvou o que se podia salvar. Ele vai fazer falta. Pois ele é uma dessas personalidades que ninguém pode substituir. Enfim, poderá interceder por nós, porque não precisamos esperar decretos de beatificação ou de canonização. Sabemos que é um santo. Vamos recorrer a ele nas nossas necessidades, sobretudo no meio das dificuldades vividas na Igreja.

Dom Luciano foi uma das personalidades mais marcantes do século XX, uma dessas personalidades que marcam uma época. A sua vida foi tão rica de ensinamentos que ela constitui uma referência permanente. Tinha tantas qualidades, tantas capacidades, tantos talentos... e tudo isso reunido numa vida tão simples na sua riqueza.

Era visível, desde o primeiro olhar, que se tratava de uma personalidade sumamente inteligente e brilhante. Tinha um dom de intuição extraordinária, uma capacidade de síntese que fazia dele a pessoa que salvava as reuniões e sabia propor conclusões iluminadoras. Era a pessoa ideal para presidir reuniões. No entanto, ele se apresentava com tanta modéstia, tanta simplicidade, tanta humildade, como se tivesse que pedir perdão por tanta superioridade. Não era assim. Ele não pretendia esconder os seus dons. Sabia intervir com autoridade tranqüila, essa autoridade que todos seguem com entusiasmo porque reconhecem nela a luz do Espírito. Nada nele era fingido. Jamais procurou a glória pessoal, jamais pensou em atrair os olhares ou pedir felicitações. Jamais defendia uma tese. Bastava explicar e todos entendiam. Não precisava fingir porque era uma personalidade totalmente aberta.

O que mais chamava a atenção era a sua disponibilidade, a permanente preocupação em servir, ser útil, ajudar. Em lugar de fugir dos problemas, como fazem tantas autoridades, ele ia ao encontro deles. Quando sabia de um caso de injustiça, de opressão ou de abandono dos pobres, ali estava ele imediatamente. Na frente da luta e nunca buscando desculpas edificantes, como fazem tantas autoridades. Nada tinha de líder popular e jamais procurou a popularidade, o que era bem o contrário da sua personalidade. Estava ali na frente da massa dos pobres com toda simplicidade, como se fosse nada mais do que um no meio dos outros. Mas todos sentiam a sua presença e sentiam que debaixo de aparências fracas havia uma imensa força, que era na realidade a força de Deus. A concentração do povo nos seus funerais foi um sinal da imensa confiança e da grande admiração que suscitava, porque era a força de Deus no meio do seu povo. Como dizia São Paulo, era a maior força na maior fraqueza.

Era filho de uma família importante, em que correm rios de inteligência, o que lhe facilitou o acesso a uma cultura mais elevada. Ao mesmo tempo, a família preparou-o para ser uma personalidade privilegiada que não precisava fazer esforços para ter autoridade porque a autoridade lhe era natural. Essa origem devia ter contribuído para que ele fosse tão natural no serviço como se isso não lhe custasse nada. No fundo, era totalmente seguro de si, a tal ponto que nunca sentia a necessidade de olhar para si mesmo, de se preocupar pelo desempenho da sua missão. Não precisava de aprovação. Tudo era tão claro.

Devemos supor que tinha os seus momentos de sofrimento. Os sofrimentos físicos em conseqüência do acidente, todos o sabemos. Mas deve ter experimentado alguns sofrimentos mais íntimos, por exemplo, pelas humilhações que teve que suportar. Porém, a sua confiança na sua missão e na sua capacidade com a graça de Deus era tão forte que não era abalada, tal a sua auto-segurança. Isso lhe permitia enfrentar todos os problemas com uma virtuosidade excepcional. Prestava com tanta naturalidade inumeráveis serviços, como se fosse fácil e natural. Era incansável, nunca dava a impressão de estar cansado, salvo quando se encontrava dormindo nas reuniões ou nas viagens, porque não dormia de noite e o sono estava ali reclamando.

Era de uma simplicidade tão grande... Um dia, eu estava sentado ao lado dele num avião e ele me disse simplesmente que nunca tinha sido capaz de vencer o medo do avião e rezava o terço para se dar coragem. Isso não impediu que passasse tantos dias da sua vida viajando de avião. Curiosamente, também Dom Manuel Larraín, fundador do Celam, e Dom Helder tinham medo de viajar de avião e deviam viajar sem cessar.

Com tudo isso, Dom Luciano viveu uma vida de amor. Amou muito e também foi muito amado. Poucos talvez tenham sido tão amados por tantas pessoas de tantos grupos humanos diferentes. Era tão humano que não se podia não amá-lo.

Agora, estamos aguardando uma biografia. Escrever uma biografia de uma pessoa que teve tanta atividade na sua vida não será fácil. Oxalá que se apresente um historiador ou um bom jornalista para começar logo, quando ainda há muitas testemunhas das diversas fases de uma vida vivida em vários lugares do Brasil e do mundo.

A tentação vai ser aquela mesma de que está sendo vítima o pe. Hurtado, no Chile. Uma vez canonizado, fizeram dele uma representação convencional, em que a sua ação real e concreta desaparece e o que se venera nele são as virtudes convencionais. Um cardeal chileno dizia que o que mais marcou na vida de pe. Hurtado era a sua obediência, porque um dia, quando era assessor nacional da Juventude Universitária Católica, foi demitido pelo bispo responsável do setor, e ele se submeteu. Com isso, toda a ação social de pe. Hurtado desapareceu. Que não nos façam de Dom Luciano um retrato convencional de santo que colecionou todas as virtudes tradicionais, de tal sorte que Dom Luciano fosse um a mais na lista de todos os santos iguais e convencionais. Que não seja tirado do seu contexto histórico, mundial e eclesial, daquilo que foi a matéria da sua vida e o desafio que soube enfrentar.

 A Boa-Nova em nossas vidas

José Tarcisio Amorim
Assessor especial da reitoria da Pontifícia Universidade Católica de Belo Horizonte-MG

*À memória de Dom Luciano Mendes de Almeida
e do legado que nos deixou.*

Certa vez, um homem de elevada posição social, mas convertido, contemplou, serenamente, a face da morte. Diante dela, todos os seus ganhos materiais perderam o sentido.

DEUS É BOM

Era-lhe impossível comparar esse acontecimento com qualquer coisa vivida anteriormente, na lógica do mundo material. Tudo o que aquele homem enxergava era uma luz tênue, bem definida, mas sem alarde. Curiosamente, essa contemplação despertou nele um sentimento de confiança e de paz. O homem tentou apresentar-se à luz, falando sobre sua experiência cotidiana. Iria dizer que era um profissional bemsucedido, mas isso não faria qualquer sentido naquela situação. Resolveu, então, falar de sua família. Entretanto, diante daquela luz, todos os vínculos amorosos eram abrangentes e universais e não se organizavam segundo a lógica dos apegos meramente humanos. Pensou, então, em apresentar-se como brasileiro, mas a luz era tão generosamente difusa que ofuscava as diferenças convencionais, que pareciam ter tamanha importância para a vida dos homens.

Tudo o que pensava perdia o sentido diante da nova realidade. E o homem não sabia mais o que dizer. No centro de seu silêncio, percebeu que as coisas vividas não se deixavam valorizar à maneira condicionada da vida segundo o mundo. Ao contrário, as menores coisas realizadas poderiam ter a marca da plenitude, e as grandes realizações puramente materiais poderiam dissolver-se numa total carência de sentido. Ao perceber isso, o homem foi arrebatado por forte emoção, e uma jubilosa serenidade apossou-se de seu ser. Talvez se sentisse agora menos ofuscado pela luz. O fato é que aquele fenômeno difuso começou a assumir uma forma que, pela primeira vez, lhe parecia familiar. Subitamente, o homem despertou. Mas algo inexplicável lhe ocorrera. As coisas já não tinham o mesmo significado de antes. Cargo, função, nacionalidade, bens e poder... Tudo o que parecia, antes, essencial ficara subordinado a outro plano. O fundamental, doravante, seria transmitir a cada pessoa a mesma experiência que o transformara, ao contemplar a imaginada luz.

"Considero a passagem de Dom Luciano..."

Leonardo Boff
Teólogo, escritor e membro da Carta da Terra

Considero a passagem de Dom Luciano um vazio difícil de ser preenchido em nossa Igreja, como pastor e homem espiritual. Sua santidade nos edificou a todos e a mim pessoalmente.

Para os que cremos, morrer é caminhar na direção da Fonte. É apenas um fechar os olhos para ver melhor as maravilhas da Suprema Realidade.

Dom Luciano e a gratuidade do Dom

Lúcia Ribeiro
Socióloga, assessora do Instituto de Estudos da Religião (Iser)

Queria lembrar aqui meu encontro com Dom Luciano na reunião nacional das Comunidades Eclesiais de Base (CEB), no ano passado, em Ipatinga-MG. Logo no início, ele começou fazendo uma brincadeira sobre nossos nomes. Com seu olhar perspicaz e um sorriso típico de um lado seu, meio maroto, brincou: "Pois é, um nó nos separa e nos une". Eu não conseguia entender bem: "Como, um nó?". E ele "Luciano". E me deixou pensando, apesar do "nó" do nome que nos separa, na profundidade do nó que representa a opção comum pela vida, pela liberdade, pelo amor. Gostaria, hoje, que este "nó" continuasse a nos unir a todos, lembrando essa figura incrível.

Mas esse encontro representou também a possibilidade de descobrir outras dimensões em Dom Luciano que eu desconhecia. Nessa reunião das CEB, os organizadores tinham decidido inserir uma inovação no programa: este, normalmente, enfoca um tema geral, que unifica todos os trabalhos. Dessa vez, entretanto, decidiu-se abrir uma manhã para temas específicos sobre uma série de assuntos. Um desses temas era a questão do envelhecimento e da chamada terceira idade, questão essa que nunca havia sido abordada em reuniões de CEB.

Isso representou um desafio e dificuldades adicionais de organização: houve uma certa confusão, os assessores não estavam preparados e nós tivemos que sair, em cima da hora, buscando pessoas que pudessem ajudar. Com uma simplicidade incrível, Dom Luciano se dispôs a colaborar, pois normalmente não toca a um bispo ser simplesmente assessor de uma pequena reunião num encontro tão grande como é o Intereclesial. A atuação dele foi fantástica, em todos os sentidos. Impressionou-me pela precisão, pela capacidade de coordenação, pela riqueza da reflexão sobre o tema. Mas, ao mesmo tempo, conseguiu transmitir também sua experiência, contando como vivenciava, na prática, a preocupação com a terceira idade: esta se concretizava no cuidado com os pobres, com os doentes em geral e, particularmente, com os idosos, sobretudo com aqueles que já não podiam mais sair de casa.

Enfatizava especialmente a importância das visitas, dando o testemunho pessoal, de quem está lá, junto, e sabe como o idoso precisa, às vezes, de uma presença, sem horário marcado e sem compromisso. Tocou-me o detalhe do exemplo que dava; Dom Luciano dizia, com a sensibilidade de quem percebe a necessidade do(a) outro(a) e a importância de dar seu tempo sem medida: "Não olhem para o relógio...".

E é esse exemplo de gratuidade do Dom – que Dom Luciano expressou tão bem em sua vida – que queria trazer hoje para vocês.

Dom Luciano, lucidez e santidade

Luiz Alberto Gómez de Souza
Sociólogo e assessor da CNBB

Raras vezes enorme lucidez e espírito agudo estiveram tão unidos com santidade e profunda espiritualidade.

Quero trazer meu testemunho sobre a presença de Dom Luciano na Igreja Latino-Americana e na Brasileira. Acompanhei de perto, assessor externo, sua ação em Puebla (1979) e em Santo Domingo (1992). Em Puebla, uma equipe de quatro bispos articulava o trabalho das 21 equipes de trabalho. Ali estava nosso bispo, com o peruano, também jesuíta, Bambarén e o panamenho Marcos Mac Grath, além de um bispo argentino. Graças a essa equipe e muito particularmente a ele, os achados mais ricos das comissões (opção preferencial, os pobres evangelizam...) foram encaminhados ao documento final e ficaram na memória do que o encontro trouxe de mais profético e criativo. Santo Domingo foi uma reunião muito difícil e acompanhada de perto pelo secretário de Estado da Santa Sé. Porém, na comissão de redação, Dom Luciano acolheu de dois assessores externos brasileiros, J. O. Beozzo e Marcio Fabri, uma proposta que foi a base do melhor capítulo do documento final: a *promoção humana*. E foi o responsável pela belíssima oração que deu um marco de forte espiritualidade ao encontro, contrabalançando a pobreza da análise histórica dos 500 anos e a presença de um Cristo atemporal no texto, quando uma proposta de seguimento de um Jesus concreto não foi aprovada. E não esqueçamos que seu trabalho sobre-humano em Santo Domingo se deu depois do terrível acidente que o fragilizou e o manteve com fortes e permanentes dores.

No Brasil, Dom Luciano, como bispo auxiliar de São Paulo, foi secretário-geral e depois presidente da CNBB, rompendo as estruturas tradicionais de uma Igreja que tanto preza as hierarquias, à frente de cardeais e de arcebispos. Isso levou a que mais tarde se exigisse, para a direção das comissões episcopais, apenas bispos residenciais. Depois dele viria um presidente-cardeal, para voltar a decisões menos inabituais.

Suas intervenções em plenário, nas assembléias da CNBB, eram serenas, claras, firmes, ouvidas em silêncio respeitoso e freqüentemente aplaudidas. Lembro de uma, muito cálida, em defesa dos assessores da CNBB, depois de fortes críticas de alguns bispos. Nas eleições, no momento de eleger os bispos que iriam aos sínodos, durante muito tempo, seu nome era o mais votado. Estava acima dos rótulos que os jornalistas gostam de alcunhar. Moderado ao procurar consensos e comunhão, renovador nas propostas, radical quando se tratava do pobre e do excluído. Assim foi quando coordenou a comissão que, na assembléia de 2002, preparou o texto que foi a base do Mutirão Nacional contra a Fome e a Exclusão. Ali, segundo alguns de seus membros, estava sempre disposto a modificar suas propostas em nome de outras que pudessem aperfeiçoar o documento. Nenhuma vaidade, total abertura aos outros, presidindo trabalhos às vezes de olhos fechados, parecendo dormitar, mas atento a tudo o que se dizia. E vinha de longas vigílias redigindo sínteses, sempre com a fragilidade de seu corpo e convivendo com suas dores contínuas, num ofertório de doação e de entrega.

Mas sempre estava pronto a interromper um trabalho para atender aos que o procuravam – uma senhora idosa, um jovem, um mendigo –, paciente e suave diante de alguém com a saúde mental abalada.

De São Paulo foi para Mariana, o único arcebispado sem aeroporto, o que o obrigava a fazer viagens por terra, para seus compromissos em Brasília, Bogotá ou Roma. Numa delas sofreu o gravíssimo acidente automobilístico. Quando vagava alguma sede maior – geralmente com um cardeal à frente –, Salvador, Rio ou Brasília, como Dom Helder anos atrás, ou Dom Ivo Lorscheiter, que nunca saiu de Santa Maria, parecia vir uma transferência – e a história dirá se isso não se deu mais de uma vez, anulada logo depois pelas mãos aveludadas de poderosos ocultos nas penumbras dos dicastérios romanos. Com isso, se manteve até o fim em Mariana, na histórica diocese de Dom Viçoso, por quem tinha grande devoção e onde foi tão amado, como se viu por ocasião de suas exéquias.

As estruturas de poder não toleram profetas como Dom Helder, personalidades firmes como Dom Ivo. As cúrias temem um santo como Dom Luciano Mendes de Almeida. Dom Romero não precisou de canonização formal para se tornar, no sentir dos fiéis, São Romero da América. Nem os jesuítas assassinados em El Salvador. Dom Luciano já está presente na devoção de tantos brasileiros que o conheceram ou souberam de suas virtudes. Neste momento, temos de pedir que interceda por nós, ele que nos deixou em dias decisivos para o destino de nossa pátria.

Dom Luciano

Luiz Paulo Horta
Jornalista

Não tive o privilégio de conviver com Dom Luciano Mendes de Almeida: só o encontrei fugazmente. E, no entanto, sua figura sempre esteve recortada no horizonte, como expressão de um alto valor da nacionalidade e da própria espiritualidade.

Fotos às vezes são enganadoras. Mais que elas, podem falar, em certos casos, as palavras. De Dom Luciano, guardo com especial carinho dois trechos de uma longa entrevista que ele concedeu ao *site* da Unisinos, a Universidade de São Leopoldo-RS. No primeiro, ele está falando do sofrimento, o individual e o coletivo. "Penetrar nesse sofrimento," – ele explica – "comungar com ele, creio que isso proporciona uma carga existencial muito grande." Ele lembra que passou por quase todos os países da América Central, nos anos 1980, trabalhando para o Celam, "e tudo isso me despertou muito a consciência da América Latina. É a situação de populações esmagadas, incompreendidas, empobrecidas; e isso desperta uma grande vontade de trabalhar e ajudar".

"Poder comungar com essas realidades" – ele conclui – "é algo que me ensinou a perceber que Deus não tira as dificuldades, mas ajuda a superá-las." Dom Luciano de corpo inteiro.

Uma outra passagem lança como que uma luz profética sobre o período político que estamos atravessando (a entrevista é de 2005). "A escolha de um governo liderado por um expoente dos sindicatos populares" – diz Dom Luciano – "foi uma resposta ao anseio popular de ascender a níveis de direção do país. É necessário, no entanto, perceber que essa conquista não foi acompanhada pela formação dos quadros necessários para a implantação das reformas, especialmente as mais urgentes, como a redistribuição da terra e o acesso de mais pessoas a uma ocupação, a um emprego, a um trabalho."

Raciocínio que é completado um pouco adiante, na mesma entrevista: "Eu não perco a esperança, acho que ninguém deve perder a esperança, mas é preciso agora um aprimoramento do sistema de governo, com maior participação popular". Ele lembra a importância dos municípios, "os lugares onde o cidadão atua", e completa: "Creio que é necessário estabelecer essas formas de participação, abrindo realmente o governo, que não pode ser um governo marcado por um só partido. Nenhum partido está preparado para governar adequadamente este país". Sábias palavras.

A orfandade fecunda

Marcelo Barros
Monge beneditino, biblista e escritor

Qualquer pessoa que tenha acompanhado nas últimas décadas a Igreja Católica no Brasil e tenha interesse pela vida do povo se sente meio roubado ao saber que Dom Luciano Mendes de Almeida, arcebispo de Mariana e referência de pastor para tanta gente em todo o mundo, passou para outra dimensão de vida. Dom Luciano é de tal forma querido e respeitado, nos mais diversos ambientes e por todas as pessoas de boa vontade, que, nestes dias, muitos estão escrevendo sobre ele. Por isso, provavelmente, nada do que direi aqui será substancialmente original. Ainda mais porque, apesar de conhecê-lo há décadas e, muitas vezes, termos trabalhado juntos, não tive a graça de conviver com ele mais de perto e gratuitamente. Entretanto, Dom Luciano era um tipo de pessoa tão especial, que a gente nem precisava gozar de sua intimidade para sentir a humanidade e a bondade lúcida de um homem movido por uma espiritualidade que irradiava pelos poros do corpo e pelo brilho do olhar.

Conheci-o no final dos anos 1960, ele como padre jesuíta, pregando um retiro anual para os monges beneditinos de Olinda. Desde então, sempre que o encontrava, me recordava dele como um jesuíta que podia ajudar os monges a serem mais profundamente monges.

Reencontrei-o anos depois, já como bispo, secretário da CNBB e depois seu presidente. Confesso que, algumas vezes, desejava vê-lo mais ousado e inovador, em termos de teologia e de política. Era um homem prudente e conciliador, cuja profunda convicção de pastor da unidade o levava a mediar conflitos e moderar posições mais do que ser o pioneiro que abre caminho e marca posições de fronteira. Uma vez ou outra tal postura me incomodava e me parecia diplomática ou oficial demais. Hoje, percebo como, muitas vezes, ao agir assim, ele ajudou o conjunto do episcopado católico no Brasil a se abrir em questões que, provavelmente, muitos bispos não aceitariam se não fosse o equilíbrio e a prudência do Dom Luciano. Assim, tenho convicção de que devemos a ele, no começo dos anos 1980, que a Comissão Pastoral da Terra, organismo então ligado à CNBB, mas com certa independência, pudesse ser aprovada e assumida pela maioria do episcopado. Do mesmo modo, todas as pastorais populares devem a ele um apoio discreto, mas claro e inequívoco, que abria espaço e garantia possibilidades de eficácia.

Quem acompanhou de perto a luta interna que percorreu a IV Conferência dos Bispos Latino-Americanos em Santo Domingo (1992) sabe o quanto Dom Luciano, com sua paciência e humildade, sofreu e como dedicou noites inteiras de trabalho para que o documento final da conferência assumisse a opção da Igreja pelos pobres e as grandes causas das comunidades eclesiais de base em todo o continente.

Se eu pudesse lhe dizer uma palavra que, do Céu, fosse escutada, seria um pedido de desculpas pelo fato de que esta Igreja que agora o honra e o elogia poderia ter sido mais justa e aberta à imensa contribuição que ele poderia ter dado se fosse mais valorizado. Não me refiro a títulos de honra e a cargos, que são humanos, e Dom Luciano não se apegava a isso. Penso mais no seu legado de bispo, pai dos pobres que fazia do cuidado com as crianças de rua, os prisioneiros, os lavradores e todas as pessoas oprimidas o centro da vida e da ação da Igreja. É essa centralidade do amor solidário que ele nos deixa como sua maior herança de discípulo e testemunha de Jesus Cristo, seu e nosso pastor.

Não é apenas a Igreja Católica que sente sua perda. É todo o Brasil que pode se considerar meio órfão. Outro dia, no Nordeste, perdíamos Dom Antônio Fragoso. Agora se foi Dom Luciano. Essa orfandade será fecunda se agirmos como fez Eliseu, ao recolher o manto do profeta Elias, que acabara de subir ao Céu. Assim como Eliseu se dispôs a continuar a missão de Elias, nos dispomos a continuar a profecia da solidariedade que Dom Luciano viveu e pedimos a Deus que nos conceda uma porção redobrada do Espírito que o animou.

Dom Luciano Mendes de Almeida: o discurso se fez carne

Marcelo Timotheo da Costa
Historiador

Estive com Dom Luciano apenas uma vez, já há alguns anos, em homenagem póstuma a seu antigo professor, o filósofo jesuíta Henrique Cláudio de Lima Vaz. Durante breve intervalo, abordei Dom Luciano, disse que redigia uma tese de doutorado sobre Alceu Amoroso Lima. Ato contínuo, solicitei uma entrevista: desejava o testemunho do bispo de Mariana sobre o líder católico leigo. Ele foi bastante receptivo, concordou imediatamente e, num pequeno pedaço de papel, anotou seu endereço e telefone. Infelizmente, tal entrevista jamais pôde ser feita: com meu pai gravemente enfermo, era-me impossível deixar o Rio. Tive que finalizar o trabalho, premido pelos prazos da agência financiadora do estudo, sem o depoimento de Dom Luciano.

Hoje, vem à memória o orador que ouvi por ocasião da homenagem ao pe. Vaz: lúcido, sereno, ilustrado. Recordo, sobretudo, alguém disponível, pronto a atender à demanda do desconhecido que efetivamente eu era. Dom Luciano reunia, em notável equilíbrio, a sofisticação do mundo das letras – educado com esmero desde a infância, doutorou-se em Filosofia, em Roma – e a disponibilidade esperada do religioso disposto a acolher quem lhe procurasse.

Aberto a todos, priorizava o trabalho junto aos mais pobres. Toda sua atuação na Igreja, como sacerdote e bispo (em São Paulo, auxiliando outro notável clérigo, Dom Paulo Evaristo Arns, e em Minas), foi pautada por essa opção radical, realizada em nome de seu cristianismo. Dom Luciano era um aristocrata do espírito que quis estar entre gente muito simples e os desvalidos de todo gênero: meninos de rua, mendigos, sem-teto, presidiários. Dirigindo a CNBB, fez-se presente em causas nacionais como a luta pela reforma agrária.

Lembro-me, agora, de Erich Auerbach, intelectual judeu alemão, para quem a oratória cristã, desde os primórdios, teve por característica tratar de assuntos sublimes – como o sentido da vida sob a ótica da fé – em linguagem comezinha. Na bela expressão de Auerbach, ao contrário do padrão discursivo clássico greco-romano, o cristianismo adotou o *sermo humilis*, o discurso humilde. Creio que Dom Luciano Mendes de Almeida, à sua maneira, adaptou para nossa realidade e viveu exemplarmente o "discurso humilde". Por sua crença, empenhou-se em transfigurar o cotidiano das periferias brasileiras. Em síntese: no erudito pastor que desejou viver no meio de seu povo, como em outros convertidos à causa dos menores ao longo da historia, o discurso se fez carne.

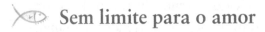 Sem limite para o amor

Maria Clara L. Bingemer
Teóloga e professora; decana do Centro de Teologia
e Ciências Humanas da PUC-RJ

Desde a tarde de domingo, dia 27 de agosto, a Igreja do Brasil reza e chora. Está de luto pela morte daquele que foi talvez a maior figura do episcopado brasileiro do último século. Dom Luciano Pedro Mendes de Almeida morreu após uma longa e dolorosa luta contra um câncer de fígado, aos 75 anos de idade.

Carioca, Dom Luciano nasceu no seio de uma família numerosa, de sete filhos. Seus pais, Candido e Emília, foram para ele desde cedo um testemunho transparente e vigoroso de uma fé católica robusta e firme. Isso calou fundo no pequeno Luciano, que desde os seis anos de idade sonhava em ser sacerdote.

Estudou no Colégio Santo Inácio, no Rio de Janeiro, e aos 17 anos ingressava na Companhia de Jesus. Ordenou-se padre aos 28 anos de idade. De inteligência privilegiada – que procurava esconder como podia –, foi brilhante aluno, apesar de que o tempo de estudo freqüentemente lhe era roubado pela ajuda que insistia em dar aos colegas menos dotados. Para terminar a tese de doutorado em Filosofia, considerada a mais brilhante que já havia passado pela Universidade Gregoriana, de Roma, foi intimado pelo orientador a refugiar-se em um chalé nas montanhas, isolado de tudo e de todos, ao abrigo de sua ardente caridade, que não sabia deixar uma solicitação sem ser atendida.

Em 1976, após ocupar na companhia vários cargos de responsabilidade, na formação dos jovens jesuítas e no ensino da filosofia, foi nomeado bispo pelo Papa Paulo VI. Durante 12 anos, auxiliou o cardeal-arcebispo Dom Paulo Evaristo Arns em São Paulo. Nesse tempo, dedicou-se a levantar e potenciar a Pastoral do Menor, hoje uma das obras mais importantes da Igreja, graças à qual a mortalidade infantil no Brasil decresceu consideravelmente nos últimos anos. Organizou na Zona Leste da capital paulista uma centena de abrigos para menores abandonados. Acostumado a dormir no máximo quatro horas por noite, era visto seguidamente nas ruas, de madrugada, recolhendo as crianças jogadas nas calçadas.

Sua figura tornou-se mais conhecida em 1979, quando foi eleito secretário-geral da CNBB, cargo que exerceu por dois mandatos. Oito anos depois, assumiu a presidência da entidade, cumprindo novamente dois mandatos consecutivos. Seu perfil era mais moderado do que o dos presidentes anteriores da conferência nos anos 1970, embora suas posições em favor dos pobres e desvalidos tivessem a firmeza de uma rocha. Mas era também um hábil diplomata. Com a fala mansa, o eterno sorriso nos lábios e a facilidade para as relações interpessoais, conseguia façanhas que outros, menos pacientes, não conseguiam.

Foi assim que, na Conferência do Episcopado Latino-Americano em Santo Domingo, em 1992, conseguiu que saísse o documento de conclusões que todos já desesperavam de ver ao final de tantos e tantos dias de trabalho, discussões e impasses. Varando noites e noites sem dormir, comendo pouco e conversando com uns e outros de todas as tendências, conseguiu articular o documento, que proclamou como prioridade da Igreja do continente o protagonismo dos leigos.

Falando e escrevendo fluentemente em francês, inglês, alemão, italiano e latim, era convidado repetidamente para dar conferências e visitar países no exterior, aonde ia levando sempre a mensagem evangélica da opção pelos pobres e da necessidade da vivência da fé inseparável da construção da justiça. Sua figura humilde, modesta, seu olhar penetrante, que enxergava dentro dos corações e das almas, sua dedicação integral às pessoas, sua capacidade de escuta carinhosa e atenta iam ganhando corações e afetos por onde passava, fazendo amigos e admiradores por várias partes do mundo.

Foi um grande espanto para muitos sua nomeação como bispo de Mariana, no interior de Minas Gerais, uma diocese pequena. Sua capacidade permitia esperar que fosse titular de uma grande diocese, centro importante de irradiação para todo o país e para a Igreja Universal. Jamais se ouviu de sua boca um comentário a respeito. Assumiu Mariana com a alegria enamorada de um noivo e dedicou-se de corpo e alma aos fiéis desse lugar, que em pouco tempo já o amavam de todo coração. Voltou a realizar lá o mesmo trabalho que fazia nas ruas de São Paulo: recolher menores abandonados das ruas, conseguir-lhes alimento, abrigo e proteção.

Alternando as funções de bispo de Mariana com o cargo de presidente da CNBB, tinha de viajar com grande freqüência a Brasília. Isso implicava uma longa viagem de carro por estradas perigosas até chegar ao aeroporto de Belo Horizonte, de onde tomava o avião para Brasília. Na volta, mesmo percurso, mesma viagem. Um dia sofreu um gravíssimo acidente de carro em uma das traiçoeiras curvas da estrada em que viajava com tanta freqüência. Levado ao hospital em estado gravíssimo, ficou meses entre a vida e a morte. Desse período de sua vida nos deixa impressionante testemunho. Assim que pôde falar, perguntou pelo padre que o acompanhara e que morrera instantaneamente com a batida do carro. Em nenhum momento se preocupava com seu estado. Mais tarde, contava que, durante o longo tempo em que permaneceu no CTI, pensava na vinda dos escravos negros ao Brasil. De seu leito de hospital via e contemplava a separação da terra e da família, o navio negreiro, os maus-tratos sofridos, a morte prematura de tantos. Seu sofrimento lhe parecia diminuto, em comparação com aquele genocídio de todo um povo.

O Brasil inteiro era uma corrente só de oração, suplicando a Deus não ser privado de seu querido pastor. Medicamente, era impossível a recuperação, que, no entanto, aconteceu depois de longo tempo e deixando dolorosas seqüelas em seu frágil corpo, que continuou trabalhando e servindo incansavelmente. As missas em ação de graças se multiplicaram, agradecendo o dom de sua vida devolvida ao povo que tanto o amou.

Viveu mais 18 anos, trabalhando e servindo incansavelmente. Mais velho, mais combalido, mais emotivo, mas com a mesma energia, tenacidade e capacidade de dedicação incansável que sempre o caracterizou. Seus limites eram superados pelo sem limite do amor, que lhe enchia o peito e o coração e pelo qual e graças ao qual vivia, se movia e existia.

Em várias ocasiões, tive o privilégio de vê-lo, ouvi-lo, trabalhar com ele. Impressionava-me sua obsessiva caridade, que o fazia dar atenção a cada pessoa como se fosse a única no mundo, provocando inclusive a impaciência de alguns de seus amigos e colaboradores. Ao passar em revista um texto para aprovação na CNBB, levava horas numa mesma página, não querendo deixar de valorizar e incluir nenhuma das colaborações e contribuições das pessoas presentes. Quando era professor de Filosofia, começava e recomeçava a aula por várias vezes, cada vez que um aluno entrava atrasado na sala. Ao sair da porta de sua casa, levava 45 minutos para chegar à esquina mais próxima, abordado e assediado por um sem-número de pessoas que lhe pediam óculos para o filho, matrícula para o outro, remédio para a mãe doente. A todos e a todas atendia com a mesma solicitude e a mesma devoção. Ninguém lhe parecia menos importante ou digno de atenção. Ao contrário, todos passavam à sua frente, consumindo alegremente seu tempo, capacidade, energias.

Talvez, a ocasião em que mais me impressionou a estatura gigantesca de sua pessoa – como ser humano, como cristão e como bispo – foi durante um debate no Instituto Universitário de Pesquisas do Rio de Janeiro (Iuperj), com muitos ilustres intelectuais e acadêmicos presentes. Presidente da CNBB na ocasião, ele devia falar sobre a Igreja na conjuntura do momento brasileiro de então. Chegou uma hora e meia atrasado. Encontrou a sala cheia e explicou com simplicidade e candura que não havia podido chegar antes por ter que acompanhar uma procissão em Santo Antônio do Bacalhau, "se não o povo ficava muito triste".

Abriu sua boca e começou a falar. As palavras jorravam com clareza cristalina e profundíssima unção de seus lábios. Falou do sofrimento do justo, da vida após a morte e da experiência de Deus, declarando serem esses, a seu ver, os grandes pontos que deveriam identificar a Igreja no mundo de hoje. Na sala, respirava-se um silêncio denso e grávido. Podia-se ouvir uma mosca voar. Ao terminar, os debatedores negaram-se a fazer-lhe perguntas. Um deles se disse desejoso de beijar sua mão. Todos aqueles homens e mulheres, muitos deles ateus e agnósticos, estavam transidos de respeito e admiração pela luz que emanava daquele homem de Deus. Saiu de novo correndo com seu único terno e sua malinha, para tomar outro avião e continuar sua incansável peregrinação ao encontro do serviço de Deus e dos outros.

Na UTI do Hospital das Clínicas de São Paulo, viveu longas semanas de luta contra o câncer, que se agravava. Ao seu redor, família, amigos e amigas se revezavam, rezavam e esperavam. Pediam um milagre. A vida de Dom Luciano Mendes de Almeida era preciosa demais para não comover toda a Igreja do Brasil e mesmo pessoas de fora da Igreja.

Hoje, diante do fato doloroso de sua morte e sua ausência, percebemos todos que o milagre nos foi concedido. O milagre é a vida mesma de Dom Luciano. Uma vida em constante pró-existência. Uma vida vivida para fora de si e em busca obsessiva do outro a quem servir. Uma vida toda ela configurada pelo amor que se apressa e se traduz em serviço humilde, constante e fiel a todos, sobretudo àqueles que estão mais despossuídos de toda dignidade e de toda esperança.

A morte de Dom Luciano Mendes de Almeida provoca um sentimento de orfandade em toda a Igreja do Brasil e do mundo. Ao mesmo tempo, é um testemunho luminoso de até onde pode ir a grandeza do ser humano, criado por Deus à sua imagem e semelhança. Diante de nós, totalmente entregue ao Deus que tanto amou e serviu em sua vida, Dom Luciano repousa e nos diz que o seguimento de Jesus Cristo é o único caminho que leva à vida verdadeira.

Essa morte, serenamente aceita e ativamente vivida por esse homem, que na doença e na agonia entregou-se inteiramente nas mãos inexplicáveis do amor de Deus, é o selo de uma vida que nunca se pertenceu, mas sempre encontrou sua referência no outro, a ser em tudo amado e servido. Que essa testemunha fiel possa inspirar-nos e converter-nos sempre mais a entregar nossa vida ao que realmente vale a pena: o anúncio da Boa-Nova e a construção de um mundo mais justo e mais humano.

Candura e firmeza imensas e intensas

Maria Helena Arrochellas
Teóloga

Minha convivência com Dom Luciano não foi tão intensa como eu gostaria que tivesse sido, mas, nas vezes em que pude estar com ele, ficou bem marcada sua simplicidade, sua capacidade de aglutinar, de ser ponte. Homem que sabia avançar, ceder e, dentro de uma docilidade infinita, uma firmeza imensa e intensa. Principalmente se a causa era a dos pobres!

A primeira vez que estive mais perto de Dom Luciano, e pude sentir essa sua faceta, foi em Santa Maria, no Rio Grande do Sul, no VIII Encontro Intereclesial das Comunidades Eclesiais de Base (CEB), em 1992, reunindo perto de 20 mil pessoas, vindas de todos os cantos do país e do exterior. Houve um momento muito delicado com o Movimento de Consciência Negra. Ninguém, naquele instante, sentia-se seguro para dar uma conclusão, puxar para um lado ou para o outro. E Dom Luciano só escutando, quieto, com os olhos semicerrados. Não é que de repente uma voz mansa, com palavras claras e objetivas, conduziu a questão de um modo ímpar, sem ferir ninguém, mas apontando caminhos. Nesse impasse conheci um hábil e firme bispo que, sem censuras ou remoendo isso ou aquilo, sabe "desenrolar nós e dar sábios laços". Não é preciso dizer que essa faceta fazia de Dom Luciano um interlocutor, um articulador muito hábil e respeitado por todos.

Gostaria também de falar de minha comoção na missa do dia 28 de agosto, na Catedral da Sé, em São Paulo, que tocou a todos que ali se encontravam e viram a presença maciça da população mais simples, da população mais pobre da cidade de São Paulo, entoando cânticos e fazendo compridas filas para rezar e dar um último olhar em seu grande aliado. Trabalho com comunidades de periferia e sei da dificuldade de eles se locomoverem de um lado para o outro, porque falta dinheiro para a condução, falta compreensão de patrões para dar um dia livre, falta tempo para fazer o que se quer. Há momentos na vida da gente que não conseguimos mais apagar. Ver aquele povo, a quem Dom Luciano dedicou toda a sua ternura, seu tempo, seus conhecimentos, seu amor, ali presente numa fidelidade amorosa a toda prova é algo que vai ficar para sempre em quem esteve lá.

Dom Luciano marcou cada um, cada uma de nós, de um modo diferente embora igual no dia-a-dia, no seu testemunho de vida, na sua firmeza e candura, no compromisso com os pobres, com os índios, com todos aqueles que nossa sociedade exclui ou esquece.

Para mim, e para muita gente, Dom Luciano não morreu simplesmente. Como diz Guimarães Rosa, ele se encantou e vai continuar com seu sorriso, sua batina e sua malinha preta, escutando sua gente e fazendo de tudo para que não esqueçamos de seus pobres, e prediletos de Jesus, anunciando que "Deus é bom!".

 "Eu fui uma criança..."

Marilda
Leiga

Eu fui uma criança da Pastoral do Menor e aprendi com Dom Luciano a ter a coragem de todos aqueles que foram inspirados a dizer que o pequeno deve ser amado. Para Dom Luciano, que ficou sempre tão próximo das pessoas, as crianças sempre estiveram em primeiro lugar, numa grande e solidária família.

Dom Luciano: servidor da vida

Marina Bandeira
**Membro do Centro Alceu Amoroso
Lima para a Liberdade**

Dom Luciano foi um servidor da vida de seus irmãos em humanidade. Com sabedoria, conhecimento, inteligência, lidava com os poderosos e com os mais fracos. Da minha convivência com Dom Luciano, cito alguns momentos que mais me marcaram.

O respeito e o carinho para com minha mãe, que, nas suas últimas semanas, lúcida, tinha dificuldade de se expressar em palavras. Dom Luciano – não sei como conseguia tempo – a visitava e a deixava com o rosto tranqüilo, feliz.

Eu, quando presidente da Fundação Nacional do Bem-Estar do Menor (Funabem), recebi de Dom Luciano apoio discreto, mas precioso: nitidamente, a compreensão do alcance do embrião, do primeiro esboço do texto que, após ser debatido em todo o território nacional por entidades afins, veio a ser lei: o Estatuto da Criança e do Adolescente.

Não posso esquecer a capacidade intelectual e a coordenação motora de Dom Luciano, capaz de escrever algarismos para leitura de quem estava do outro lado da mesa.

Meu sentimento: devoção.

Dom Luciano Mendes de Almeida

Plínio de Arruda Sampaio
Advogado, editor do jornal
Correio da Cidadania,
assessor do Movimento dos Sem Terra

Quem assistiu à missa solene celebrada na Catedral da Sé totalmente cheia, às 9 horas da manhã da última segunda-feira, em homenagem e despedida a Dom Luciano Mendes de Almeida, teve ocasião de presenciar uma espontânea e emocionante manifestação popular de apreço por esse que foi mentor e guia, exemplo de amparo a tantos paulistanos e brasileiros. Tendo morrido na véspera, seu pobre corpo estava inerte, mas seu espírito pairava sobre todos, pois todos o conheciam e amavam.

Aquela não foi uma cerimônia triste. Foi o reconhecimento e a culminância de uma vida vivida plenamente, de uma vida que foi serviço a Deus e a todos os seus filhos, homens, mulheres, crianças.

Se quisermos resumi-la, diremos que Dom Luciano foi doação, competência e humildade, uma tríade de virtudes difícil de estar reunida em uma só pessoa. Dom Luciano era generoso, atento e paciente com todos, preocupado, sobretudo, com as crianças pobres desvalidas. Ao mesmo tempo, a essa bondade aliava-se uma grande cultura, a clarividência dos tempos e a busca de soluções tanto imediatas como de alcance mais longo.

Em 1976, Dom Paulo Evaristo Arns ordenou-o bispo e o incluiu em sua equipe de bispos-auxiliares, entregando a região Belém a seus cuidados. Por mais de dez anos, ele

HOMENAGEM A DOM LUCIANO

aí trabalhou com ofício e generosidade. Em 1988, quando foi transferido para Mariana, toda a região Belém estava organizada em ativas pastorais que incluíam leigos, dando-lhes responsabilidades específicas de modo a se tornarem dínamos eficazes de inclusão social e religiosa.

Em Mariana, numa realidade social tão distinta de São Paulo, deu-se o mesmo – logo estavam organizadas e atuantes várias pastorais e comunidades. Nelas e no clero, que o amava, ele punha toda a sua confiança.

Mas a atividade de Dom Luciano, sua cultura e lucidez transcendiam suas preocupações de pastor diocesano. Ele descortinava o Brasil todo e toda a América Latina. Por 16 anos, Dom Luciano foi secretário-geral e presidente da CNBB, onde pôde exercer marcante influência nos pareceres, decisões e providências desse colegiado de bispos, cuja salutar atuação na sociedade é conhecida de todos: nos conflitos de terra, nas agressões aos direitos humanos, na pobreza urbana, nos problemas carcerários, nos abusos aos direitos indígenas.

No âmbito internacional, atuou decisivamente nas conferências episcopais latino-americanas de Puebla e de Santo Domingo e foi delegado a vários sínodos de Roma.

Tudo isso no seu simples traje preto, com voz mansa e rosto sorridente...

 Profeta e santo do Brasil

Renato Petrocco
Seminarista de Campinas-SP

*Amar como Jesus amou,
sonhar como Jesus sonhou,
pensar como Jesus pensou,
viver como Jesus viveu,
sentir o que Jesus sentia,
sorrir como Jesus sorria
e ao chegar ao fim do dia
eu sei que eu dormiria muito mais feliz.*
(Padre Zezinho)

Dom Luciano:

Quanto fez pelo povo brasileiro e pela Igreja!

Hoje, que deveria estar comemorando meu 20º aniversário, me entristeço com a morte de um dos atuais profetas e santos do Brasil.

Por ter tido, mesmo poucas vezes, contatos diretos com o senhor, sinto-me na obrigação, como membro da sociedade e da Igreja, de lhe dirigir estas palavras.

No XI Intereclesial, vendo o senhor adentrar a quadra onde se localizava uma parte da multidão presente na pequena cidade de Ipatinga, nas montanhas de Minas Gerais, vi sua simplicidade e seu amor para com os pequenos e pobres que ali estavam.

O sorriso estampado no rosto acolhia a cada um(a) que cruzava seu caminho. Imediatamente fui atraído por sua simpatia.

Dirigi-me até a sala onde estava para também poder cumprimentá-lo, e maior foi minha surpresa quando me acolheu como a um velho conhecido. Senti-me cada vez mais entusiasmado e incentivado com sua simpatia e carinho para com as pessoas.

Na celebração eucarística, espantei-me com seu silêncio, que foi capaz de transmitir mais que mil palavras. Sua mística e sua profunda oração irradiavam em meio às duzentas pessoas ali reunidas.

Até o presente momento, eu não havia reconhecido o ex-presidente da CNBB, apenas avistei um bispo que demonstrava sua opção pelo povo e o amor pela Igreja.

Parece ser um absurdo um rapaz que sempre trabalhou em comunidades não reconhecer alguém como Dom Luciano. E foi isso que me cativou, alguém tão importante para a Igreja do Brasil se fazer tão simples em meio aos simples.

Após a celebração, não quis perder a oportunidade de registrar esse momento tão único. Pude registrar por meio de uma foto, e você (permita-me chamá-lo assim, sei que não se incomoda) disponibilizou-se carinhosamente para tirá-la e ainda agradeceu pelo carinho e pela atenção dada. Nesse momento, fiquei sem reação e me escapou a frase "de nada" quando, na verdade, eu deveria agradecer por sua atenção e preferência pelos jovens e pelos mais sofridos.

Alguns meses após o Intereclesial, encontramo-nos novamente, dessa vez em Campinas, minha terra natal. Veio em Itaici-SP para a Assembléia da CNBB, mas passou pela paróquia Santa Luzia, na qual faço meu estágio pastoral, para falar sobre espiritualidade libertadora, e acabou dando um testemunho de vida.

DEUS É BOM

Na sua chegada à paróquia, quando fui recepcioná-lo, me assustei ao ouvi-lo dizer: "Como vai meu amigo? Está frio! Quer a minha blusa?". Mais uma vez, fiquei sem reação, podendo apenas agradecer-lhe naquele momento.

Quando, em sua palestra, disse que ao ver um homem limpando a casa da sujeira e da lama, conseqüência de uma enchente na cidade de Mariana, viu o próprio Cristo limpando o mundo de suas "lamas", fez com que os presentes o aplaudissem em pé.

Seu testemunho muito me ajudou na espiritualidade, testemunhando que a verdadeira espiritualidade é a que nos leva a amar incondicionalmente a Deus e aos pobres.

Dom Luciano mais ainda me alegrou quando soube que viria a Campinas mais uma vez, convidado a assessorar o VIII Encontro Nacional da Pastoral da Juventude, com o mesmo tema que palestrou na paróquia meses anteriores. Eu estava a serviço no encontro, não conseguindo participar das palestras, mas fiz questão de ouvi-lo, e o sacrifício não foi em vão, tive mais uma aula.

O que mais me marcou nesse dia foi sua fala de que, quando ainda era presidente da CNBB, na época de ditaduras na América Latina, foi até El Salvador, onde acabara de ser assassinado o bispo Dom Oscar Romero, e teve que mais uma vez optar por estar do lado do povo, que, naquele momento, estava na praça central defendendo o corpo de seu pastor, que estava ameaçado pelas forças armadas, situação que gerou mais mortes entre o povo, sendo símbolos da violência e da opressão que sofriam.

Querido Dom Luciano, saiba que sempre estive rezando por sua saúde e por sua vida, tendo-o como exemplo de vivência cristã; amor a Deus, ao povo e à Igreja; doação pelos pobres e testemunho de vida.

A notícia de seu falecimento trouxe, junto com a tristeza, duas certezas: a de que perdemos um grande defensor dos jovens, dos pobres e dos seminaristas (mesmo parecendo clerical, ele queria que a formação dos seminaristas fosse a melhor, para que servissem ao povo como merece), e, por fim, a de que temos mais um santo para interceder por nós.

É com a certeza de que caminha e sempre caminhará conosco que estou escrevendo esta despedida, pedindo que rogue por nós, santo Luciano, padroeiro dos pobres e da luta pelos direitos humanos.

Descanse em paz!

De um jovem que o admira e busca viver um pouco do que você viveu.

Dom Luciano Mendes de Almeida: autoridade como serviço

Riolando Azzi
Historiador e professor de História do Cristianismo

Dom Luciano, recentemente falecido, fez parte daquele expressivo grupo de bispos que, inspirados no Concílio Vaticano II e na Assembléia Episcopal de Medellín, se dispuseram a levar avante um Projeto de Renovação Pastoral no Brasil.

São os bispos "renovadores" dos anos 1960-70, cuja importância se sobrepõe à atuação dos bispos "reformadores" do século XIX, entre os quais se destaca a figura de Dom Antônio Ferreira Viçoso, bispo de Mariana, do qual o próprio Dom Luciano veio a ser um dos sucessores como arcebispo. A história desses prelados renovadores, que criaram uma nova face para a Igreja do Brasil, ainda está por ser escrita.

Meus encontros pessoais com Dom Luciano foram esporádicos: sempre, porém, chamou-me a atenção sua extrema amabilidade no trato com as pessoas, numa disponibilidade constante de atendimento. Era um bispo que havia compreendido plenamente que autoridade significava serviço de comunidade. É esse o aspecto que gostaria de ressaltar neste breve texto.

Tudo leva a crer que, desde jovem, Luciano entendeu sua vocação religiosa e sacerdotal como serviço à comunidade, sobretudo aos mais necessitados. Contava-me o professor Simões, de Juiz de Fora, seu companheiro de noviciado em Nova Friburgo, que nesse período Luciano Mendes era chamado pelos colegas de "Mendico" ("mendigo"), porque, nos fins de semana, ele se dedicava ao atendimento de famílias pobres das redondezas, desdobrando-se em arranjar para elas alimento e agasalho.

Desejo ressaltar a significativa atuação de Dom Luciano, como bispo auxiliar de São Paulo, na Pastoral do Menor Carente.

A partir de 1978, a Arquidiocese de São Paulo passou a considerar o atendimento ao menor como uma atividade específica; em resposta a uma solicitação de colaboração da Fundação Nacional do Bem-Estar do Menor (Funabem), Dom Luciano pôs-se à frente desse projeto. Em junho desse mesmo ano, numa reunião do movimento Encontro de Casais com Cristo, foi decidida a colaboração deles com o projeto do governo. Sob a inspiração do bispo auxiliar, organizou-se o primeiro centro comunitário na favela Jardim Sinhá. Paulatinamente, foram criados mais de cem centros nos diversos cortiços e favelas de São Paulo, expressão de um compromisso social com os menores carentes. Foram fundadas nos bairros diversas Casas do Menor, a fim de receber meninos e meninas egressos da Funabem, mas sem ter famílias que os amparassem.

Essa mesma disposição de se colocar a serviço dos mais necessitados, Dom Luciano levou para Brasília, quando exerceu o cargo de presidente da CNBB. Narrava-me Dom Celso Queiroz, que esteve sempre a seu lado, que a grande preocupação de Dom Luciano nesse período era manter as portas abertas da sede da Conferência para o atendimento popular, sobretudo dos mais necessitados.

Dom Luciano entendeu sempre sua missão episcopal como um serviço, e não como afirmação de prestígio ou dignidade.

Em agosto de 2002, tive a felicidade de estar com Dom Luciano em Brasília, participando de um seminário comemorativo dos 50 anos da criação da CNBB. Tendo sido eu um dos conferencistas, ao final do encontro foi colocado à minha disposição um táxi para levar-me ao aeroporto. No trajeto, em conversa com o motorista, ele me contava que estava nesses dias a serviço da CNBB. Outro dia, narrava-me ele, fora levar Dom Luciano a um ministério (Ministério da Previdência, se não se enganava). Parara o táxi em frente à porta principal, onde ingressaram as autoridades. Mas Dom Luciano lhe disse: "Este não é o meu lugar, leve-me para a entrada do povo".

Esse episódio, creio eu, reflete bem a mentalidade de Dom Luciano Mendes, que sempre entendeu a Igreja Católica como uma instituição a serviço do povo de Deus, do qual ele sempre se considerou também como parte, escolhido "entre os homens", para estar a "serviço deles".

Obrigado, Dom Luciano, pelo seu exemplo de vida, e que continuará frutificando entre aqueles que tiveram a dita de conhecê-lo e sentir de perto sua disponibilidade.

 Uma vida de amor!

Roberto Antonio Liebgott
Coordenador Conselheiro do CIMI-Sul

Com a morte de Dom Luciano, todos nós perdemos a boa palavra. Perdemos um olhar de amor, de serenidade, de bondade, de felicidade vivenciada. Perdemos todos um grande amigo.

A morte de Dom Luciano deixa ensinamentos que se eternizam. Lições de sabedoria, de alegria, de solidariedade, de esperança. Ensinamentos de utopia por um novo tempo.

A vida de Dom Luciano foi um acreditar na ressurreição, na fé do irmão, na paz do olhar, na coragem de se doar, no viver sem as guerras, no acreditar que vale a pena ser justo.

A partida de Dom Luciano é vida que ficou, é testemunho de fé, é exemplo de coragem, é luz a iluminar os pobres, é sopro de pura bondade, é alegria semeada para todos.

Com a morte de Dom Luciano, o Brasil perdeu um homem insubstituível. O mundo perdeu um homem repleto de ideais de justiça. Os pobres perderam um amigo inseparável. A Igreja perdeu um pastor. A humanidade perdeu um profeta da esperança. A vida na terra perdeu outra fatia de fraternidade.

De Dom Luciano ficou a crença no amor eterno. Ficou o desejo de lutar sempre com e pelos pobres. Ficou o anseio no amanhã sem ódio. Ficou a bondade, que transforma as injustiças. Ficou a palavra que faz florescer a vida. Ficou um pedaço da "terra sem mal".

Com a chegada de Dom Luciano ao Céu, Deus certamente lhe disse: "Feliz é você, que soube viver em plenitude o amor, feliz sou eu, por ter criado um filho tão generoso".

 Dom Luciano

Roberto Delgado de Carvalho
Leigo e amigo de Dom Luciano

Conheci Dom Luciano quando chegou a São Paulo, em 1976 ou 1977, como bispo auxiliar de Dom Paulo Evaristo Arns, designado para a Zona Leste, morando no bairro do Belém.

Com sua atitude humilde e segura e sua doutrina clara e engajada, logo fixou o seu campo de colaboração na ação pastoral, que trazia a marca de Dom Paulo na arquidiocese e de outra figura marcante, como a de Dom Angélico Sândalo Bernardino, seu antecessor na região do Belém.

Sua clareza intelectual, sua humildade transparente, sua liberdade de pensamento e de ação foram decisivas em minha vida, quando, ao me aproximar dele como o bispo da região em que eu vivia e modestamente atuava como presbítero, já com uma difícil decisão tomada de deixar o exercício do ministério, ele me deu forças, dizendo: "Ou pai ou padre". E à pessoa que posteriormente conheci e a ele apresentei, hoje minha esposa Gislene, ele disse: "Estou feliz por ver que o Roberto encontrou você". E foi claro: "Não esperem a licença de Roma, pois não tem havido concessões de dispensa do celibato". Depois, quando, após cerca de dois anos, minha licença chegou de minha diocese para as mãos de Dom Paulo, foi fácil ter Dom Luciano como celebrante de nosso casamento religioso. Outros grandes amigos que poderiam cumprir essa função não se sentiram preteridos, pois se tratava de Dom Luciano.

 ## Exemplo de humildade

Sérgio Pereira da Silva
**Pró-reitor comunitário da
Universidade Candido Mendes**

A morte do Dom Luciano, reverenciado por todos os segmentos da sociedade, foi lamentada em todo o país.

A cúpula eclesiástica, com seus cardeais e bispos, e o mundo oficial, com o presidente da República, governadores e autoridades, mas principalmente os pobres, a quem ele nunca faltou.

Todos falaram de seu sacerdócio, da sua atuação na CNBB, nos concílios de que participou, em seus diversos pronunciamentos sempre a favor dos desvalidos. São inúmeros os testemunhos sobre a vida desse extraordinário brasileiro. O que mais dizer quando tantos mais capazes já o fizeram com inteligência e brilho?

Não poderia me furtar a um modesto testemunho.

Conheci Dom Luciano há muitos anos, ainda como sacerdote. Educado, simples, sempre gentil, perguntando-me sobre minha família e meu trabalho. O episcopado não modificou seu amável jeito de ser. De muitas recordações destaco uma passagem.

Por ocasião da última visita do Papa João Paulo II ao Brasil, para o encontro do Papa com as famílias, coube-me a tarefa de coordenar o evento realizado no Riocentro, que teve a participação de mais de 3 mil pessoas vindas de todo o mundo. O credenciamento, imposto pela Polícia Federal por questão de segurança, foi extremamente rigoroso: formulário a ser preenchido, foto, documentos de identidade, residência etc.

Na sede da Arquidiocese do Rio, funcionava o escritório central para atendimento de sacerdotes, seminaristas, leigos e um especial para bispos. Um dia, ao final do expediente, vejo, pelo vidro que dividia minha sala, um bispo aguardando pacientemente na fila comum. Reconheço Dom Luciano. Vou ao seu encontro.

— Dom Luciano, o senhor não precisa ficar na fila.

— Sérgio — me respondeu —, os outros setores já estão fechados e eu cheguei mais tarde. Não quero incomodar.

Foi com resistência e constrangido que me acompanhou à minha sala, pois não queria "furar fila". Só depois que lhe expliquei que as credenciais dos bispos ficavam em outro setor, é que consentiu em ser atendido.

Vencida a burocracia, informei-lhe que ligara para o cardeal Dom Eugenio Sales e transmiti o convite do cardeal para que eu o acompanhasse ao gabinete de Sua Eminência.

351

— Sérgio, obrigado, mas eu não quero incomodar. Acompanhei-o até o gabinete, onde o cardeal o aguardava na porta. No percurso, atendeu a todos que o cumprimentavam, sempre atencioso e com uma palavra gentil. Um homem de gestos contidos, de grande e largo coração. Modesto na vida e no tratar com o próximo. Desconhecia a soberba e repelia a vaidade. Foi um exemplo de humildade e amor ao semelhante.

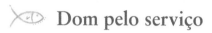

Dom pelo serviço

Sílvio Marques
Estudante jesuíta de filosofia de Belo Horizonte-MG

Um telefonema simples e rápido fez a Companhia de Jesus, em Belo Horizonte, chorar. Era a notícia do falecimento de um Dom. Dom não só por causa da forma de tratamento episcopal, mas Dom pelo que foi, pelo serviço, pelo testemunho de vida, traduzido pela opção sincera pelos preferidos do Reino, os pobres, os pequenos.

Hoje, Dom Luciano, o Dom, entrou no auditório da Faculdade Jesuíta de Filosofia e Teologia (Faje) carregado por seis mãos fortes. Mãos que ele cumprimentou quando esteve pela última vez em vida a essa casa para receber o título de *Doutor Honoris Causa*, que lhe foi conferido pela Faculdade de Teologia. Dom Luciano era filósofo. Nessa ocasião, o pe. Libânio foi o incumbido de falar algumas palavras sobre o Dom. Tarefa fácil, por se tratar de alguém sobre o qual se tem tanto a dizer pelo tanto que foi e fez. Porém, o pe. Libânio, depois de algumas anedotas e de narrar alguns momentos importantes de sua vida, resumiu sua fala dizendo que o melhor título que se poderia conferir a Dom Luciano era de *Doutor "Amoris" Causa*. As razões são sua vida, seu testemunho.

Dom Luciano, nessa ocasião, falou pouco, mas disse muito. Dizia que estava agradecido profundamente à sua família, à Companhia de Jesus, à Igreja, a Deus. "Deus é Bom!" Guerreiro, Dom Luciano se recuperou de um acidente e lutava contra o câncer. Seus amigos jesuítas mais próximos estavam visivelmente tocados pela despedida do Dom. Ele foi um jesuíta que assumiu verdadeiramente a missão de Cristo nos moldes do Evangelho. Não pediu milagres para si mesmo, pois era uma das suas convicções: assumir a vida sem privilégio, assim como fez o Cristo. Ele dizia que sempre sentiu a mitra maior do que sua cabeça. Quem o conheceu sabe o quanto essa frase era verdade, pois, mesmo sendo ele um gênio, como Cristo, se fez servo.

Hoje, não era pouco o número de pessoas que vieram se despedir do Dom. Eram familiares, amigos, povo simples, leigos, leigas, religiosas, religiosos, padres, bispos, cardeal, movimento social, vereadores, deputados, prefeitos, governador, entre outras autoridades da sociedade civil. Tinha até comunistas convictos. Todos se enfileiraram para o último adeus aqui em Belo Horizonte. Foi com uma bela liturgia, presidida pelo padre provincial do Brasil, pe. João Roque Rohr, que a Companhia de Jesus se despediu daquele que, mesmo sendo bispo, não se afastou dela. Todas as vezes que estudantes jesuítas estiveram em Mariana, sede de sua Arquidiocese, Dom Luciano lhes recebia como companheiros e irmãos mais novos de sua família. Falava do seu trabalho, de como era a Companhia no seu tempo de formando, dos seus sonhos.

"Quem não dá tudo não dá nada." Essa era uma verdade de sua vida que nos transmitia com seu olhar sereno e cabisbaixo, como nos relembrou o padre provincial do Brasil em suas palavras profundamente emocionadas. Quem viu nos disse que, quando se recuperava do seu acidente, as primeiras palavras de Dom Luciano foram: "Deus é Bom!". No leito de morte, suas últimas palavras foram: "Deus é Bom!". Foi assim que o Dom viveu: testemunhando a grande bondade de Deus. E um pormenor: o Dom faleceu, sete anos depois, no mesmo dia em que outro Dom também nos deixou, o Helder Câmara.

 "Nós, leigos, somos fermento..."

Sueli
Leiga (Movimento de Defesa dos Favelados)

Nós, leigos, somos fermento nas pastorais e movimentos. Somos origem das comunidades e da democratização do país. Aprendemos com Dom Luciano a dimensão do serviço. No Movimento de Defesa dos Favelados, ficamos, junto com Dom Luciano, presentes nas questões cruciais do povo, por seu amor maior: o pequeno!

"Sou funcionária da SBI..."

Cláudia Aquino
Funcionária da Sociedade Brasileira de Instrução (SBI)

Sou funcionária da SBI há 10 anos e aconteceu um fato muito importante comigo. Foi há cinco anos num almoço que o professor Candido Mendes ofereceu na reitoria, onde alguns funcionários e todos os familiares estavam reunidos.

Eu estava grávida e pedi para a Madalena, sobrinha de Dom Luciano, falar com ele e pedir uma benção para meu bebê. Foi uma cena linda, emocionante. Ele acariciou minha barriga e falou palavras lindas. Deve ser por isso que meu filho é uma criança *maravilhosa*!!!!!

Uma interpelação tranqüila e permanente

Stella Whitaker Ferreira
Psicóloga

Chico Whitaker Ferreira
Um dos criadores do Fórum Social Mundial;
ex-coordenador da Comissão Brasileira de Justiça e Paz

Em pesquisa realizada recentemente no Brasil, constatou-se que 97% dos entrevistados consideravam grande e mesmo muito grande a desigualdade social em nosso país, com uma minoria de privilegiados concentrando riqueza e a maioria dos brasileiros vivendo na pobreza ou na miséria.

Uma conclusão natural é que já não é necessário trabalhar para que se tome consciência dessa realidade, mas sim agir para superar essa injustiça.

Agir significa lutar para mudar as estruturas e mecanismos causadores da desigualdade e, ao mesmo tempo, contribuir para a imediata diminuição do sofrimento dos que vivem na miséria. Nossa tendência, no entanto, tanto entre ricos como entre pobres, é a de nos acomodarmos: esquecemos a realidade da desigualdade, porque ela não nos prejudica, ou achamos que ela não tem mesmo jeito e nos acostumamos com ela.

Não era, no entanto, o que acontecia com Dom Luciano: de forma permanente e infatigável, ele lutava para que as leis e políticas públicas enfrentassem efetivamente a injustiça, e se dispunha pessoalmente, sem limites, a consolar os sofredores. Isso fazia dele uma pessoa fora do comum.

Haverá sempre muito que falar e contar do testemunho que Dom Luciano dava da sua fé, da sua opção preferencial pelos pobres, de tudo que fazia em sua vida dedicada ao outro, às crianças, aos moradores de rua. Mas nós gostaríamos de relembrar o modo como agia: sem alarde, tranqüilamente, com a ternura e a modéstia dos santos, com o sorriso de quem confia em cada um de nós.

Por isso, ele *era*, para todos uma interpelação permanente. Sem maiores discursos ou explicações, sem temores nem cuidados, ele era um homem solidário com seus irmãos, em quaisquer circunstâncias de vida e de ação, com todo seu rigor intelectual e com todo o seu coração, numa total disponibilidade.

Ele já nos faz muita falta. Teremos que "encontrá-lo" em todas as esquinas que cruzarmos, ao longo da nossa caminhada. Teremos que fazer com que essa sua presença continue nos interpelando, tranqüila, profunda e permanentemente.

HOMENAGEM A DOM LUCIANO

Lições jornalísticas para a modesta santidade

Walter Falceta Jr.
**Jornalista do Observatório
da Imprensa**

*Um dos meus anseios de chegar ao infinito é a
esperança de que,
ao menos lá, as paralelas se encontrem!*
(Dom Helder Câmara)

Quando, azuladíssima e morna, caía a noite de 27 de agosto, encontrei finalmente o carrinho popular 98/99. Naquele momento, como aviso, uma brisa que me pareceu de cravos acariciou a rua-serpente do Pacaembu. Respirei em triste êxtase e coloquei-me no rumo de casa. Ainda antes da avenida Sumaré, pressionei o botão vermelho do rádio. Pretendia compreender pela voz dos comentaristas o que não compreendera como torcedor de arquibancada. Como o esquadrão mosqueteiro pudera cair novamente em seus domínios?

De repente, já nos pés do viaduto Antarctica, um repórter plantonista interrompeu a transmissão de Palmeiras e Ponte Preta com uma notícia de última hora. Morrera o arcebispo de Mariana, Dom Luciano Mendes de Almeida...

Missão para os neurologistas: explicar como um módulo de 15 segundos de informação pode resgatar, com incrível rapidez, tantos arquivos armazenados nos empoeirados porões da memória.

Estranhamente, não imaginei a agonia do enfermo ou a placidez do corpo no esquife. Transportei-me à segunda metade da década de 1970, quando o afável sacerdote foi nomeado auxiliar de Dom Paulo Evaristo Arns. No Belém, na chamada média-periferia da Zona Leste da capital paulista, Dom Luciano iniciou um notável trabalho de socorro aos necessitados, inclusão social e conscientização dos jovens. Eu e muitos amigos de infância nos pusemos a participar de algumas daquelas atividades. Particularmente, atuávamos nas obras vicentinas, na paróquia de Santa Isabel.

Exercícios educativos

Um dia, assustei-me. Como secretário da conferência mirim, teria de ler a ata da reunião anterior diante do bispo. E mais: seria o encarregado de comentar o texto do Evangelho. Baita tremedeira... Todo aquele receio, entretanto, dissipou-se quando fui apresentado ao ilustre visitante. Simples no trajar, sorriso amigo e olhos generosos, em nada se parecia com aqueles prelados inquisidores que povoavam minha imaginação.

Naquela noite, Dom Luciano me disse do poder da comunicação e da enorme responsabilidade social de quem escreve. Elogiou discretamente minha ata e pediu-me que executasse aquele trabalho sempre com rigor e respeito à verdade. Ministrava-me assim uma primeira e valiosa lição de jornalismo. Nessas ocasiões festivas, o bispo costumava evitar exaltações. Tratava geralmente de ética e do compromisso cristão de servir.

Depois de um desses encontros na comunidade, Dom Luciano e meu pai, o velho Waltão, trocaram idéias por alguns minutos. Logo, fui chamado a participar da conversa. O simpático senhor indagou-me sobre o interesse numa experiência de formação religiosa. Passei uma semana matutando sobre o assunto, mas havia tantas meninas de olhos faiscantes no bairro... Instaurou-se uma renhida competição-interação da carne com o espírito.

O meu "não" foi muito um sim. Acreditei que o ensinamento de carpinteiro de Nazaré poderia ser vivido todos os dias, mesmo longe das batinas e das suntuosas catedrais. Pelo que entendia das preleções de Dom Luciano, era legítima a busca de alguma santidade, mas nunca com o objetivo de distinção. Os homens todos podiam ser santos anônimos, invisíveis, construindo suas virtudes no cotidiano, em pequenas iniciativas, em modestos projetos.

Anos depois, decidi cursar jornalismo na PUC-SP. Ali, segundo o bispo, os bons valores eram autenticamente praticados. A realidade mostrou que se tratava de uma percepção correta dos exercícios educativos do caldeirão de Perdizes.

Veja e CNBB

Logo depois de formado, incorporei-me à equipe de repórteres da *Veja*. Uma de minhas principais atribuições era justamente cobrir a área de religião. Que dura prova... À época, muitos dos bispos progressistas negavam-se a conceder entrevistas para o pessoal do semanário. E até tinham suas razões: o que não era inventado freqüentemente era distorcido.

Repórteres da *Veja* encontravam, portanto, enormes dificuldades para coletar informações nos concorridos encontros anuais da CNBB, no convento de Itaici, em Indaiatuba-SP. Sempre disponível, no entanto, Dom Luciano atendia a todos. Ainda que ponderado e suave, manifestava-se com espantosa franqueza sobre os problemas brasileiros, especialmente sobre as injustiças sociais. Jamais negava a comunicação franca e objetiva, mesmo quando procurado por profissionais que serviam como detratores da doutrina social da Igreja.

Noutras ocasiões, entretanto, Dom Luciano escondia-se da imprensa. N'*O Estado de S. Paulo*, por exemplo, encontrei enorme dificuldade para produzir uma reportagem sobre sua fabulosa atividade caritativa. Avesso às estratégias de *marketing* pessoal, o bispo ocultava seu sacrifício diário. Como detetive, acompanhei suas aventuras. Numa madrugada, em sua casa, acolheu um sem-teto e lhe deu de comer. Noutra, cortou os cabelos e unhas de um catador de material reciclável. Noutra madrugada, foi consolar uma senhora enferma na remota periferia. Dormia pouco, cerca de quatro horas por noite, mas jamais permitia propaganda de sua beatitude.

Ainda no *Estadão*, recordo-me de ser destacado para cobrir um encontro de teólogos progressistas em Domingos Martins-ES. Considerado representante de um jornal "burguês" e "reacionário", fui impedido de entrevistar qualquer um dos participantes do evento. "Democraticamente", decidiu-se que ninguém poderia manter contato com o "repórter da imprensa de direita".

Ironicamente, isso ocorria numa época de profunda transformação na linha editorial do *Estadão*, à época sadiamente oxigenado pelas reformas introduzidas pelo jornalista Augusto Nunes. Buscava-se executar um trabalho honesto, com o máximo de isenção possível.

Numa tarde, recordo-me de manter a mão estendida por uns seis ou sete segundos – uma eternidade –, aguardando o cumprimento do admirável Leonardo Boff. Em vão. Recebi

HOMENAGEM A DOM LUCIANO

apenas o olhar severo. Minutos depois, fui informado de que deveria deixar a área pública do local de encontros.

No dia seguinte, no estacionamento, ouvi gratificado a voz discordante, mas conciliatória, de Dom Luciano, em visita aos intelectuais católicos. Segundo ele, os que denunciavam sofrer censura jamais poderiam censurar. Os que reclamavam do silêncio imposto pela Congregação para a Doutrina da Fé jamais deveriam recolher-se ao silêncio vingativo. Para o esclarecido sacerdote, a comunicação social exigia respeito e confiança, tanto dos agentes de transformação quanto dos produtores da notícia.

Ainda no *Estadão*, tive de redigir – para a gaveta – uma espécie de perfil póstumo de Dom Luciano, que se ferira gravemente em um terrível acidente automobilístico. Passaram-se as semanas, e tecidos e ossos quiseram se reconstruir. Um colega de redação arriscou dizer que a modesta santidade lhe servira de escudo e remédio.

As últimas lições

Durante anos, Dom Luciano experimentou uma espécie de exílio. Ainda assim, no entanto, manteve-se fiel a seus princípios. Sempre recebeu fraternalmente os jornalistas que o procuravam. Dissertava com maestria sobre a complexa relação entre o mundo em metamorfose e os dogmas religiosos. Manifestava sinceramente sua opinião, sem nunca confrontar a Santa Sé. Eclesiologicamente, procurava a "unidade" e estimulava a "multiplicidade", seguindo as orientações que o cardeal Ratzinger – hoje Papa Bento XVI – dera aos bispos brasileiros, num curso no Rio de Janeiro, em 1990. Pacientemente, buscava o mesmo que Dom Helder Câmara: traçar roteiros nos quais as "paralelas" se encontrassem.

Talentoso desenhista, excelente articulista e conferencista, Dom Luciano deixa enorme lacuna numa Igreja que parece ter desaprendido o ofício de comunicar. Que seu exemplo seja, portanto, preservado e difundido. Que tenhamos coragem de informar sem arrogância. Que sejamos ousados para tentar, também à sombra do tempo breve, provar de sua modesta santidade.

 Tributo ao profeta Dom Luciano!

Wilson Aparecido Lopes, cp
Missionário passionista

O mundo perdeu um grande ser humano. Vimos entristecidos partir de nosso meio Dom Luciano Mendes de Almeida. Inúmeras manifestações de carinho e homenagem foram-lhe oferecidas, que bem mereceu cada uma delas. Cada mensagem trazia um traço do que representou esse cristão autêntico para a construção deste "outro mundo possível", por que tanto lutamos e que queremos ver realizado.

Enquanto prestava a minha última homenagem a Dom Luciano, com tantas outras pessoas que se encontravam na Catedral da Sé, prestei atenção nas vozes à minha volta e pude sentir quanto carinho saíam daqueles murmúrios. Tantos e tantos exemplos de sua preocupação para com os pobres. Cestas básicas, pagamento de luz, luta em defesa dos sem-terra, dos moradores de rua, dos menores abandonados, preocupação com as famílias que não tinham energia elétrica em suas casas, que de tão cara não chegava a todas as pessoas. Sua luta não tinha dimensão, era infinita, abrangia a todos. Voltado para os excluídos, não media esforços. Sua frágil força parecia inesgotável quando se tratava de lutar para que os pobres tivessem voz e vez.

A homenagem a Dom Luciano fez brotar dentro de mim uma pergunta. O que o homem moderno tem a dizer para um ser humano como esse? Hoje, mais do que em qualquer tempo, nós, os cristãos, somos interpelados e questionados em nossos valores. Incapazes de darmos respostas a tudo o que a modernidade joga no mundo, ficamos paralisados. Muitos são os que deixam de ser cristãos e adotam o modelo da modernidade. Preferem assim ser chamados a ficar expostos ao esgarçamento que os modernos lhes impõem todos os dias, considerando seus valores para lá de arcaicos.

Mas continuo perguntando: o que os modernos, homens e mulheres da tecnologia, da ciência, dos avanços e das descobertas têm a dizer para Dom Luciano? Seriam eles capazes de dormir no chão para que um "mendigo" dormisse em sua cama? Seriam eles capazes de se preocupar com as famílias que não têm luz em casa? Estariam dispostos a comprar briga com a Cemig para garantir o acesso à energia elétrica a todos? Seriam os modernos capazes de defender os sem-terra em plena Assembléia Legislativa de Minas Gerais? Estariam eles preocupados com os moradores de rua e com os menores abandonados? Seriam eles capazes de se preocupar com trabalhadores presos, questionando inclusive as autoridades a respeito da ilegalidade da prisão?

Concordo que a pergunta também deve se voltar para dentro: somos todos nós cristãos autênticos como foi Dom Luciano? Com certeza não. Se fôssemos, não seriam os modernos que estariam nos questionando e sim nós é que estaríamos questionando-os. Nisto eu concordo: não somos e creio que estamos longe de ser tão autênticos. Precisamos nos converter profundamente ao Mártir da Cruz, para que, despojados de nossas armaduras modernas, nos tornemos totalmente para o outro, como fora o profeta Dom Luciano.

Um dos atributos que ficou sem ser evidenciado na celebração em sua homenagem na Catedral da Sé foi este: verdadeiramente, Dom Luciano Mendes de Almeida foi, é e continuará sendo um "profeta", pois na memória e na luta do povo um profeta nunca morre. Mas quem o conheceu sabe disso, mesmo que não tenha sido evidenciado. Dom Luciano, o profeta dos pobres, será sempre uma pergunta para os modernos: que mundo vocês estão construindo? Será uma pergunta para nós também: que cristãos vocês estão sendo? A quem estão seguindo e onde estão buscando Deus?

O mundo, hoje sabemos, fundamenta-se no egoísmo, no individualismo, no consumismo, no acúmulo e na produção desenfreada de pobres pelos capitalistas-inumanos. Os modernos estão cada vez mais mergulhados nesse pântano de degradação. Resta saber nós, os cristãos, que mundo pretendemos construir dentro desse sistema degradante. Dom Luciano soube muito bem o que fazer, porque soube muito bem escolher. Entre as promessas do mundo moderno e o Mártir da Cruz, ficou com a cruz e o Mártir Jesus, encontrou-o junto aos pobres. Por isso, tornou-se uma pergunta e uma resposta para o mundo moderno e pós-moderno. E por isso podemos, através de seu testemunho, perguntar: o que os modernos têm a dizer a um cristão autêntico como Dom Luciano?

Amém! Axé! Awere! Oxalá! Aleluia!

Eles sempre ficam nas portas!

Editorial do jornal *O Trecheiro*

Ainda estamos no inverno e o sol tenta furar as brechas entre as nuvens, mas elas são muitas. Faz frio! Estou indo para a Catedral da Sé.

Domingo, dia 27 de agosto de 2006, faleceu o arcebispo de Mariana, Dom Luciano Pedro Mendes de Almeida, carioca, nascido em 5 de outubro de 1930, e um dos sete filhos do médico Candido de Almeida e da dona de casa Emília Mendes.

Há sete anos, também nesse mesmo dia, faleceu Dom Helder Pessoa Câmara, arcebispo de Recife. Dom Helder era conhecido pela melodia e força de suas palavras. "Se eu dou comida aos pobres, eles me chamam de santo. Se eu pergunto porque os pobres não têm comida, eles me chamam de comunista", dizia ele. Já Dom Luciano ficou marcado pela sua disponibilidade aos pobres. Numa reportagem à revista *IstoÉ*, ele se definiu como moderado no discurso e radical na ação. Dois bispos que nasceram em épocas diferentes, mas que se encontraram num período difícil para o Brasil e foram profetas e santos, cada um com seu carisma. Tiveram em comum, entre tantas coisas, a acolhida e a defesa dos mais pobres. Até penso que os dois poderiam fazer uma dobradinha no calendário dos santos.

Retomando a caminhada para a catedral, onde ia acontecer uma celebração em homenagem a Dom Luciano, observo que as escadarias estão tomadas por pessoas em situação de rua. Elas estão na frente da igreja! Estão todas sentadas nas escadarias, algumas deitadas. A praça está quase toda cercada para reforma e só sobrou a entrada da igreja e suas escadarias.

Fiquei pensando em Dom Luciano, que sempre teve os pobres à sua porta e muitas vezes dentro de sua casa. Dizem os amigos que, ao estudar em Roma, teve que se transferir para Paris, pois ninguém conseguia estudar mais, pois os pobres de Roma estavam sempre procurando por Dom Luciano.

Agora eles estão aqui, pensei comigo, mas Dom Luciano está lá dentro. Eles não vão entrar! Ou por estarem esperando o caridoso café, ou por não se sentirem bem dentro da igreja. Talvez, nem saibam que ele morreu ou nem mesmo quem ele era. Até porque os seguranças da catedral podem impedir a entrada por estarem mal vestidos, sujos e alguns já um pouco alcoolizados, como acontece em outros estabelecimentos públicos. O jeito é ficar por aqui mesmo, na porta.

É..., continuei a pensar, eles sempre ficam na porta! Estão nas portas das casas pedindo pão para sobreviver, estão nas portas dos albergues para ver se conseguem uma vaga, estão nas portas dos hospitais para conseguir consultas. Até quando?

Agora ficou mais difícil, pois talvez nem saibam que perderam um parceiro, um amigo que ajudou a abrir muitas portas, inclusive as de sua própria casa.

Caminho até o altar e lá está ele, com a porta aberta, como se quisesse nos acolher, mas agora só nos resta chorar e de novo ter esperança que logo tenhamos outros Lucianos que possam estar com aquele povo lá fora e continuar abrindo portas de inclusão para tantos que não conseguem nem mesmo bater na porta, pois já perderam suas forças. Que Dom Luciano, mesmo não estando entre nós, ajude-nos a continuar a luta pelas portas abertas.

Três dias depois de sua morte, a porta do caixão se fechou e uma frase ecoou no coração de todos que estavam em Mariana: "Deus é pai, Deus é bom!". Como falamos para os amigos quando partem: "Vá com Deus!".

 Entrevista com Dom Luciano

Aristides Luis Madureira
Escritor

Nos idos de 1990, eu era âncora do programa de televisão Anunciamos Jesus, atualmente dirijo uma editora católica: A Partilha.

Tive a felicidade de entrevistar Dom Luciano algumas vezes. Algo me chamava a atenção nessas entrevistas.

Por suas atividades, sempre muito intensas, Dom Luciano provavelmente não descansava o suficiente. Durante as entrevistas, ele parecia cochilar. Fechava os olhos profundamente como quem dormitava, depois de alguns segundos da pergunta feita, quando pensava eu ter que repeti-las, ele levantava suavemente a cabeça e as respondia de modo tal, que não nos permitia edição.

Entrevistei muitos intelectuais de nossa Igreja, mas nenhum tão lúcido e tão claro. Ele tinha os olhos atentos à realidade presente numa perspectiva de futuro como poucos na história. Fosse em texto escrito ou falado, até as vírgulas eram marcadas pelo zelo e pela responsabilidade de quem tem algo a dizer sempre e sobre qualquer assunto que envolvesse o bem comum.

Saudades! Respeito e admiração a esse homem, pastor e sacerdote extraordinário que a Igreja do Brasil teve a oportunidade de ter.

SUMÁRIO

Nota da organizadora..5

Dom Luciano dos pobres
J. Thomaz Filho 7

I

Luciano
Antonio Luiz Mendes de Almeida 11

A entrega radical de Dom Luciano
Candido Mendes 12

Ele está aqui conosco
Luiz Fernando Mendes de Almeida 14

Irmão, um verdadeiro irmão
Maria da Gloria Greve 19

"Meu tio, aprendi com você..."
André Mendes de Almeida 20

Espiritualmente ligada
Cecília Mendes 20

Seja feliz!
Helena Maria Greve 22

Símbolo da paz, da honestidade, um pai!
João Theotonio Mendes de Almeida Junior 22

Meu tio tão querido
Lucia Maria Greve 24

Quem ama não morre
Luciano de Faro Mendes de Almeida 27

Tio, você, sim, é um santo!
Madalena Mendes de Almeida Sousa 27

Presença silenciosa, acolhedora, terna
Maria Isabel Mendes de Almeida 29

Meu tio deixou uma obra imensa, inigualável
Maria Pia Mendes de Almeida 29

Grande exemplo
João Pedro Mendes de Almeida Portella 31

Dom Luciano, meu grande amigo, meu irmão
Sérgio Rodrigues 31

Presença viva de Deus
Simone Oliveira de Faro Mendes de Almeida 33

II

Dom Luciano: referência na luta pela democracia
Luiz Inácio Lula da Silva 35

Força civilizadora
Patrus Ananias de Souza 37
"Transmitimos sentidas condolências..."
Walfrido dos Mares Guia 39
"Perdemos um líder espiritual..."
Aécio Neves 40

III

"Recebida com muito pesar..."
Cardeal Angelo Sodano 41
"Apresento condolências..."
Cardeal Roberto Tucci, sj 42
"Con profundo pesar..."
Andrés Stanovnik, OFMCap 42
"Apresento condolências..."
Cardeal Carlo Maria Martini, sj 43

IV

Nota de falecimento e pesar da CNBB
*Cardeal Dom Geraldo Majella Agnelo, Dom Antônio Celso
de Queirós e Dom Odilo Pedro Scherer* 45
Do céu, Dom Luciano, interceda por nós!
Irmã Cecília Tada, cmst 46
Ele passou fazendo o bem!
Irmã Neusa Quirino Simões, odn 48
"Os anos passaram rápido..."
Irmã Neusa Quirino Simões, odn 55
A CNBB ganha mais um santo!
Secretariado, pastorais/organismos e funcionários da CNBB Norte 2...55

V

Nota da Arquidiocese de Mariana
*Padre Marcelo Moreira Santiago e Padre Lauro Sérgio
Versiani Barbosa* 57
"A Arquidiocese de Mariana..."
Padre Marcelo Moreira Santiago 58
Mãos que abençoam!
Padre Apolo Guerra 58
As pessoas simples são tão sábias quanto santas
Padre Edvaldo Antonio de Melo 60
Obrigado Deus, obrigado Dom Luciano!
Padre Lambert Noben 62
O cotidiano que conquistava
Irmã Maria Carmen Mendes de Carvalho, fdnsc 63
Dom Luciano Pedro Mendes de Almeida: santo e sábio
Edite Reis da Paciência 65

Um coração com as dimensões do coração de Jesus
Cônego José Geraldo Vidigal de Carvalho 67

"Amar como Jesus amou..."
Alexandra Carla de Souza 70

VI

Mensagem dos Jesuítas
Padre Peter-Hans Kolvenbach, sj 75

Dom Luciano: o cristão, o jesuíta, o pastor
Padre França Miranda, sj 76

Laudatio in honorem a Dom Luciano
Padre João Batista Libanio, sj 79

Despojamento total
Padre Pedro Canísio Melcher, sj 99

VII

Dom Luciano continua vivo
Cardeal Dom Eugenio de Araújo Sales 101

Em memória de Dom Luciano
Cardeal Dom Paulo Evaristo Arns, ofm 102

Dom Luciano: um homem que amou
Cardeal Dom Cláudio Hummes, ofm 103

Homenagem a Dom Luciano Mendes de Almeida
Cardeal Dom Eusébio Oscar Scheid, scj 104

Um servidor da Igreja e do povo
Cardeal Dom Geraldo Majella Agnelo 108

VIII

Sábio e santo
Aldo di Cillo Pagotto, sss 115

Guerreiro de batina
Dom Benedicto Ulhôa Vieira 115

Estou nas mãos de Deus
Dom Sinésio Bohn 117

Dom Luciano, o amigo dos pobres
Dom Eduardo Benes de Sales Rodrigues 119

"Meninos, eu vi"
Dom Eurico dos Santos Veloso 122

"A Arquidiocese de Ribeirão Preto..."
Dom Joviano de Lima Júnior, sss 126

Uma vida de amor
Dom Raymundo Damasceno Assis 126

Dom Luciano: serenidade em pessoa
Dom Luiz Antônio Guedes 127

Eucaristia e transformação da sociedade
Dom Murilo S. R. Krieger, scj 128

Parabéns, servo bom e fiel!
Dom Walmor Oliveira de Azevedo 143
"Toda a Arquidiocese de Campo Grande..."
Padre Adailton Miorin 147
"Presidida por monsenhor Aldorando Mendes... "
Arquidiocese de Goiânia 147
"Recebemos com grande pesar a notícia..."
Diocese de Caraguatatuba-SP 148
"A Arquidiocese de Montes Claros..."
Arquidiocese de Montes Claros-MG 148

IX

"Nós nos reunimos aqui..."
Dom Mauro Morelli 149
"Dom Luciano sempre foi um fiel..."
Dom Angélico Sândalo Bernardino 149
"Dom Luciano foi uma pessoa diferente..."
Dom Antonio Celso de Queiróz 150
Dom Luciano – a fé transparente
Dom Cândido Padin, osb 151
"Dom Luciano sempre foi um grande amigo..."
Dom Antônio Gaspar 152
"Tendo recebido a triste notícia..."
Dom Bruno Pedron, sdb 152
Estrelas que brilham sempre
Dom Ceslau Stanula, cssr 153
Dom Luciano Mendes de Almeida
Dom Luiz Demétrio Valentini 156
"Dom Luciano foi sempre para os outros..."
Dom Fernando José Penteado 159
Em memória de Dom Luciano
Dom Franco Masserdotti 159
Dom Luciano: um homem de Deus
Dom Gil Antônio Moreira 163
Soube diminuir-se para que Cristo brilhasse
Dom Gílio Felício 167
Um dos legados de Dom Luciano
Dom João Bosco Óliver de Faria 168
Tributo a Dom Luciano Mendes de Almeida
Dom Pedro Stringhini 174

X

Dom Luciano, reza por nós
Frei Patrício Alessandro Sciadini, ocd 179
Dom Luciano Mendes e o Cenplafam
Heloísa Pereira e Irmã Martha S. Bhering 181

Pelo amor aos pobres e ao Evangelho
Irmã Elisabete Bernardi, fscj *182*
Estavam lá os preferidos de Deus e dele
Irmã Laíde Sonda, pddm *183*
"Quero prestar minha carinhosa homenagem..."
Irmã Maria Luiza Luca, ascj *184*
Homem segundo o coração de Deus
Irmã Oneide Helena Potric *184*
"Nós, Irmãs Franciscanas..."
Irmã Salete Veronica Dal Mago *185*
"Quando eu era diretora..."
Irmã Rosana Araújo Viveiros *186*
Dom Luciano e o projeto "Tua palavra é vida"
Irmão Claudino Falchetto *187*
Dom Luciano, o profeta do amor
Missionárias do Sagrado Coração de Jesus *188*
"O Mosteiro da Santa Cruz..."
Monjas beneditinas de Juiz de Fora-MG *189*
Dom Luciano Pedro Mendes de Almeida: sabedoria e amor pelos pobres
Monsenhor Antonio Rômulo Zagotto *189*
Querido Dom Luciano
Padre Alfredo J. Gonçalves, cs *191*
Dom Luciano, solicitude pastoral a toda hora
Padre Antonio Valentini Neto *193*
"Voltando da minha paróquia no interior..."
Padre Aristides Camio *195*
Obrigado, Dom Luciano!
Padre José de Nadai *196*
Dom Luciano: compaixão e misericórdia, inteligência e lucidez
Padre José Oscar Beozzo *199*
Dom Luciano, um homem todo do povo e todo de Deus!
Padre Luciano Andreol *210*
Dom Luciano
Padre Marcelo Santia *211*
"A dedicação incansável..."
Padre Mauro Matiazzi, csr *214*
"Queremos manifestar nossa solidariedade..."
Padre Ovídio Zancanella, sdb *214*
A luz foi morar no céu
Padre Paulo Dionê Quintão *215*
Encarnação viva do seguimento de Jesus
Padre Virgílio Leite Uchôa *221*
Diligo
Joaquim Ozório Pires da Silva *222*

Vai com Deus, Dom Luciano
Padre Zezinho, scj........................ 224
O que vi, ouvi e senti em Mariana
Padre Wendel Ribeiro........................ 226

XI

Apóstolo da ecumene
Pastor Antonio Carlos Ribeiro........................ 229
Dom Luciano: pastor dedicado e competente
José Moreno........................ 230
Misereor se solidariza com a Igreja do Brasil
Dr. Martin Bröckelmann-Simon........................ 231

XII

Meu nome é Dom Luciano, apareça na CNBB
Marcos Terena........................ 233
Dom Luciano está na palma da mão de Deus
Padre Jurandyr Azevedo Araújo, cdb e Dom Gílio Felício........................ 234
Tributo a Dom Luciano!
Via Campesina........................ 235
Grande pastor
Araci Cachoeira........................ 238

XIII

Arsenal da esperança Dom Luciano Mendes de Almeida
*Fraternidade da Esperança, Associação Assindes-Sermig e
Arsenal da Esperança*........................ 243
Depoimento
Antonia Accarino Muciollo (Toninha)........................ 245
Dom Luciano Mendes: o lutar paciente dos não-violentos
*Cléa Carpi da Rocha, Beinusz Szmukler, João Luiz Duboc Pinaud,
João Pedro Ferraz dos Passos, Herilda Balduino de Souza e Nilton
Correia e Claudio Hiran Alves Duarte*........................ 253
Anunciar o Reino e fazê-lo entre nós
Centro de Educação Popular do Instituto Sedes Sapientiae (Cepis) 255
Surge nova estrela no céu
João Monteiro de Barros Filho........................ 255
Nossa homenagem a um bispo de muitas causas
Conselho Indigenista Missionário (Cimi)........................ 258
"Dom Luciano Mendes foi ao encontro..."
Jornal Igreja Nova........................ 260
"À comunidade eclesial da Arquidiocese de Mariana..."
*Membros das Comissões e Representantes dos Regionais, Comissão
Episcopal Pastoral para a Animação Bíblico-Catequética e Comissão
Episcopal Pastoral para a Liturgia*........................ 260

Dom Luciano e sua dedicação aos pobres
Joël Thomas e Jean-Marie Fardeau 261
É festa no céu: lembrando Dom Luciano
Conferência dos Religiosos do Brasil (CRB-SP) 262
Homenagem a Dom Luciano Mendes de Almeida
Irmã Olmira Bernadete Dassoler, SSpS 263
Moção de louvor
*Plenário do Conselho Nacional de Segurança Alimentar
e Nutricional (Consea)* 264
"Impossível despedir-se..."
Padre Edson Damian 265
"Choramos pela partida..."
Hélio e Selma Amorim 265
Dom Luciano parte, mas o amor aos pequeninos permanece
Instituto Gabi 266
Homenagem da Juventud Obrera Cristiana (JOC)
*Juventud Obrera Cristiana Internacional, Juventud Obrera
Cristiana de América e Juventude Operária Católica Brasileira* 267
"Nós, da Pastoral da Juventude..."
*Pastoral da Juventude Sul I, Pastoral da Juventude do Regional
Sul I da CNBB, Comissão Regional de Jovens e Comissão
Regional de Assessores Bispo Referencial* 268
"A partida de Dom Luciano ..."
Pastoral do Menor da Arquidiocese de Manaus 269
"Ao longo de toda sua vida..."
Unicef 270
"Nós da Unicef-Brasil..."
Unicef-Brasil 271

XIV

A Deus, Dom Luciano
Alceu Amoroso Lima Filho 273
"Não tive a alegria de conhecer..."
Alessandro Molon 274
Pastor do povo de Deus
Antônio Puhl 275
O mais franciscano dos jesuítas
Benedito Prezia 276
O Céu estará mais brilhante, com essa nova luz!
Célia e Wanderley Pinto 278
Os mansos herdarão a Terra
Domingos Zamagna 278
Um guerreiro no Paraíso
Egon Dionisio Heck 281
Lembrança de Dom Luciano
Ernesto Olivero 283

Dom Luciano: visão de futuro
Fábio França.. *286*
Dom Luciano: um testemunho de profecia e coragem
Faustino Teixeira.. *287*
Luciano Mendes de Almeida, dom e luz de Deus
Fernando Altemeyer Júnior.................................... *289*
Meu santo brasileiro
Frei Betto.. *291*
Dom Luciano Mendes de Almeida: fragmentos da memória –
raízes de uma vida
Francisco José Andrade Ramalho.......................... *293*
Homem extraordinário, santo!
Francisco Paes de Barros... *299*
Dom Luciano: identidade com Cristo e Francisco de Assis
Geraldo Jordão Pereira... *301*
Dom Luciano é um homem santo
Guilherme C. Delgado *302*
"Perdemos, por uns tempos..."
Hélio Saboya... *303*
Dom Luciano – viveu com amor e profundidade a fé cristã
Jether Pereira Ramalho... *304*
Dom Luciano: uma vida pela causa dos pobres
João Alexandre Peschanski...................................... *305*
Exemplo de luz
José de Sá.. *308*
Eu conheço um santo
José Gabriel Guimarães... *308*
"A voz mansa e o sorriso constante..."
José Maria Mayrink.. *311*
Dom Luciano
José Rosa Abreu Vale... *312*
Dom Luciano Mendes de Almeida, obrigado pelo seu exemplo!
José Comblin *313*
A Boa-Nova em nossas vidas
José Tarcisio Amorim *317*
"Considero a passagem de Dom Luciano..."
Leonardo Boff... *319*
Dom Luciano e a gratuidade do Dom
Lúcia Ribeiro.. *319*
Dom Luciano, lucidez e santidade
Luiz Alberto Gómez de Souza................................. *321*
Dom Luciano
Luiz Paulo Horta... *324*
A orfandade fecunda
Marcelo Barros... *326*

Dom Luciano Mendes de Almeida: o discurso se fez carne
Marcelo Timotheo da Costa 328
Sem limite para o amor
Maria Clara L. Bingemer 330
Candura e firmeza imensas e intensas
Maria Helena Arrochellas 336
"Eu fui uma criança..."
Marilda 338
Dom Luciano: servidor da vida
Marina Bandeira 339
Dom Luciano Mendes de Almeida
Plínio de Arruda Sampaio 340
Profeta e santo do Brasil
Renato Petrocco 342
Dom Luciano Mendes de Almeida: autoridade como serviço
Riolando Azzi 345
Uma vida de amor!
Roberto Antonio Liebgott 348
Dom Luciano
Roberto Delgado de Carvalho 349
Exemplo de humildade
Sérgio Pereira da Silva 350
Dom pelo serviço
Sílvio Marques 352
"Nós, leigos, somos fermento..."
Sueli 354
"Sou funcionária da SBI..."
Cláudia Aquino 355
Uma interpelação tranqüila e permanente
Stella Whitaker Ferreira e Chico Whitaker Ferreira 355
Lições jornalísticas para a modesta santidade
Walter Falceta Jr. 357
Tributo ao profeta Dom Luciano!
Wilson Aparecido Lopes, cp 362
Eles sempre ficam nas portas!
Editorial do jornal *O Trecheiro* 365
Entrevista com Dom Luciano
Aristides Luis Madureira 367

Impresso na gráfica da
Pia Sociedade Filhas de São Paulo
Via Raposo Tavares, km 19,145
05577-300 - São Paulo, SP - Brasil - 2008